Michel Henry

**Phénoménologie
matérielle**

미셸 앙리
물질 현상학

Michel Henry

**Phénoménologie
matérielle**

미셸 앙리
물질 현상학

박영옥
옮김

차례

현상학의
질문

일러두기

• 이 책의 저본은 Michel Henry, Phénoménologie matérielle, Paris: PUF, 1990이다.
• 진한 글씨로 강조한 부분은 모두 지은이의 것이다.

지난 10년 동안 파리의 지적 유행들, 그중에 특히 철학을 대신하고
자 하면서 인문학의 중심에서 가장 피상적인 것이기에 가장 널리
퍼진 그러면서도 인간에 대해 다만 외적인 관점만을 제시했던 구
조주의가 붕괴되면서, 현상학은 점점 더 우리 시대의 중심적인 사
유의 운동으로 자리를 잡고 있다. 철학의 장에 '후설의 복귀'는 방
법론의 발명, 특히 철학의 본질이 밝혀지는 질문의 발명에서 유지
되는 지성의 힘의 복귀이다. 현상학은 독일 관념론이 19세기에, 경
험론이 18세기에, 데카르트주의가 17세기에, 토마스 아퀴나스와
둔스 스코투스가 스콜라 철학에, 플라톤과 아리스토텔레스가 고전
철학에 속하는 것처럼 20세기에 속할 것이다. 이제 현상학도 저 위
대한 사유의 모델들처럼 과거에 속하여 찬란하고 지고한 사유들의
화랑에 한 자리를 차지하지 않겠는가?

현상학의 질문 전체를 구성하는 전제들이 그 원천들을 모두 고 갈하고 그 함축들을 모두 전개했다면 우리는 그렇다고 대답할 것이다. 현상학은 어떤 면에서 보면 이미 지나간 과거의 것으로 보인다. 탁월한 지적 능력을 가졌던 메를로-퐁티와 같은 철학자가 후설, 하이데거 혹은 셸러와의 관계에서 진정으로 현상학에 가져온 새로운 것으로는 무엇이 있는가? 그 이후로 현상학의 운동은 현상학의 창시자들이 열어놓고 아직 밝히지 않은 전제들을 다 전개했는가?

현상학의 갱신은 오늘날 하나의 조건에서만, 현상학을 궁극적으로 결정하는 질문, 그 철학의 존재 이유이기도 한 질문 자체가 갱신된다는 조건에서만 가능하다. 여기서 갱신은 확장, 교정, 더 나아가 다른 것을 위해 현상학을 포기하는 것이 아니라 모든 것이 의존하는 것을 전복해서 모든 것이 변화하는 방식으로 현상학을 근본화하는 것이다.

현상학의 질문, 이것만이 철학에 고유한 대상을 부여할 수 있으며, 이것만이 철학을 다른 과학이 발견한 것들에 대한 사후작용으로서 반성의 활동이 아니라 자율적인 원리, 즉 지식의 근본적인 원리로 만들 수 있다. 이 질문은 이제 현상과 관계하는 것이 아니라 현상이 주어지는 방식, 즉 그들의 현상성과 관계한다. 다시 말해 나타나는 것이 아니라 나타남 그 자체와 관계한다. 이 후자를 통각하고 그 자체를 분석하는 것은 역사적인 현상학에 대한 진정한 기여가 될 것이다. 이것이 바로 현상학의 주제이다. 그런데 이것은 전통적인 철학의 문제 제기, 즉 고전적인 의식이나 그리스적 진리의 문제로 돌아가는 것이어서는 안 될 것이다.

현상을 마치 최초의 거리 내기, 즉 바깥의 도래로 간주하는 것은 과거의 과학들과 철학이 일반적으로 가지는 상식적인 환상일 뿐이며, 이 바깥의 빛 아래서 모든 것은 가시적, 즉 '현상'이 된다. 이런 현상성은 그것이 표상되는 방식이 잠재적이든 명시적이든 간에, 소박한 것이든 철학적인 것이든 간에, 존재자 너머의 존재에 의해, 그리고 이 존재가 존재자에 대해서 가지는 차이 안에서, 그리고 결국 탈-자$^{Ek\text{-}stase1}$에 의해서 창출된다.

현상학의 질문을 근본화하는 것은 다만 순수한 현상성을 지향하는 것을 의미하지 않는다. 그것은 현상성이 자신을 본래적으로 현상화하는 방식과 그것이 일어나는 바탕인 실체, 소재, 현상학적인 물질, 즉 순수한 현상학적인 물질성을 질문하는 것이다. 이것들이 바로 물질 현상학의 과제들이다. 이런 과제에서 우리는, 모든 것이 자기 밖에 놓이고 그로부터 모든 실재가 선험적으로 자신에게서 비워지고 탈소유화되어서 결국 자신의 반대인 원리적 비실재로서 자신을 재발견하는 바깥-에의-존재─죽음이라고 불리는 것─

---

1 '탈자$^{Ek\text{-}stase}$'는 그리스어 'ekstasis'로부터 나온 것으로 '자기(stasis, 머묾) 밖으로(ek) 나아가는 행위'를 지시한다. 이 말은 또한 그리스어 existasthai(ex-histasthai), 라틴어 existere(ex-sistere)와 연관된 것으로, exister(실존하다), existence(실존)는 '자기 밖에 저기에 놓여있는 것', '자기 밖으로 나아가는 행위'를 지시한다. 이로부터 밖에 놓여있는 존재 Da-sein은 하이데거에서 시간적 지평이 첨가되면서 '시간적으로 탈자적인 존재'로 해석된다. 앙리는 그리스 이래로 존재에 대한 이해가 이렇게 탈-자에 의해 '자기 밖에 존재하는 것'으로 이해되는 존재론적 일원론을 비판하기 위해 탈-자의 '탈(ek)'을 강조해서 대문자 'Ek'로 쓰고 '-'를 첨가해서 두 단어를 연결한다(불어에서 이 두 단어가 연결된 한 단어 'extase'는 그 본래의 의미의 내적 변형을 거쳐 자기 밖의 신과 같은 초월자와의 일치를 지시하는 '황홀경'을 의미한다). 우리말로 옮기면서 불어에서 일어나는 혼동이 없기에, 그리고 그 강조를 하지 않아도 무수히 반복되는 텍스트 안에서 충분히 그 의미가 전달된다고 믿기에 가독성을 위해 대부분 '-'를 제거한다._옮긴이 주

이전에, 그리고 자신의 원리를 따라 스스로 존재하는 실재의 포기와 파괴 이전에, 아주 놀라운 방식으로 스스로 자신을 형성하는 어떤 현상성의 지배를 발견하게 될 것이다. 이것은 세계에의 사유가 절대로 이해할 수도 생각할 수 없는 것이다. 어떤 바깥, 어떤 간격, 어떤 탈자도 이 본래적인 현시manifestation[2]의 내적 구조에 속하지 않는다. 다시 말해, 본래적인 현시의 현상학적 실체성은 가시성이 아니며, 그리스 이래로 철학이 사용하는 어떤 범주도 그것에 적합하지 않다.

물질 현상학은 이 비가시적인 현상학의 실체를 지시할 수 있다. 이 실체는 아무것도 아닌 것이 아니라 어떤 정감un affect[3], 더 자세히 말하면 모든 정감을 가능하게 하는 것, 궁극적으로 모든 촉발과 모든 것을 가능하게 하는 것이다. 물질 현상학의 관점에서 현상학적인 실체는 삶이 자기를 느끼는 정념적인pathétique[4] 직접성이다. 이런 삶은 정념적인 밀착 이외에 다른 것이 아니며, 이런 방식으로 삶은 본래적인 현상화의 '어떻게'에 의한 현상성 그 자체 이외에 다른 것

---

2 미셸 앙리가 말하듯 apparaître(나타남), manifestation(현시), monstration(드러남), révélation(계시), donation(증여), phénoménalisation(현상화)은 엄격한 의미에서 등가의 표현들이다. 특히 앞의 네 단어는 모두 '나타남'으로 옮겨질 수 있지만, 같은 의미의 네 개의 표현에 대응해서 네 개의 우리말을 주었다. Michel Henry, *Auto-donation, Entretiens et conférences*, Paris: Beauchesne, 2004, p. 13 참조._옮긴이 주
3 이 말은 앙리의 용어들 안에서 pathos(정념)와 같은 의미의 폭을 가지고 사용된다. 이 단어로부터 파생되는 앙리의 용어들은 affectif(정감적인), affection(정감 혹은 촉발), auto-affection(자기-촉발), affectivité(정감성) 등이 있다. 앙리는 "정감성은 자기-계시, 즉 자기를 자기에게 드러내는(se révéler à soi-même), 즉 자기에서 나타나는 삶의 순수한 현상학적 물질과 다른 것이 아니다"(Michel Henry, *Entretiens*, Cabris: Sulliver, 2005, p. 152)라고 말한다._옮긴이 주
4 pathêtikos로부터 온 것으로, 앙리의 주요 개념들 중의 하나인 정념(pathos)과 관계하며, 느낄 수 있는 능력을 의미한다._옮긴이 주

이 아니다.

여기서 우리가 말하는 삶[5]은 따라서 생물학의 대상과 같은 어떤 것이 아니라 모든 것의 원리다. **근본적인 의미에서 현상학적인 삶은 순수한 현상성의 본질을 규정하며, 이어서 존재가 현상과 공연장적이고 존재가 현상 위에 자신의 토대를 가지는 한에서 그 존재를 규정한다.** 만일 그렇다면, 나타나지 않는 어떤 존재에 대해서 나는 무엇을 알 수 있는가? 삶이 존재의 중심에서 본래적인 현상화이며 존재를 존재하게 하는 것이라면, 그럼에도 삶 그 자체가 '존재해야' 한다는 이유로, 살아있는 것을 다만 존재의 한 영역, 즉 영역적인 존재론에 한정하면서 삶을 존재에 종속시키는 전통적인 위계질서는 이제 전복되어야 한다. 그런데 사람들이 삶을 종속시켰던 존재는 그리스적 존재, 즉 세계적 존재자로서의 존재로, 그로부터 사유되고 잉태된 존재이다. 따라서 존재의 순수한 현상성이 전개되는 탈자가 이미 삶의 정념의 직접성 안에서 촉발되지 않는다면 이런 존재는 다만 죽은 존재 혹은 비존재와 같을 것이다. 그래서 삶은 항상 우리가 '존

---

5 'la vie'는 불어에서뿐 아니라 다른 언어에서도 두 가지 의미로 말해진다. 하나는 생물학적인 의미의 생명을, 다른 하나는 정신적인 생명, 특히 현상학이 문제가 되는 경우 현상학의 초월론적인 삶(la vie transcendantale), 즉 정념으로서 주체의 주체성을 의미한다. 이 말은 예를 들어 앙리가 자주 인용하는 우리에게 익숙한 성경의 한 구절—"나는 길이요 생명이다"—에서처럼 이 생명이 생물학적인 삶이 아닌 정신적 삶을 의미하는 한에서 '삶'이 아닌 '생명'으로 옮길 수도 있을 것이다. 그런데 역자는 '삶'이라는 번역어를 선택한다. 앙리가, 그리고 후설이, 또 다른 현상학자들이 말하는 삶/생명이 현상학의 언어 안에서 생물학적인 삶과 죽음으로 접근할 수 없는 현상학적인 삶/생명을 말하는 한에서, 우리는 생명이라는 단어보다 삶이라는 말이 가진 뉘앙스를 살려서 현상학적인 대화를 더 유연하게 해나갈 수 있다는 데에 그 내기를 걸고 이 단어를 취한다. 경우에 따라서, 특히 앞서 말한 구절에서처럼 우리에게 이미 익숙한 구절들은 '생명'으로 읽는다._옮긴이 주

재'라고 부르는 것에 근거를 제공한다. 절대로 그 반대가 아니다.[6]

이 책에 실린 연구들은 현상학의 질문들을 따라서 구성되었으며, 각각의 연구는 각각 다른 방식으로 질문을 제기한다. 첫 번째 연구는 시간과 연관해서 어떻게 물질 현상학이 고전 현상학과 다른가를 밝힌다. 여기서 현상학의 질문은 직접적으로 발견된다. 왜냐하면 여기서 시간에 대한 질문은 후설에게 **어떻게 의식 자체가 자기를 현시하는가에 대한, 다시 말해 의식의 현상성**을 생각하는 한 방식이기 때문이다. 그런데 그 대답을 후설이 지향성에서 찾았다는 것, 즉 절대적인 주체성의 자기-계시를 자기-구성으로 이해했다는 것은, 처음부터 현상학이 자신이 제기한 질문에 대해 제대로 답할 수 없는 무능을 여실히 드러낸다. 여기서 궁극적으로 구성하는 자는 현상학 안에서 자신의 본래의 지위를 상실하고 '익명'으로 사라진다. 더 나아가 현상학의 역사적 운명을 표시할 뿐 아니라 결국 '시대(하이데거가 밝히는 그것의 양태들은 한정된 표현들일 뿐이며, 더 자주는 웃음거리일 뿐이다)'에 대한 존재론적 비관주의에 이르는 현상학의 해석학적 가지치기는 현상학의 잃어버린 기원을 지시할 뿐이다.

만일 탈자의 방식과 전적으로 다른 삶이 원리적으로 모든 가시화를 회피한다면, 우리는 어떻게 이것을 이론으로, 다시 말해 어떤 시각에서 드러내고, 그것에 대해서 최소한 말할 수 있는가? 보이지 않는 것의 현상학이란 말은 그 자체 모순이 아닌가? 또 자기-촉발로서

---

6 우리는 여기서 삶의 문제에 직면한 하이데거의 철학은 삶을 그의 존재론적 범주들로부터 설명할 수 없다는 것을 탁월한 분석을 통해 보여준 디디에 프랑크(Didier Franck)의 "l'être et le vivant(존재와 살아있는 것)"(*Philosophie*, n° 7, 1987년 가을호, pp. 73-92)을 불러온다.

그리고 근본적으로 내재적인 삶의 자기에의 도래에서 정념의 물질성을 자신의 현상학적 물질성으로 가지는 단독적인 자기[un Soi]가 태어난다면, 비우주적인 주체성으로서 자신 속에 갇혀 있는 이런 '자기'는 유아론으로 떨어지지 않는가? 한편으로 순수한 정감성의 철학을 구성할 가능성 그 자체와, 다른 한편 정념적이고 비우주적인 어떤 자기성이 같은 유형의 타자와 관계 맺을 가능성, 즉 실질적이고 구체적인 상호 주체성 속에 자신을 기입할 가능성에 대한 문제는 『현시의 본질』[7]이 출간되자마자 반복적으로 제기된 두 반박이었다.

두 번째 연구는 현상학의 방법을 다룬다. 이 연구에서 우리는 고전적인 현상학은 절대적인 주체성의 이론적 인식을 산출할 수 없다는 불가능성을 드러내며, 이로부터 우리는 초월론적인 삶은 모든 지향적 접근, 봄으로부터-나오는 것[é-vidence][8] 즉 명증성과 현상학

---

7 *L'essence de la manifestation*(현시의 본질)은 미셸 앙리의 박사 학위 제1논문으로 1963년 PUF에서 출간되었다. 그가 제2논문으로 제시한 멘느 드 비랑(Maine de Biran)의 존재론을 다룬 *Philosophie et phénoménologie du corps*(신체의 철학과 현상학)은 그의 철학의 출발점으로 1950년경 완성된 것인데도 앞의 것보다 뒤늦게 1965년 출간되었다._옮긴이 주

8 앙리는 여기서 명증성(évidence)을 'é-vidence'라고 쓴다. é-vidence는 라틴어 e(ex)-videre 즉 de-voir, 봄으로부터 나오는 것, 그래서 눈에 보이듯이 명백한 것, 즉 명증성을 의미한다. 그리고 봄으로부터 나오는 것이라는 것은 결과적으로 봄 그 자체와 봄의 대상 사이의 '거리'를 만드는 것을 의미한다. 그래서 명증성은 항상 봄 그 자체와 떨어져서 그 대상을 보는 것을 의미한다. 또한 é-vidence는 독일어(특히 하이데거 번역자들 사이에서) Aussehen에 대한 번역어이기도 하다. Aussehen은 하이데거에서 그리스어 eidos의 번역어로 사용된다. 이 말은 불어로는 종종 é-vidence 대신에 visage(얼굴)로 옮겨지기도 한다. 하이데거는 '플라톤의 진리의 개념'을 다루면서 "플라톤은 이 Aussehen(eidos)을 단순히 모습(aspect)으로 간주하지 않는다. L'Aussehen은 자기 밖으로 나오는 어떤 것을 의미한다"(Heidegger, *Questions I, II*, tel Gallimard, 1993, p.437)고 말한다. 앙리가 고전적인 현상학이라고 부르는 후설과 하이데거에서 나타남은 항상 최초의 자기 밖으로 나옴, 탈자를 전제한다. 바로 여기에 앙리의 현상학에 대한 중요한 비판이 놓인다._옮긴이 주

적 환원의 '순수한 시각'을 회피한다는 증거를 제시한다. 후설이 난제를 극복하고자 하면서 자기도 모르게 열어놓은 놀라운 길은 삶의 비탈자적인 지위에 대한 탁월한 증명이다. 그런데 이런 지위는, 대체의 방법으로서 현상학의 본질적인 방법이 알지 못하는 본래적인 증여의 억제할 수 없는 넘침과 확산에 의존할 때에만 진실일 수 있다.

세 번째 연구는 '타인에 대한 경험'의 문제와 연관된 두 텍스트를 한데 모은 것이다. 첫 번째 텍스트는 지향성이 획득하고자 했던 지반 그 자체에서 지향성의 실패의 근원을 밝힌다. 즉 '세계'의 타자성에로의 열림은 모든 타자와의 구체적인 관계의 토대를 제공하는가? 다시 말해 세계-내-존재는 상상 가능한 모든 공-존재의 토대를 제공하는가? 이런 주장의 실패는 눈에 보듯이 명백하며 심각한 결과들을 우리 앞에 가져온다. 이 실패는, 서양 사유의 일단의 명백성들의 포기만이, 특히 지각의 명백성의 포기만이 오늘날 본질적인 것에 이르는 길을 개척할 수 있기 때문이다. 역설적이게도 자기 속에서 자기하고만 관계하는 삶만이 유일하게 가능한 상호주체성을 완성할 수 있는 환경$^{le\ milieu}$을 제공한다. 그런데 이 역설은, 삶이 자기에 이르고 자기의 고유한 존재를 획득하는 것이 근본적으로 내재적인 주체성의 시련$^{l'épreuve}$[9]에서라는 것을 이해하면 생각보다 훨씬 줄어들 것이다. 이 시련으로부터 자기는 자기이고, 이런 방식으로 자기는 자기로부터 불어나고 성장한다. 이것은 이 장의 두 번째 텍스트에서 다뤄지는 것으로, 특히 타자의 '존재'를 촉발할 수 있는 모든 것은 자기 속에서 본래적으로 도래하는 방식이기도 하다. 여기서 자아와 타아는 공통의 탄생, 즉 같은 본질을 가진다. 이 탄생에 의해서 그리고 살아있는 한에서 그들은 소통한다. 삶이 초월론적인 정감성이라면, 또 그 속에서 자신의 본질을 끌어 낸다면, 그로부터 결국 모든 상호 주체성이 피할 수 없이 정념적인 공동체의 형식을 가진다면 무엇이 놀라운가?

이 세 연구가 각각 실렸던 잡지들을 열거하자면, 첫 번째 것은 나의 철학을 특집으로 다룬 잡지 『철학』(1987년 여름 15호)에 실린 것으로 "당신의 물질 현상학의 기획은 후설의 질료 현상학과 어떻게 구별되는가?"[10]라는 디디에 프랑크의 질문에 대한 답변 형식으로 작성된 것이고, 두 번째 것은 아주 오래전에 썼던 것으로 이 책에서 처음으로 발표된 것이다. 이것은 비가시적인 주체성의 인식

---

9 앙리의 텍스트 안에서 삶(la vie)이라는 단어와 더불어 가장 빈번히 출현하는 단어는 'éprouver', 특히 이 동사의 재귀동사인 's'éprouver', 그리고 그 명사형인 'épreuve'이다. 불어에서 아주 일상적인 이 단어들은 사물(예를 들어 내구성)과 사람의 내적 성질 (용기, 인내, 능력 등등의 내적 가치)에 대한 '시험'과 '겪음'으로, 사람의 정감이 문제인 경우 '용기를 시험하다'라든가 '고난을 겪다 혹은 어떤 굴욕을 느끼다' 등등의 표현에서 보듯이 느낌 혹은 시련과 동연을 가진다. 이 말은 우리의 내적 힘(force) 혹은 능력 혹은 정감(l'affet)의 자기 느낌과 자기 겪음으로, 구체적으로 앙리의 텍스트 내에서 s'éprouver soi-même는 한편으로 자기 자신을 스스로 느끼다(se sentir soi-même) 와 다른 한편으로 시련을 겪다, 고통을 견디다(se souffrir soi-même)와 혼동된다. 사정이 이런 경우, 그가 "Vivre, c'est s'éprouver soi-même, et rien d'autre"라고 할 때 동사적 의미에서 "삶(사는 것), 그것은 자기 자신을 스스로 느끼고 견디는 것, 그것과 다른 것이 아니다"라고 옮길 수 있을 것이다. 다른 한편 우리는 이 말의 아주 일반적인 의미로 '경험' 혹은 '체험'으로(영어 번역에서 '자기에 대한 내적 경험'이라고 옮겨주듯이, 또 일본어 번역에서 '체험'이라고 옮겨주듯이) 옮겨줄 수도 있을 것이다. 그런데 앙리가 문제를 제기하는 '무엇'에 대한 '대상' 경험과 자주 혼동되는 헤겔적인 의미의 '경험 (Erfahrung)' 혹은 후설적인 의미의 '체험(Erlebnis)'이라는 단어와 구분해주기 위해서, 삶이 물질로서 자기를 스스로 느끼고 겪는 능력으로서 자기-촉발의 힘(정감성)의 향유에서 고통으로, 고통에서 향유로의 과정(procès, processus)인 한에서, 우리는 épreuve 는 (se souffrir와 혼동되는 한에서) '시련' 혹은 '느낌'으로, 문맥에 따라서는 '시험'으로, éprouver는 '느끼다' 혹은 '겪다'로, s'éprouver soi même는 (se sentir와 se souffrir와 혼동되는 한에서) '자기 자신을 느끼고 견디다'로 옮긴다._옮긴이 주

가능성의 토대를 형성한다. 세 번째 연구의 첫 번째 논문은 고등사범대학에서 있었던 강연으로 1988년 4월 23일 장-프랑수아 쿠르틴Jean-François Courtine의 세미나에서 발표된 것이다. 그리고 이 논문은 루뱅에서 후설의 50주년 서거를 기리는 심포지엄에서 다시 한 번 발표되었다. 이 심포지엄은 나중에 악트 출판사에서 출간되었다. 두 번째 논문은 '국제 철학 학교'의 연례 프로그램의 하나로 공동체 문제에 바쳐진 것으로 1987년 12월 7일에 있었던 공개 강의다. 그리고 이 책에 실린 다양한 분석들을 연결하는 목차는 1989년 3월 시애틀의 워싱턴대학에서 6주 강의를 세안받았을 때 미켈 보슈-야곱슨Mikkel Borche-Jacobsen 강의의 한 프로그램으로 작성된 것이다.

끝으로 이 탐구들에서 사용되는 방법에 대해서 말하자면, 우리는 그 방법의 명상의 자료로서 사용되는 후설의 몇몇 텍스트들에 의해서 분명 심대한 영향을 받았다는 것을 부정할 수 없다. 그런데 여기서 문제가 되는 것은 후설의 작업도 그와의 대화도 아니다. 여기서 중요한 것은 사람들이 결코 되돌아가지 않는 그의 최초의 현상학적 파악과 전제들을 반성하면서—이 경우 1905~1907년 강의들은 여기서 아주 중요한 자리를 차지하는데—그 안에서 막 태

---

10 물질 현상학(phénoménologie matérielle)과 질료 현상학(phénoménologie hylétique)에서 현상학에 붙은 두 형용사는 하나는 라틴어에 기원을 둔 것이고 다른 하나는 그리스어에 기원을 둔 것으로 같은 것을 지시한다. 그런데 이런 어원적인 차이나 같음과 상관없이, 후설이 질료(hyle)라는 그리스어를 가져와서 물질(Stoff)과 어떤 차이를 가지고 사용하든, 그리스 이래로 그리고 후설에서 다시 형상에 의해 옷이 입혀지는 '질료 현상학'의 기획에 대립해서 그리고 후설이 다만 '형상 없는 물질'이라는 가능성으로만 열어놓고 내버려둔 그 기획의 가능성의 실현으로서 앙리는 '물질 현상학'을 말한다. 무엇에 새로운 이름을 준다는 것은 '탄생'을 의미한다. 그래서 우리는 여기서 일단의 프랑스 현상학자들에게 그 이름을 부여할 수 있는 '물질 현상학'을 하나의 '고유명'으로 획득한다._옮긴이 주

동하고 있는 그 현상학적 주장의 역동성을 드러내면서 동시에 그것의 본질적인 공백, 즉 초월론적인 삶의 현상학적 부재를 측정하는 것이다. 그런데 이 부재는 사실 모든 현상학의 설립의 토대로서 사용되는 것이다.

다른 텍스트들을 생각할 때에도 상황은 마찬가지이다. 예를 들어, 후설이 '헤라클레이토스적 흐름' 속에서 절대적인 주체성의 최초의-계시Arche-révération[11]를 알아채지 못한 채 그것을 시간의 최초의-탈자성의 '체험들'의 나타남으로 대체하자마자, 그에 의해서 이해되지 못하고 제대로 받아들여지지 못한 절대적인 주체성은 파열되고 파괴되고 분산된다. 이런 경향은 1907년의 '강의들'에서, 또 『데카르트적 성찰』(20절)에서, 그리고 『위기』(52절)의 '유언' 안에서 거의 동일한 용어들로 반복되고 다시 확인된다. 그의 유고들이 문제가 되는 경우—그의 출간된 저작들과 대립하지 않는 그의 작업 노트들—그것들에 대한 체계적인 독서는 그 유고들이 다시 부딪치는 문제가 '살아있는 현재'의 문제로서 시간적으로 사유된 최초의-증여의 문제라는 것을 우리에게 드러낼 뿐이다. 그의 저작의 어두운 측면—이것은 그의 지향적 경향에 의해 가려지는 것인데—

---

11 Arche-는 독일어의 Ur-와 같은 기원을 가진 말로 그리스어의 arkhaios(ancien, 오래된) 혹은 arkhê(commencement, 시초)의 의미를 가지며, '원-', 혹은 '본래의(originaire)-' 혹은 '최초의-' 등으로 옮겨질 수 있는 것으로 기원 혹은 원리와 관계한다. 앙리가 같은 의미로 사용하는 originaire와 문장 안에서 구분하기 위해 '최초의'라고 옮긴다. 앙리가 사용하는 Arche와 결합하는 다른 조합들로는 Arche-donation(최초의-증여), Arche-fondement(최초의-토대), Arche-construction(최초의-구성), Archi-ek-stase(최초의-탈자), archi-phénoménalité(최초의-현상성) 등이 있다. 다른 한편 arkhê는 같은 기원에서 '최초의'가 '명령commandement'의 의미를 가지기도 한다. 앙리가 "삶은 삶만을 명령한다"고 할 때 Arche는 '명령'을 의미한다._옮긴이 주

즉 물질 현상학만이 아마도 그 저작의 초월론적인 동기를 알아차릴 수 있는 유일한 것일 것이다.

사물들은 그것들이 그 자체로 절대로 보이지 않는 삶의 정념 속에 놓이는가, 아니면 반대로 하나의 시선 앞에 놓이는가에 따라서 전적으로 달라진다. 그것들은 전적으로 같은 것이 아닐 것이다. 이 첫 번째 범주에 충동, 힘, 정감, 즉 우리 자신의 가장 깊은 곳에 존재하는 것들, 가장 중요한 것들이 속한다. 이것들이 내재적인 것은 거기에 우연히 존재하기 때문이 아니라 거기에서만 가능하기 때문이다. 사정이 어찌 되었든 시선, 즉 자기 자신을 보지 못하는 봄, 그리고 결국 인식, 과학 자체에서도 그 사정은 마찬가지이다. 다시 말해 모든 것은 삶으로 기울고 삶 속에 존재하며 모든 것은 살아있다.

물질 현상학의 과제는 거대하다. 그것은 실재를 사유하는 것이 문제인 경우, 지금까지 무시된 현상들의 질서에 집착하는 것이 아니라 모든 것을 다시 생각하는 것이다. 실재의 각각의 영역은 새로운 분석의 대상이 되어야 한다. 그리고 이 분석은 실재 속에서 그것의 비가시적인 영역으로까지 나아가야 한다. 이것은 또한 결국 살아있는 우주로 우리가 물질적 자연이라고 부르는 것과도 연관된다.

이런 방식으로 철학적인 질문 전체를 전적으로 다시 다룰 것을 함축하는 물질 현상학은 현상학의 미래와 철학 그 자체의 미래를 제시한다. 이런 미래는 동시에 새로운 과거를 발견할 것이다. 왜냐하면 철학에서 문제가 되는 것은 더 이상 자신을 반성하는 것도, 철학의 시초에서부터 철학을 인도했던 전제들의 빛에서만 이해되는 철학의 고유한 역사 안에 자신을 기입하는 것도 아니기 때문이다. 이런 철학의 역사는 더 이상 철학을 변화시키지 못하며, 그것은 다만 철학의 마지막 국면을 구성할 뿐이다. 여기서 장-릭 마리옹Jean-Luc Marion의 요구를 다시 불러내는 것으로 충분하다. "하이데거에 의해 부양된 형이상학의 역사에 환원 불가능한, 그리고 그것과 다른 철학의 역사를 변별하고 파헤치고 생각하라."[12]

이 거대한 과제는 실재에 대한 이해의 과제일 뿐 아니라 이 이해에 대한 자기-이해의 과제이기도 한다. 이런 과제는 다른 책들에서 말하자면 현시의 문제, 신체의 문제, 경제적 실재의 문제, '무의식'의 문제, 그리고 근대 세계와 대립적인 관계 안에서 나타나는 미학적 삶의 문제들을 다루면서 이미 부분적으로 완성되었다. 그런데 이 거대한 과제는 우리가 현재 여기서 제시하고 있는 이 개략적인 연구들에서는 다 드러나지 않는다. 이 책에서 제시하는 것은 물질 현상학이 무엇인가에 대한, 그것을 비가시적인 현상학으로 만드는 것을 가능하게 하는 방법에 대한, 그리고 끝으로 상호 주체성의 영역만큼이나 어렵고, 또한 물질 현상학의 전제들로 환원되지 않는 것처럼 보이는 영역, 즉 공동체의 영역에 대한 물질 현상학의 갱신의 능력을 시험할 뿐이다. 상호 주체성에 대한 체계적인 탐구는 지금 준비하고 있는 책의 주제이기도 하다.[13]

12 Jean-Luc Marion, "Bulletin Cartésien XVI", Archives de philosophie, n° 51, 1988, p. 19.
13 여기서 앙리가 준비하고 있다고 말한 책, 그가 '정념적인 상호 주체성(Intersubjectivité pathétique)'이라는 제목을 주었던 그 책은 '기독 철학'으로의 그의 철학의 방향 전환으로 인해 결국 1991년 포기되고 세상에 빛을 보지 못했다. 이에 대해서는 최근에 미셸 앙리의 상호 주체성과 타자의 문제에 대한 유고들과 그에 대한 연구들을 모아서 낸 잡지, Revue internationale de Michel Henry, n° 2(Presses Universitaires de Louvain, 2011)를 참조할 수 있다._옮긴이 주

I.

질료 현상학과
물질 현상학

『이념들 I』[14]의 85절에서 후설은 자신이 이해하는 '질료 현상학'에 대한 명시적 정의를 제시한다. 이 정의는 단번에 현상학을 결정하는 규정들, 다시 말해 현상학의 본질적 주장들의 토대들을 위험에 빠뜨린다. 절대적인 주체성, 즉 의식의 흐름 속에서 실재적 계기들과 비실재적[15] 계기들이 나눠지고, 후자는 인식 대상noème에 속한다. 내가 나무를 지각하는 경우 나무는 그것을 지각하는 의식 속에 실재적으로 포함되지 않는다. 다시 말해 그것은 의식의 고유한 실

---

14 Edmund Husserl, *Idées directirices pour une phénoménologie et une philosophie phénoménologique pures*, trad. Paul Ricoeur, Paris: Gallimard, 1950. 후설, 『순수 현상학과 현상학적 철학의 이념들 I』, 이종훈 옮김, 한길사, 2009(이후로 『이념들 I』로 적는다). [이 책과 연관된 모든 인용은 앞에는 미셸 앙리가 인용하는 불어판 쪽수를, 뒤에는 한글판 쪽수를 명기한다. 그리고 쉽게 찾아볼 수 있도록 '절' 번호를 넣었다. 번역은 인용된 불어판을 기본적으로 참조했다._옮긴이 주]

체의 부분을 형성하지 않는다. 나무는 의식 앞에, 즉 의식 밖에 존재한다. 만일 주체성이 실재라면, 나무는 결국 실재 밖에, 말하자면 비실재 안에 존재한다. 사정이 어찌 되었든, 이어서 주체성 속에서 물질적 혹은 질료적 계기들과 지향적 계기들이 분리된다. 그리고 후자는 전자에 생명을 불어넣고 의미를 부여한다. 예를 들어 나무의 지각에서, 색깔의 소여들과 같은 감각 내용들이 있으며, 이것들은 지각이 일어날 수 있는 지반을 제공한다. 이런 감각 소여들을 거쳐서 의식의 시선은 실제적 대상, 다시 말해 의식에 초월적이며 '대상적인' 것으로서 1나무로 향힌다. 후설은 엄격하게 한편으로 '감각 성질들', 다시 말해 사물의 속성들이며, 결국 인식 대상적인 성격들인 객관적 내용들과, 다른 한편 대상의 대상적 계기들이 '음영적으로 소묘되는'[16] 바탕인 순수하게 육감적인[17] 체험들—시각적 혹은 청각적 등의 체험들—즉 주관적인 인상들을 구분할 줄 알았다. 결국 세계가 알려지는 장소인 최초의 육감적 인상들과 주관적인 음

---

15 후설 용어들의 정글 안에서 독일어 'reell'과 'real(혹은 wirklichen)'의 구분은 그의 『논리 연구』에서부터 나타나는 것으로, "후자는 사물과의 관계에서 초월성을 함축하는 것을 특징짓는다. 반면 전자는 실질적으로 체험된 것, 의식의 내재성 속에서 의식의 내용과 관계한다."(*Recherches logiques*, II, 2, p.384) 우리말 번역에서 전자는 '내실적'으로, 후자는 '실제적'으로 옮겨진다. 그런데 이 구분을 따를 경우, 앙리가 이 책 전체에서 이 구분의 무용성을 말하면서 사용하는 'réel', 'réalité'의 의미와 뉘앙스를 살릴 수 없는 이유로, 또 이 둘의 구분으로부터 나오는 '실재'와 '비실재', '실재적 계기'와 '비실재적 계기' 등 구분의 일관성과 뉘앙스를 살리기 위해 전자는 '실재적'으로 후자는 '실제적'으로 옮긴다. 그리고 앙리는 전자의 의미에서 réel 대신 『논리 연구』의 불어 번역자들이 사용하기도 하는 effectif(실질적인)를, réalité 대신 effectivité(실질성)를 사용하기도 한다.
16 이 말은 'sich abschatten', 말 그대로 옮기면 '음영을 짓다'라는 의미이다. 현상학적 기술(darstellung)과 관련해서 항상 사물의 보이는 측면은 보이지 않는 측면을 함축한다. 이런 기술은 그래서 그림의 소묘, 즉 음영 짓기(Abschattung)를 전제한다._옮긴이 주

영적 소묘들의 속성은 정확히 그것들로부터 대상을 구성하는 지향성과 같은 자격으로 실재적인 요소들로서 주체성에 속한다. 그런데 후설이 인상들을 지향성에 대립시키는 것은, 전자가 자신 속에 지향성의 구조를 가지지 않으며 절대로 스스로 지향적이 아니라는 사실을 지시한다. "육감적 요소는 그 자체로 전혀 지향적이 아니다…."[18] 따라서 질료의 본질은 긍정적으로 절대적인 주체성을 구성하는 소재와 존재로서 이 주체성의 실재에 속하는 것이면서, 동시에 부정적으로 그 자체 모든 지향성이 배제된 것으로 정의된다.

육감적 질료$^{üln\ sensuelle}$의 긍정적이며 부정적인 이중의 정의는 우리를 미궁의 질문들 앞에 놓는다. 만일 질료의 본질이 본래 지향성의 본질을 배제한다면, 그것은 어떻게 절대적인 주체성 한가운데에서 지향성의 본질과 결합하는가? 게다가 만일 지향적인 형상이 질료와 동일한 힘과 지위를 부여받는다면, 어떻게 질료의 본질은 이 주체성의 실재적 계기를 규정하며, 실재적으로 구성하는 요소의 자격으로 주체성 속에 개입하는가? 또 어떻게 주체성의 실재는 대-상$^{Ob-jet}$[19]으로서 존재의 초월성을 완성하는 본질 속에 머물면서 동시에 이 초월성이 부재하는 본질 속에 머물 수 있는가? 『이념들 I』의 97절의 제목—질료적이고 인식 작용적인 계기들이 체험의

---

17 'sensuel(불어)/sensuell(독어)'은 외적 지각과 구분되는 체험 속의 질료와 관계하는 것으로 후설이 내적 운동감각(kinesthèse)이라고 부르는 것과 또 후설이 'Empfindung(sentance, 느낌의 상태, 혹은 감정)'이라고 부르는 것과 밀접한 관계를 가진 것으로 외적인 사물들의 속성과 관계하는 외적 감각과 대비되는 내적 감각을 지시한다. 이 말에 대한 우리말 번역(이종훈)은 '감성적'이다._옮긴이 주
18 후설, 『이념들 I』, § 85, 289/281.
19 ob-jet, ob-jectum 혹은 Gegen-stand는 말 그대로 '앞에 놓여있는 것', '대-상'을 의미한다._옮긴이 주

실재적 계기들이라는 사실에 대하여—은 우리를 하나의 수수께끼 속으로 던진다. 이어지는 텍스트에서 후설은 조금의 애매성도 없이 "체험은 자신의 실재적 구성요소 안에 질료적인 계기들뿐 아니라 또한 그것에 생명을 불어넣는 파악들을 포함한다"[20]라고 반복한다.

만일 두 본질이 절대적으로 다르다면, 이 둘은 함께 모든 실재가 자신의 원리적인 가능성을 끌어내는 동질성을 촉진할 수 없다. 그런데 이 가능성은 둘 사이가 다른데도 하나가 다른 것 아래 연장되고 하나가 다른 것의 지지로서 사용되는 둘 사이에 어떤 토대적 관계 그 자체가 생겨난다는 것을 함축하지 않는가? 비-지향적인 질료와 지향적인 형상 중의 어떤 것이 결국 아래-놓여있는 것$^{sub-jectivité}$[21]인지, 질료적 현상학과 지향적인 의식의 현상학 중에 어떤

---

20 후설, 같은 책, § 97, 335/321, 339/323.

21 앙리가 'subjectivité'를 'sub-jectivité'로 표시하는 것은 우리가 서양 철학사 안에서 지금 '주체성'이라고 부르는 것의 개념의 역사를 여기서 불러내고 있기 때문이다. 이 말은 아리스토텔레스의 『형이상학』 제타(Z) 편에서 나오며 불어로 'sujet(주체, 주어)', 영어로 subject로 번역되는 것으로, 우리말로 '기체'라고 옮겨지기도 하는 'hypokeimenon'에서 유래한다. 아리스토텔레스는 "주체(hypokeimenon/sujet)는 나머지 모든 것들이 그것에 의해서 말해지는 것이고 자신은 다른 것에 의해서 말해지지 않는 것이다"(Z 2, 1028 b, 36-38), 혹은 "그것은 어떤 주어의 술어가 될 수 없는 것이면서, 모든 술어의 주어인 것"(Z 3, 1029 a, 7-8)이라고 말한다. 그런 것은 질료와 형상의 구분 이전에 존재하는 것이자 알려질 수 없는 것으로 '순수 질료' 이외에 다른 것이 아니다. 이런 주체의 개념은 오랜 서양 철학사 안에서 배제되었다. 왜냐하면 아리스토텔레스에 의하면 알려질 수 있는 것은 형상과 질료의 결합 안에서이기 때문이다. 이 말(hypokeimenon)은 글자 그대로 옮기면 '근저에 놓여있는 것(sous jacent au fond)', 즉 'substrat'를 의미한다. 이 말은 중세에 여전히 그리스적 의미를 지니고 'subjectum'이라고 불렸고, 근대에 데카르트의 코기토로서의 실체의 개념(존재하는 데 자신 이외에 아무것도 필요로 하지 않는 것)으로, 칸트의 논리적 주체의 개념(모든 술어들의 주어이면서 자신은 술어가 될 수 없는 것)으로 다시 나타난다. 그 후 이 말은 이전과는 다른 의미에서, 특히 하이데거의 해석의 옷을 덧입고 자아 혹은 의식의 주체성(subjectivité)이라고 불렸다. 앙리는 여기서 배제되고 잊힌 근원적인 주체, 즉 아래 놓여있는 것, 즉 순수 질료의 개념으로 다시 돌아가서 질문하고자 한다._옮긴이 주

것이 최상의 규칙인지는 본질적 분석으로부터만 그 대답을 얻을 수 있다. 따라서 한 실재를 구성하는 요소들을 변화시키면서 이 실재 그 자체가 사라짐이 없이 어떤 것들이 사라질 수 있는 것인지, 반대로 어떤 것들이 변화할 수 없거나 제거될 수 없는 것인지를 드러내는 것이 문제이다. 왜냐하면 이 남아있는 것들은 본래적으로 이 실재의 실재성, 즉 '본질'을 구성할 것이기 때문이다. 따라서 만일 어떤 것이 절대적인 주체성의 '실재'와 관계하면서, 매번 현상학적인 잔여의 자격으로 지속한다면, 이것을 보기 위해서는 물질적인 구성요소도 지향적인 구성요소도 아닌 어떤 실재를 상상하는 것으로 충분하다.

아래-지속하는sub-siste 것은 분명 토대이다. 이것은 다른 모든 것이 제거되었기에, 그리고 그것만이 '실존하기'에, 존재하기 위해 자신 이외에 다른 것을 필요로 하지 않는 것이면서, 그것이 여기 있음으로 해서 다른 것이 있기에 다른 모든 것의 토대이다. 여기서 다만 서언의 자격으로 내가 생각하는 물질 현상학에 대해서 말하자면, 물질 현상학은 질료적 혹은 인상적 '구성요소'로서 아래-놓여 있는 것, 즉 모든 초월성에 대한 근본적인 환원으로부터 유래하는 주체성의 본질의 해방을 의미한다. 거의 환상적이고 생각할 수 없는 이와 같은 환원은 사유의 역사 안에서 데카르트의 코기토와 더불어 일어났다. 의심이 세계, 더 나아가 가능한 모든 세계를 괄호 안에 넣듯이 문제 안에 넣을 수 있었던 것은 다만 의심이 의심하는 그 행위에 앞서서 **세계 그 자체와의 관계**, 즉 지향성을 제거하고 나서야 가능하기 때문이다. 모든 초월성에 대한 근본적인 환원은 초월성이 거기에 더 이상 없을 때 여전히 아래-지속하는 것의 정체를 그 과정의 마지막에서 밝힐 때에만 의미를 가지며 가능하다. 그런데 데카르트가 자신의 분석을 더 멀리 밀고 나아가지 못했다는 사실, 그리고 그로부터 그의 철학의 토대는 그의 철학에 심각한 결과들을 가져오는 애매성—명증성을 지시하면서 동시에 명증성 아래 놓여서 그것의 토대이면서 결국 그 자체 명증성이 배제된 것을 지시하는 토대의 애매성—에 의해 가려졌다는 사실은 물질 현상학의 과제가 전적으로 그대로 남아있다는 것을 지시한다. 물질 현상학의 경계를 확실히 긋기 전에 일단은 후설의 텍스트로 다시 돌아가자.

후설은 우리가 위에서 언급한 핵심적인 질문들을 모르지 않았다. 반대로 그는 본질적eidétique 시선의 눈부신 밝음 안에서 그것들을 정면에서 파악한다. 이 시선은 "체험의 흐름 속에서, 이 육감적 체험들이 어디에서나 필연적으로 그것들에게 생명을 불어넣는 어떤 파악의 전달자인지 (⋯) 다시 말하면, 그것들이 항상 지향적 기능을 자신 속에 함축하는지를 묻는다. 그리고 다른 한편 (⋯) 본질적으로 지향성을 설립하는 특성들이 육감적 기반 없이 구체적인 충만성을 가질 수 있는지를 묻는다."[22] 그런데 이 '본질적인 essentielle'[23] 질문들이 본질적eidétique 분석의 저울 위에 던져지면서, B 없이 A가 가능하거나, A 없이 B가 가능하거나라고 말해야 하는 것

---

22 후설, 같은 책, § 85, 289/281.
23 앙리는 여기서 essentielle과 후설의 본질 직관과 연관된 eidétique를 대립해서 사용한다. 이 두 단어는 물질 현상학과 질료 현상학에서처럼 하나는 라틴어적인 기원을 가진 것이고 다른 하나는 그리스적 기원을 가진 것으로, 여기서 앙리는 그 기원과 상관없이 앞서 물질 현상학과 질료 현상학의 대립과 같은 의미에서 후설의 본질 현상학의 본질과 자신의 물질 현상학의 본질을 대립시킨다.

은 즉각적이다. 이런 두 가능성은 곧이어 후설에 의해 "형상 없는 물질들과 물질 없는 형상들"[24]이라고 불린다.

이 엄청난 질문에 답하기 위한 충분한 방법이 우리에게 있는데도 바로 이 방법에 의해, 그것을 위해 준비된 이 질문들에 대해 후설의 텍스트는 대답하지 않는다. 텍스트는 서둘러서 "여기는 이 질문들에 대해 결정을 내릴 자리가 아니다…" 그것이 무엇이든지 간에 어쨌든 "우리는 이 질문의 대답을 잠정적으로 보류한다…"라고 결론 내린다. 이런 결정은 탐구 앞에 그 자체로 도래한 것이 최초의-토대의 내적 구조와 다른 것이 아닐 때, 아주 이상한 결정이다. 사람들은 답변은 다만 뒤로 미뤄졌다고 말한다. 그런데 사실 이 질문은 다시 제기되지 않는다. 질료와 형상 사이의 최초의 균열과 관계하는 얼마 안 되는 진술들은 본질적인 것을 회피하고 그것을 감추기 위해서만 말해진다. 왜 이런 침묵, 이런 무능이 존재하는가?

이어지는 진술들에서 우리는 그 이유를 이해할 수 있다. 여기서 알아차려야 하는 것은 분석에서 정확히 다뤄지지 않고 은근슬쩍 일어나는 어떤 미끄러짐이다. 이것에 의해 그가 제시한 최초의 물질의 개념은 변형되고 다른 것에 의해서 대체된다. 여기서 질료 현상학의 고유한 영역은 지향적이고 구성적인 현상학의 영역으로 이동된다. '물질'은 우선 인상, 혹은 그것과 본래적으로 그 자체로 동일한 것, 즉 감각을 지시한다. 물질은 다만 그것에 의해 인상이 생겨나는 것으로, 일종의 인상의 소재, 인상의 실체이다. 즉 인상적인

---

24 후설, 같은 책, § 85, 290/282.
[참고로 이 부분의 우리말 번역은 '형식(Form) 없는 소재(Stoff), 소재 없는 형식'으로 되어 있다._옮긴이 주]

것, 육감적인 것 그 자체이다. '감각 소여'나 '체험의 질료적인 계기들'에 대해 말하는 것은 자신 이외에 다른 것에 대해 아무것도 말하지 않는 것이다. 다시 말해 그것은 '육감적 색깔Empfindungsfarbe'에서, 자기 자신으로 환원된 순수한 소리의 인상에서, 그 자체로 존재하는 것(환원은 바로 사물들 자체로 돌아가는 것이다)에서 만족하는 것이다. 같은 방식으로, 순수한 고통에서, 순수한 기쁨에서, 인상적인 성질들에 의해 규정되고 그것에 의해 한정되는 모든 체험들에서 만족하는 것이다. 다시 한 번 강조하자면, 그것들은 전혀 자신과 다른 것이 아니며, 특히 그것들이 질료에 속하는 한에서, 원리상 비-지향적이다.

그런데 아주 빠르게 분석 안에서, 특히 실재가 문제가 되는 분석의 처음에서부터—현상학적 분석이 전적으로 분석과의 관계에서 독립적으로 생각하는 데 이르지 못하고, 자신의 고유한 구조를 부여하는 실재—'물질'은 자신이 속한 인식 작용적 체험의 전체성 안에서 수행해야 하는 기능에 의해 과도하게 규정된다. 다시 말해 물질은, 그것을 지배하고, 그것으로부터 출발해서 그것이 매번 제공하는 내용으로부터 대상을 구성하는 지향적 작용들에 봉사하는 물질의 기능에 한정된다. 따라서 감각 소여들, 질료적인 '색깔들', 소리의 인상들은 밑그림의 역할을 담당하고, 이 밑그림을 거쳐서 감각 성질들, 즉 대상의 인식 대상적인 계기들은 지향적으로 의도된다. "감각 소여들은 지향적인 형성을 위한 혹은 다양한 수준에서 의미의 증여를 위한 물질로서 주어진다…."[25] 여기서 **물질은 인상의**,

---

25 후설, 같은 책, § 85, 289/282.

인상적인 것의, 인상성 그 자체의 물질이 아니라 물질에 형상을 부여하는 인식 작용의 물질이며, 형상을 위한 물질이다. 이런 물질의 줌^{la donne}[26]은 물질에 속하지 않는다. 그것은 있는 바의 것에 의해서, 자신의 고유한 인상적인 성격에 의해서 주는 것, 즉 스스로 자신을 주는 물질이 아니다. 물질은 형상에서 주어지며, 다시 말해 형상에 의해 주어진다. 질료는 형상에 의해 형성되고 구성되고 이해되기 위해 형상에게 자신을 내어준다. '구성'하는 사실은 비록 우리가 초월적 파악들로부터 추상할 때조차도, 보여주는 것이고, 현상의 조건 안에서 도래하게 하는 것이며, 주는 것을 의미한다. '감각 소여'는 바로 이런 의미에서 이해되며, '지향적 형성에 대한 물질로서 자신을 내어 주는' 것의 의미에서, 그래서 자신을 주어진 것으로 발견하는 것의 의미에서, 그리고 지향적 시선이 그렇게 주어진 것을 관통하고, 그것을 자기 앞에 던지면서 그것을 보여주는 한에서 이해된다. 결국 세계가 우리에게 주어지는 '감각적 나타남'은 그래서 지향적인 인식 작용에 의해 삶을 부여받고, 그것에 의해 나타남 안으로 옮겨지는 한에서만 주어지며, 그런 한에서 나타남이며 현상이다.

우리는 후설이 체험 속에서 질료적인 것과 지향적인 것의 구성 요소들의 의식-내적인 통일성이라는 근본적인 문제를 해결하지 않은 채 내버려두었다고, 그리고 그는 어떻게 이 통일성이 절대적인 주체성의 실재 그 자체 속에 머무는지를 드러낼 수가 없었다고 말했다. 우리는 여기서 최소한 어떻게 후설이 이 문제를 해결하는

---

26 이 말(la donne)은 카드놀이에서 카드의 분배, 혹은 그렇게 분배된 주어진 카드의 의미에서 줌, 소여의 의미이다._옮긴이 주

지, 또 어떻게, 왜 그것이 그에게 전혀 문제가 되지 않았는지를 알 수 있다. 구성요소들은 후설에서 마치 현상의 조건 안에서 실어 나르는 자와 실려 가는 자의 관계처럼 기술된다. '체험'의 '실재' 속에서 육감적 계기들과 지향적인 계기들 사이의 관계, 즉 물질과 형상 사이의 관계는 나타남과 그것 안에서 나타나는 것 사이에 세워지는 통일적 관계로 이해되고, 이런 관계는 그들 사이의 존재-존재론적 긴밀성으로 이해된다. "체험은 단지 질료적인 계기들(육감적 색깔과 소리)만이 아니라 또한 그것에 생명을 불어넣는 퍼익을 포함한다. 따라서 **둘을 함께 취하면서만** 색깔, 소리, 모든 대상의 성질들의 **나타남**이 존재한다."[27]

나타나는 것이 자신의 나타남에 결합하듯이 질료가 다만 형상과 결합하는 방식으로 형상과 관계한다면, 그때에 질료는 본래적으로 그 자체 안에서 나타남을 잃어버리고, 현시의 작업을 완성할 수 있는 능력을 상실한다. 이때 질료는 눈먼 내용일 뿐이며, "질료는 지향적 형성을 위한 물질로서 자신을 제공한다…." 즉 이 지향적 형성들은 질료에 '생명을 불어넣으면서' 질료를 빛 안으로 던진다. 그리고 질료를 '현상'으로 만든다. 이런 방식으로 우리가 설명하고 생각하는 이 통일성 안에서, 지배적인 것은 단지 둘 사이의 차이가 아니라 절대적인 주체성 속에서 질료적인 것과 지향적인 것의 두 '구성요소들' 사이에 세워진 보다 근원적이며 근본적인 비대칭성이다. 하나는, 자신의 내용—인상—에 경험을 제공하는 일을 떠맡은 것이고, 다른 하나는 이 경험에 앞서 이 경험을 위해 그 앞

---

27 후설, 같은 책, § 97, 339/323(후설의 강조).

에 놓인 빛 안에서, 다만 경험의 내용의 자격으로 그것 앞에 놓여 있는 것이다. 만일 주체성이 나타남 안에서 해소되고 나타남을 규정한다면, 질료와 형상의 실재적인, 다시 말해 가장 단순하게 실재적인 통일성은 질료가—실재적인 구성요소라는 자격으로—주체성에 실재적으로 속하는 것과 같은 것을 의미할 수 있는가? 그것이 아니라면, 질료와 형상의 통일성, 적어도 지금 문제가 되는 주체성의 내적인 통일성, 즉 나타남이 자신의 순수한 현상성 속에서 실재적으로 주체성에 포함될 가능성 그 자체는 이 현상성에 근본적으로 낯선 것으로 머물 것이다. 아니, 차라리 이 불투명한 요소는 이미 지향성의 작품이며 지향성에 의해 '구성된' 최초의 가시성이라는 바깥에서 거리를 가지고 존재한다고 말해야 하지 않는가? 따라서 우리는 체험들, 인상적 체험들조차도 이미 자기 밖으로, 최초의 세계인 이 초월성의 환경인 가시성의 환경 안으로 내던져지는 한에서, **"지향성은… 어떤 체험들이 지향적인 것으로 특징지어지지 않는 것들인데도 결국 모든 체험들은 자신 속에 지니는 어떤 보편적인 환경과 같다"**[28]고 말할 수 있고 말해야 한다.

질료가 형상의 존재론적인 초월성 안으로-던져지는 é-jection 것은 질료에게는 존재적인 것 안에서 자신의 고유한 존재의 밖으로-내던져지는 dé-jection 것을 말한다. 이런 사실은 지금까지 우리가 살펴본 『이념들 I』에서 확인된다. 질료적인 소여들에 대한 검토는 여기서 엄격함이 결여된 채, 그럼에도 본질적 분석의 목적에 복종하는 사유 안에서—그 분석의 궁극적인 이유는 이 책의 두 번째 연구에서

---

28 후설, 같은 책, § 85, 287-288/280(나의 강조).

분석될 것이다―그가 진정으로 따르는 것은 사실 이 본질적인 분석의 형식하에서가 아니라 전-철학적$^{pré-philosophique}$인 열거 안에서 단지 문제의 혼동^{amalgame} 안에서이다. 여기서 문제가 되는 것은 그가 가장 많은 페이지를 할애하는 용어의 장애가 아니다. 진정한 장애는 끝없이 지워진 본질적인 질문으로부터 나온다. 인상적인 체험들, 『논리 연구』에서 '일차적 내용들'이라고 부르는 것은 감각 내용들로 그 속에서 지각의 초월적인 사물들이 음영적으로 소묘되는 것이고, 우리가 지각 속에서 초월성을 제거할 때 지각에서 발견하는 일종의 현상학적인 산여를 형성한다. 우리가 감성을 인상적인 것이라고, 순수하게 육감적인 것이라고 부를 때에만, 우리는 그것을 정감적이고 의지적인 영역의 체험 전체 속에서, 그리고 인간의 삶에서 가장 큰 역할을 하는 충동들의 영역 속에서 다시 발견할 수 있다. 그런데 감각 소여들이 즉각적으로 던져지는 사물의 인식 대상적 계기들과 이 감각 소여들을 구분하기 아주 힘들게 만드는 감각 소여들이 취하는 최초의 거리는, 시선이 이 소여들을 가로지를 때 이 소여들이 지각으로 고려되면서만 일어날 수 있을 뿐이다. 반면에, 정감적이고 충동적인 체험들의 경우, 그것들의 근본적인 내재성, 다시 말해 그 자체 모든 초월성이 배재된 것으로서 인상적인 존재 그 자체는 우리에게 보다 쉽게 알려질 수 있을 것이다.

그런데 후설에서 일어나는 것은 바로 이런 과정과 정반대이다. 인상적인 성질들을 다양한 종류의 체험들로 확장하면서 '정감적인 상태들^{Gefühle}과 감각 충동들'을 감성 속에 포함시키자마자, 그리고 "감성으로부터 가장 많이 환원된 원시적인 표현을 정감적이고 의지적인 영역으로, 다시 말해 감각 소여들이 물질의 기능으로 제시되는 지향적 체험으로 확장되자마자"[29], 이 체험들, 즉 정감성과 충동성은 그 자체 지향적이 되며, 인상적이고 정감적인 요소는 더 이상 그것들의 본질, 다시 말해 이것들을 정감적이고 인상적인 체험들로 만드는 것, 즉 이 체험들을 주고 이것들을 본래적으로 드러내는 것을 구성하지 않는다. 인상적인 것, 정감적인 것은 체험들 속에서 '감각 소여들'일 뿐이며, 이것들은 다만 대상의 진리 안에서 이것들을 그 자신 밖으로 던지는 지향적 활동에 내용을 제공하기 위한 지각을 위한 감각 소여로서 '물질'의 기능을 가진 것으로 '제시' 된다. 여기서 물질은 인상의 물질, 즉 그것의 소재가 아니며, 인상적인 것의 인상성도, 정감적인 것의 정감성도 아니다. 그것은 다만 인식 작용의 물질이며, 그것에 내용을 제공하는 기능을 가질 뿐이다. 이 내용으로부터 인식 작용은 지향적인 초월성 안에서 그리고 그것에 의해서 이 내용에 대한 자신의 고유한 기능, 즉 드러내고 빛의 공간을 여는 기능을 완성한다. 이 빛 안에서 이 내용은 하나의 '소여'가 될 것이고, 모든 것들은 시선에 자신을 전적으로 내맡기게 될 것이다.

그렇다면 지향성의 물질로 봉사하는 그런 물질의 기능으로부터 독립한 순수한 인상적인 요소의 현시는 무엇인가? 인상의 인상성, 그것의 정감성은 이미 인상 속에서, 인상에 의해서 현시의 기능, 즉 현상학적인 기능을 완성하는가? 우리가 읽고 있는 이 페이지들을 고려할 때, 후설의 대답은 전적으로 불확실하다. 한편으로 현상학자는 감각 소여들과 이 소여들이 지각 속에서 아주 특권적인 방

---

29 후설, 같은 책, §85, 290/283.

식으로 수행하는 물질의 역할을 반성한다. 후설이 "감각과 그것에 대한 음영적 소묘들에 대해 반성해보자. 이것들은 우리가 파악하는 명백한 소여들"[30]이라고 말할 때, 현상학자가 이 소여들을 파악하는 것은 바로 이 반성, 이 특수한 지향성, 인상적인 요소 그 자체에는 본래적으로 속하지 않는 명증성 안에서이다. 다른 한편, 우리는 이 소여들이 반성적인 파악 이전에 무엇인지를 알고자 할 수 있으며, 사실 우리는 그것이 무엇인지 모를 수도 있다. 예를 들어 후설은 "지각의 체험 속에서… 그것들(물질적 내용들)은 실재적인 계기의 자격으로서의 내용들이 있다. 그런데 그것들은 지각되지 않았으며, 대상들로서 파악되지 않았다"[31]고 말한다. 그럼 그것들은 어떻게 존재했는가? 절대적인 주체성의 본래적인 계시에 대한 이 질문은 다름 아닌 후설 현상학의 십자가이다. 어려움에 부딪친 후설은 인식 대상적인 주제화에 의존한다. 왜냐하면 인식 대상의 분석은 그것을 구성하는 인식 작용의 본성을 규정하는 것을 허락하기 때문이다. "인식 작용의 모든 구성요소들은 인식 대상적인 대상에, 그것의 다양한 계기들에 의존하면서만 특징지어진다…"[32] 인식 작용의 구성요소들 중의 하나인 **질료에 대해 더는 인식 대상이 존재하지 않을 때, 그것을 특징짓는 지표**는 무엇인가?

사람들은 보통 지각된 대상의 인식 대상적인 계기들, 예를 들어 나무의 초록이 우리로 하여금 대상을 구성하는 색깔에 대한 순수하게 육감적인 것을 생각하도록 한다고 말한다. 만일 인상이 다

---

30 후설, 같은 책, § 97, 337/323.
31 후설, 같은 책, § 98, 341/326.
32 후설, 같은 책, § 97, 339/324.

만 순수한 주체성 속에서 대상에 일치하는 인상이어야 한다면, 다시 말해 해독해야 하는 텍스트처럼 앞에 놓인 대상의 인식 대상적 성질에 대한 초월적 제시의 의미에서 인상이 다만 '감각적 출현'일 뿐이라면, 이때 우리는 이 인상의 본래적인 계시에 대해, 다시 말해 그것의 주체성에 대해서 아무것도 아는 것이 없게 될 것이다. 인상적인 소여들이 지각의 현상에 의해서 그리고 그것의 매개에 의해서 밝혀진다는 사실, 그것들이 마치 '음영적 소묘'로서, 즉 사물들의 음영적 소묘들로서 제시된다는 것은 순수한 우연이 아니다. 여기서 우리에게 중요한 것은 역사적인 현상학에서 불행하게도 되돌릴 수 없는 이런 장애를 되돌리는 것이다. 지각의 경우 대상적인 상관관계는 인상에 일치한다. 그런데 이런 종류의 상관관계가 더 이상 산출될 수 없을 때 거기서 무슨 일이 일어나는가? 그것은 감정과 더불어, 다시 말해서 정감적이고 충동적인 그리고 의지적인 영역 전체의 체험들과 더불어 도래하는 어떤 것이다. 두려움, 불안, 고통, 기쁨, 욕망, 순수한 집착을 규정하는 것은 그것들의 정감적인 성격에 의해서가 아니면 불가능하다. 여기서 그 자체로 인상적인 모든 것과 정념성과 관계하는 모든 내적 현상학의 특수한 현상학적인 내용이 알려져 온다. "형성하는 성격과 대조적인 이런 기능을 위해"[33] 후설이 말하듯 여기서 "우리가 물질적 혹은 질료적인 소여라는 표현을 선택"하는 것은 정확히 감성이라는 개념이 가지는 애매성을 피하면서, 인상적인 모든 것에 공통된 이 특성을 지시하기 위해서이다.

---

[33] 후설, 같은 책, § 85, 291/283.

때로는 무의식적이면서 폭력적이기도 한 후설 현상학의 힘은 인상적인 것과 정감적인 것 즉 '무엇을 형성하는 성격과는 대조적인 이 기능'을, 다시 말해 모든 지향성이 그 자체 배제된 것처럼 보이는 이것들을 어디서나, 항상, 마치 지향성에 의해 구성되는 것처럼 어떤 드러내는 힘으로 해석하는 것이다. 정감성이 이렇게 현상학적인 관점에서 드러내는 힘으로 생각되자마자, 정감성은 그 자신 안에서, 그 자신에 의해서가 아니라 의식의 일반적인 본질에 참여하고, 지향적인 한에서만 자신의 계시를 완성한다. 감정은 하나의 작용으로, '느끼는 작용l'acte de sentiment'으로 이해된다. 그것은 그 자체로 '감각적 술어들의 층과 겹쳐있는' 특수한 정감적인 층으로, '잘생긴', '못생긴'과 같은 대상적이고-객관적인[34] 측면 아래에서 '기쁨', '슬픔'과 같은 감정의 층을 구성한다. 정감성은 그것이 세계의 대상적인 층을 보여주는 한에서 드러내는 것이다. "감정의 술어들에 의해, 우리는 대상을 규정하는 술어들을 지시한다." 대상적으로 구성된 이 정감적인 술어들은 의심의 여지 없이 토대로서 정감성과 관계한다. 그런데 "이 술어들이 여전히 합법적으로 그리고 상식적 의미에서 '주관적'이라고 말해지는 한에서, 그리고 이 술어들이 그것들의 의미 자체에서 평가하는 주체들과 평가하는 주체들의 작용들과 관계하는 한에서만 토대로서 정감성과 관계한다." "만일 우리가 모든 지향적 체험들과 심지어 감정적 체험들에 감정의 양

---

34 objectal-objectif의 옮김이다. 'objectal-objectif'는 독일어 gegenstädlich-objectiv의 번역으로, 불어에는 없는 구분을 위해 만들어진 신조어이다. 전자는 칸트로부터 온 것으로 말 그대로 사물 앞의 사유의 정립과 관계하며, 후자는 사물을 파악하는 사유의 과정과 관계한다._옮긴이 주

태에 대한 파악을 구성하는 이 체험들의 대상성들—가치-대상들,
실천-대상들과 같은 특수한 대상들—을 부여한다면…"[35] 후설에
게 토대로서 정감성은 가치론적인 술어들을 구성하는 지향적인 활
동일 뿐이다. 그러면 느끼는 작용 자체, 감정적 체험의 정감적인 성
질의 정감성은 무엇인가? 후설은 그것에 인식 대상적-작용적 구
성의 도식을 적용하면서 그것을 기술할 뿐이다. 지향성이 필연적
으로 감정적 체험을 앞서며, 이 체험은 정확히 지각의 직관적인 내
용이 지각적인 지향성을 충족시키듯이 지향성을 충족시킨다. 다시
말해 체험은 지향성에서 주어진다. 감정은 직관적인 내용 그 자체
이다. 향유의 예를 들어보자. 그것의 경험은 말 그대로 지각 경험인
것처럼 완성된다. 가치 파악Wertnehmen은 감정의 영역 속에서 지각
Wahrnehmung과 유비적이다.[36] "따라서 우리는 감정의 영역 속에서 자
아가 대상 자체에 대한 감정에 의해 현재하는 의식과 동거하는 어
떤 느낌의 양태를 가진다. 이것은 우리가 앞에서 향유에 대해서 말

---

35 Husserl, *Recherches phénoménologiques pour la construction(Ideen II)*, trad. Eliane
Escoubas, Paris: PUF, 1982. 후설, 『순수현상학과 현상학적 철학의 이념들 II, 구성에
대한 현상학적 연구』, 이종훈 옮김, 한길사, 2009(이후로『이념들 II』라고 적는다), § 6,
38/42, 39/43. 이 책과 연관된 모든 인용은 앞에는 미셸 앙리가 인용하는 불어판 쪽
수를 뒤에는 한글판 쪽수를 명기한다. 그리고 쉽게 찾아볼 수 있도록 '절' 번호를 넣었
다. 번역은 인용된 불어판을 기본적으로 참조했다.

36 'Wertnehmen'은 앙리가 위에서 인용한 후설의『이념들 II』 4절에서 그대로 가져
온 것으로, 이 단어는 우리가 지금 읽고 있는 앙리의 책에도 번역되지 않고 그대로 독
일어로 표기되어 있다. 그 이유는 이 단어가 사전에 없는 것이기도 하지만, 특히 지각
(Wahrnehmung)과의 유비적 설명을 위해 유용하기 때문일 것이다. 이 단어는 후설이
말하듯 그의 강의『윤리학』에서 사용한 표현으로 말 그대로 읽으면 '가치(Wert)의 파
악(hehmen)'이다. 그런데 사실 이 표현은 어느 책에도 한 단어로 번역되지 않는다. 혹
자는 'sentiment de valeur, 가치의 감정'으로 혹은 'la perception évaluative, 가치적인 지
각'으로, 영역은 'unclear status of valuing, 모호한 가치적인 지위를 가진 것' 등으로 옮
겨진다. 우리는 이종훈의 번역을 그대로 따른다._옮긴이 주

하면서 의미하고자 한 것이다. 그런데 거리를 가진 표상의 양태, 즉 자기에의 현전 밖에서 행해지는 공허한 표상적 지향이 존재하듯이, 공허한 대상과 관계하는 느낌의 양태가 존재한다. 그리고 전자가 직관적 표상에 의해 채워지듯이, 공허한 느낌은 향유에 의해서 충족된다."[37]

'현상학'은 두 가지 의미에서 이해된다. 아주 순진한 전-비판적인 의미에서 모든 해석과 모든 초월적 구성과 독립적으로 문제가되는 것은 '현상들'에 대한 충실한 기술이다. 현상학은 따라서 연구의 영역에 따라서 다양한 특수한 탐구들로 나눠진다. 모든 특수한현상들을 포함해서 현상들을 그 자체로 기술하는 것은 그것들이자신을 주는 방식대로, 결과적으로 그것들의 증여 속에서 그것들을 기술하는 것이며, 그것은 이 증여를 시선에 취해서 그 자체로 주제화하는 것이다. 다른 한편 철학적 의미에서 현상학의 대상은 현상이라는 말의 일상적인 의미에서 구성되지 않는다. 현상학의 대상은 현상성으로, 더 자세히 말하면 이 순수한 현상성이 스스로를현상화하는 본래적인 양태이다. 현상학의 대상은 "어떻게 안에서의 대상'objet dans le comment"[38], 그것의 증여의 '어떻게' 안에서 대상, 즉 '어떻게' 그 자체이다.

『이념들 I』의 85절에서 후설은 현상학적 존재의 흐름 속에서 물질적인 층과 인식 작용적인 층을 구분한다. '질료 현상학'은 물질적 요소에 의존하며, '인식 작용적 현상학'은 인식 작용적 계기들

---

37 후설, 같은 책, § 4, 33/36.
38 앙리의 저서들에서 반복되는 이 구절은 'Gegenstände im Wie'를 옮긴 것으로 앙리가 후설의 『시간의식』 보충 VIII에서 가져온 것이다._옮긴이 주

과 관계한다. 그리고 이 두 현상학 사이에 아주 특별한 불균형이 드러난다. "가장 중요하고 가장 생산적인 분석들은 단연코 인식 작용적인 것 쪽에 놓여있다." 조금 아래에서 후설은 "질료적인 것은 분명히 인식 작용적이고 기능적인 현상학 저 아래에 놓여있다"라고 말한다. '의식의 대상성들의 구성'과 관계하는 '구성적인 문제들'을 다루는 86절은 우리에게 왜 이런 불균형이 생겨나는지를 알려준다. "인식 작용은… 물질에 생명을 불어넣으면서, 그리고 연속된 체계와 다양을 통합하는 종합에서 구성되면서, 무엇인가에 대한 의식을 설립"하기 때문이다. 다시 말해 **순수한 현상성의 창설과 격상**은 바로 "무엇인가에 대한 의식"으로서, 다시 말해 지향성으로서만 가능하며, 이것은 바로 인식 작용적 현상학이 목적으로 하는 것이며, 이것 안에서만 현상학은 그 말의 고유한 의미에서 '현상학'이기 때문이다. 현상학의 대상은 증여 자체, 나타나는 모든 것의 나타남의 의미에서, 그것의 철학적인 의미에서 출현이다. 이 나타남은 지향성에 집중하며 지향성 안에서 현상학의 가능성을 소진하기 때문에, 그리고 지향성만이 현시의 작업을 완성하기 때문에, 지향성이 아닌 모든 것은 제거된다. 반면에 비-지향적인 물질은, 우리가 본 것처럼, 존재자의 밤의 심연으로 넘겨진다. 물질을 고려하는 질료적인 것은 다만 '인식 작용적이며 기능적인 현상학 저 아래에' 위치할 뿐 아니라, 또 인식 작용적이고 기능적인 현상학에 '종속'될 뿐 아니라, "그것은 지향적인 형성을 위해 가능한 물질을… 제공하는 한에서만 의미를 가진다."[39] 사정이 이런 경우 나타남을 위한 내용,

---

39 후설, 『이념들 I』, § 86, 298/289.

지향적인 현상학의 일인 증여를 위한 내용, 즉 질료적인 현상학은 그 말의 전-비판적이고 저속한 의미에서 현상학일 뿐이다.

모든 현상학은 그 자체 초월론적이다. 다시 말해 현상학의 모든 경험이 그 뿌리를 내리는 증여를 명백하게 하는 한에서 초월론적이다. 현상을 기원의 영역으로 이끄는 환원 역시 초월론적이다. "만일 우리가 현상학적 환원과 순수한 체험의 영역을 초월론적이라고 부른다면, 이것은 환원이 우리에게 물질들과 인식 작용적 형상들의 절대적인 영역을 발견하는 것을 허락하기 때문이다. 그리고 규정된 본성으로부터 온 이 둘의 결합들은 내재적 본질 필연성에 의해서 의식에 주어져서 규정되거나 규정되어질 수 있는 이러저러한 사물에 대한 의식임과 더불어 의식 그 자체에 대해 있는 사물은… 비실재적, 초월적인 것으로 원리상 의식과 다른 것, 즉 타자라는 놀라운 속성을 함축한다."[40] 다만 '내재적 본질 필연성'에 의해 '이 놀라운 속성', 즉 '무엇인가에 대한 의식'이 태어난다. 그런데 이 내재적 본질 필연성은 다름 아닌 의식의 지향성의 속성이지, 이런 '속성'이 그 자체로 제거된 물질의 속성이 아니다. 그리고 '물질들과 인식 작용적 형식들'의 '규정된 본성으로부터 온 결합들'은 이 내재적 본질 필연성과 다른 것, 즉 지향성과 다른 것을 함축한다. 이 결합들은 지향성 안에 존재하는 나타남이 전개하는 비실재적 외재성과는 다른 것을, 즉 나타남이 결합하는 내용과 물질을 필요로 한다는 것을 함축한다. 이 물질, 이 내용은 '아무것이나'도 아니며, '다양'이라고 불리는 것도 아니다. 이것은 자신 안에 본질적인

---

40 후설, 『이념들 II』, § 97, 340/324.

한 특질을 가진다. 그것은 비-지향적이며, 동시에—그것이 왜 그런지 설명됨이 없이—인상적인 것, 정감적인 것이다.

지향적인 현상학은 초월론적인 현상학이다. 그런데 지향적인 인식 작용으로 환원된 초월론적인 것은 진정으로 초월론적인 것, 즉 모든 가능한 경험을 가능하게 하는 선험적인 조건으로서 초월론적인 것이 아니다—이 경험이 일반적으로 경험과 전적으로 다른 것, 즉 감각과 인상을 요구한다면 말이다. 어떤 경험이든 일어나기 위해서는 앞서서 감각, 인상이 주어져야 한다. 지향성의 전제 안에서 생각된 사물은 초월적, 비실재적 사물이다. 그런데 사물은 다른 것, 전혀 비실재적이지도 초월적이지도 않은 것, 즉 전적으로 주관적이고, 근본적으로 내재적인 어떤 것이어야 한다. 우리에게 주어지는 모든 것은 구성된, 표상된 것이다. 그런데 구성된 것은 필연적으로 우선 그 자체에서 구성되지 않은 것이다. 모든 것은 초월적이다. 그런데 초월적인 것은 우선 그 자체에서 초월적인 것이 아니다. 우리에게 주어진 모든 것은 두 번 주어진다고 말할 수 있다. 첫 번째 증여는 신비적이며, 그것은 느낌^{Empfindung}이다. 이것은 증여의 양식이 그 자체로 소여인 그런 방식으로, 또 마찬가지로 정감성이 인상의 증여의 방식이면서 자신의 인상적 내용인 그런 방식으로 증여이면서 소여인 것이다. 이것이 바로 근본적이고 자율적인 의미에서 초월론적인 것이다. 그리고 이 최초의 소여, 항상 이미 주어진 것이고 전제된 이 최초의 소여는 지향성 안에서 그리고 지향성에 의해서 초월적이고 비실재적인 것으로, 그것에 '대해 있는 것^{vis-à-vis}'으로 두 번째로 주어진다. '초월론적인', 다시 말해 지향적인 현상학은 이 두 번째의 증여의 기술에서, 그것의 본질적인 양태들과 그것들에 대응하는 인식 작용들과 인식 대상들의 다양한 유형들의 분석에서 자신의 가능성을 소진한다. 그런데 질료 현상학이 인식 작용적 구성에 '물질'을 제공하는—그런 구성에 전제를 제공하는—자신의 '기능' 안에서 이해되는 한에서, 현상학은 그것이 지속적으로 전제하는 최초의-증여, 그것의 도망치는 실존 안에서, 질료 현상학이 '감각 소여data de sensation'로서 생각하고 주제화했던 그것을 놓친다.

『이념들 I』의 86절에서 질료 현상학은 다만 기능적인 의미만을 가지는 것이 아니다. 그것에 의해 "질료 현상학은 초월론적인 의식의 현상학에 종속된다. 그런데 그것은 자율적인 원리처럼, 그 자체로 자신 안에 어떤 가치를 가진 것처럼 드러난다." 이 '가치'는 무엇일 수 있는가? 이것은 질료에 다시 고유하게 현상학적인 원리의 위엄을 부여할 수 있는가? 그것은 사물들의 증여의 양태와 '어떻게 안에서의 대상'에 대한 반성 안에서 물질을 고려하는 한에서만 가능하다. 이것은 정확히 초월적 지각의 대상들이 그들의 감각적 출현을 통해서만 주어지며, 그래서 이 소여들이 지각된 모든 대상의 증여를 위한 토대의 역할을 수행하는 경우에만 가능하다. 따라서 주관적인 음영적 소묘들이 다만 지향적 인식 작용들의 구성 작용을 위한 물질을 제공한다고 말해서는 안 된다. 이 진술의 의미 자체는 전복된다. 왜냐하면 구성적인 인식 작용들은 이 출현들, 물질, 그리고 이것들이 나타나는 질서를 따르는 한에서만 가능하기 때문이다. 따라서 질료는 인식 작용이 자신의 의지에 따라서 형성하는 단순히 눈먼 내용이 아니라, 반대로 인상적 물질들은 자신들의 제시의 방식을 따라서 인식 작용들에게 그들의 완성의 양태들을 명령한다. 더 나아가 지향성은 대상의 출현을 위한 자유로운 원리로서 기능하는 대신에, 대상 안에서 아니 차라리 그것이 나온 물질 안에서 대상을 대상이게 하는 요소들과 물질적인 구성요소들을 끌어낸다. 이런 규정의 영향은 아주 멀리까지 가서 질료는 형상뿐 아니라 구성 안에서 일반적으로 형상이 옷을 입히는 지각, 상상, 기억 등과 같은 본질적인 양태들까지 명령한다. 이런 의미에서, 대상을 그것의 객관적인 조건 안에서 고려하는 것이 아니라 그것의 개별적이고 고유한 존재 안에서 고려하는 것이 문제가 되는 경우, 질료는 대상을 규정하는 데 있어서 형상보다 더 본질적이다. 초월적 통각들, 즉 세계의 대상들을 괄호 안에 넣는 절차를 수행하는 현상학적 환원은 따라서 명시적인 주제로서 현상 안에서 우선적으로 그리고 진정으로 주어지는 것을 '현상' 안으로 재인도해야 하는 명백한 과제를 가지지 않는가?

다만 질료적인 것이 증여에 대한 질문에 결정적인 기여를 하면서 '현상학'의 이름을 요구할 수 있어야 한다면, 이 질문은 즉각적으로 증여에 대한 질문으로 다시 돌아온다. 사물들의 증여가 감각 소여에 의해 완성되는 한에서, 여기서 문제가 되는 것은 이것들이 어떻게 주어지는가이다. 우리는 이 결정적인 질문에 대한 대답을 『이념들 I』에서 발견할 수 없었다는 것을 보았다. 그런데 우리는 이 문제를 정교화하는 수준에서 명시적 한계를 지적하지 않을 수 없다. 후설은 "우리는 통일된 시간적 과정으로서 내적 반성에 제시된 체험들을… 받아들인다"라고 말한다. 그런데 인상적인 것 안에서 인상을 인상적인 어떤 것으로 만드는 자기-증여, 자기-인상, 초월론적인 정감성으로서 최초의-증여가 통각되는 대신에 인상적인 것이 내용으로서, 소여로서 나타나는 것은 정확히 반성적 태도, 즉 지향성에 의해서 지배되는 현상학적 상황 안에서이다. 인상적인 것을 본래적으로 지배하고 전적으로 결정하는 본질이 제거된 초월성의 빛 안에서, 반성적 시선 아래서 인상적인 것은 단지 내용 혹은 소여일 뿐이다. 그리고 이것의 증여는 지향성으로부터만 일어난다. 이런 인상의 성격(인상의 본래적 본질에 의해 그 본질의 표상으로 지향성 위에 드리운 그림자)은 단지 경험적이고 우연적이며, 경험에 의해 주장되고 그로부터 알려질 뿐이다. 모든 후험적 철학들은, 비록 우연적인 후험성이 이런 철학들에게 아주 필수적인 것으로 보일지라도, '나는 생각한다'의 나의 표상 안에 선험적인 것을 놓는다.

이런 질료 개념의 평가 저하는 앞서 우리가 읽은 『이념들 I』의 인용된 문장들에서 잘 드러나며 방금 우리가 불러낸 상황에서도 그대로 유지된다. 보여주기로서 지향성은 단번에 이성성의 기능을 담당한다. 왜냐하면 보여주기, 그것은 무엇을 무엇으로서 보여주는 것이며, 우리가 보여주는 것을 의식의 존재 안에서 계시하는 것이며, 그것이 무엇인지를 말하는 것이다. 이것은 정확히 그것에 의미를 부여하는 것이다. 지향적 의식은 여기서 의미를 부여하는 의식과 동일시된다. 지성체l'intelligibilité의 빛 안에서, 고유하게 이 지성체를 제시하고 구성하는 이런 지향성의 심급은 지성체에 의해서 그것의 존재 안에서 밝혀지고 알려지기 위해서 그것에 종속되는 것들—의미를 형성하는 것 밖에 놓인 물질적, 육감적 내용들—과 대립한다. 이 후자의 내용들은 '심리적인 복합체', 함께 녹아있는 내용들, '다발' 혹은 '감각'의 흐름들일 뿐이며, 이것들은 그 자체 의미를 결여하고 있으며, 그로 인해 스스로 '의미'를 산출함이 없이 어떤 종류의 결합이라도 만들 수 있다. 또 "내용들의 복합체는 순수하게 존재하지만 아무것도 의미하지 않으며, 아무것도 말하고자 하지 않는다." 따라서 후설은 의식은 "감각주의자들이 여기서 보고자 하는 것, 즉 그 자체 의미가 결여된 비이성적인 물질과 전적으로 다르다"[41]고 선언한다.

그런데 무의미한 물질적 내용들 그 자체에 의미 있는 형상의 옷을 입히는 작업은, 경험이 그 자체 가능할 때에만 경험의 점진적인 이성화와 정합하고 단일한 경험의 가능성을 구성할 수 있다. 만일 "질료적 소여들의 복합적 다양성이 (…) 하나이며 동일한 객관적인 사물을 다양한 방식으로 음영적으로 소묘하는 기능을 가진다면"[42], 그것은 이 소여들이 어떤 방식을 통해 하나이며 동일한 사물의 음영적 소묘들로서 제시되기 때문이며, 소여들의 출현은 어떤 조직화에 복종하며, 그 위에서 소여들로부터 구성된 종합적인 통일성들과 객관적인 질서 그 자체가 만들어지고 거기서 자신의 근거를 가지기 때문이다. 인식 작용이 제공하는 것에서 우리가 인정하는 그 자유가 무엇이든지 간에, 이 자유 덕분에 "동일한 물질의 복합체는 다양한 파악들을 지지할 수 있으며"[43], 이 자유는 환원이 돌아가게 하는 주체성 안에서, 보다 자세히 말하면 질료적인 내용에 내재하는 합법성 안에 근거하는 가장 깊은 필연성 안에서 파악된다. 이 합법성에 일치해서, 질료적인 내용들은 일관되고 의미 있는 우주를 구성하기에 이른다. 이 합법성은 질료적인 내용들의 증

---

41 후설, 같은 책, § 86, 295/287, 298/289, 295/287.
42 후설, 같은 책, § 98, 343/327.
43 후설, 같은 책, 같은 곳.

여의 합법성과 다른 것이 아니다. 우리는 이 증여와 두 번 관계한다. 한 번은 모든 객관적인 구성의 궁극적인 가능성을 이해하는 것이 문제인 경우이고, 두 번째는 궁극적인 소여들, 즉 세계가 주어지는 질료적인 소여들이 그 자체로 주어져야 할 때이다. 어쨌든 물질은 우리를 자기-증여의 질문으로, 이 최초의-증여가 자기에 의해, 자발적인 방식으로 완성되는지, 또 인상이 그 자체로 자기를 계시하는지에 대한 질문으로 이끈다. 혹은 다시 한 번 여기서 중요한 것이 서양의 사유가 인상에 부여했던 유일한 현시의 방식, 즉 저 밖의 탈자, 다시 말해 지향성이 그 이름일 뿐인 열림을 위한 현상성의 탈자적 영역에 의존하는지에 대한 질문으로 우리를 이끈다.

『이념들 I』의 문제의 극복은 체험들을 고려하는 데에 있다. 그리고 결국 "통일적인 시간의 과정으로서 내재적 반성에 제공되는" 질료적인 체험들은 "시간을 구성하는 궁극적인 의식의 어두운 심연으로 내려가야"[44] 하는 필연성으로 정의된다. 만일 감정적이고 인상적인 소여들이 아주 단순히 '거기'에 존재하는 단순한 '내용들'로서 순진하게 파악되어서는 안 된다면, 그리고 여기서 문제가 되는 것이 그것들의 증여와 인상 그 자체에 대해서 질문하는 것이라면, 돌아가야 할 곳은 본래적으로 시간을 구성하는 의식이다. 시간 그 자체, 내재적 현상학의 시간의 구성은 우리가 발견하는 세계와 그 세계에 속한 시간이 구성되는 모든 주관적인 요소들을 구성하는 본래적 구성이며, 이런 구성은 최초의-증여를 완성하는 최초의-구성이다.

최초의-증여는 최초의-구성, 즉 시간의 최초의-구성이라는 사실은

---

44 후설, 같은 책, § 85, 288/280.

시간성은 최초의-현상성을 구성하는 최초의-탈자라는 것을 말한다. 최초의-구성으로서, 시간의 최초의-탈자로서 최초의-증여는 다름 아닌 자신의 고유한 증여이며, 자기-증여인 인상, 즉 질료와 관계한다. 결국 이런 증여는 인상의 사실이 아니라 시간의 최초의-탈자를 구성하는 최초의-지향성의 사실이며, 이 증여는 자기-증여가 아니다. 다시 말해, 주는 것은 인상 그 자체가 아니라 최초의-지향성이며, 여기서 주어진 것은 인상 그 자체도 아니며, 그것일 수도 없다. 완성을 위해—더 정확히 말하면 인상이 스스로 그것을 할 수 없기 때문에—질료 현상학이 최초의-지향성으로서 지향성의 현상학으로 기울 때, 현상학은 극복할 수 없는 난제에 부딪친다. 지향성의 현상학은 이제 인상의 존재도 그것의 본래적인 증여도 설명할 수 없게 된다. 현상학 안에서 처음이자 마지막으로 엄격하게 인상의 증여를 명시적으로 밝히고자 하는 시도는 1905년 『시간의식』[45]에서였다. 이 놀라운 책에서, 의심의 여지 없이 우리 세기의 가장 아름다운 이 책에서 후설은 신들에 대항하는 거인들처럼 전통과의 대결을 통해 전통의 침전물을 가로질러서 가장 엄격한 의미에서 질료 현상학의 길을 열고자 했다. 이 투쟁은 고전적 사유의 측면들을 갱신하는 놀라운 통찰력을 가지고 최초의-구성의 철학을 형성하기에 이른다. 그런데 이것이 지불해야 하는 것은 본질적인 것과 질료 현상학 그 자체의 상실이었다.

---

45 Husserl, *Leçons pour une phénoménologie de la conscience intime du temps*(시간의 내적 의식의 현상학을 위한 강의들), trad. Henri Dussort, Paris: PUF, 1964. 후설, 『시간의 식』, 이종훈 옮김, 한길사, 1996(이후로 『시간의식』으로 표시한다).
[이 책과 연관된 모든 인용은 앞에는 미셸 앙리가 인용하는 불어판 쪽수를, 뒤에는 한 글판 쪽수를 명기한다. 번역은 인용된 불어판을 기본적으로 참조했다._옮긴이 주]

이 투쟁에 참여하기 전에, 그리고 그 안에서 우리가 삶의 철학적 죽음에 참여하기 전에, 이후의 현상학의 전개 전체와 연관된 예비적 고찰이 우리에게 요구된다. 왜냐하면 현상학은 그 자체 안에 삶의 본질을 지니며, 모든 살아있는 것과 그리고 이 살아있는 것을 거쳐 우주 전체와 긴밀히 연관된 인상을 지니기 때문이다. 구성과 기능의 문제를 해결하기 위해 지향적이 되어버린 현상학은, 그럼에도 파악과 심지어 가장 초월적인 것의 파악에서조차도 필수적인 물질의 문제에 지속적으로 부딪친다. 분석이 구성의 보다 오래된 기원적 형식으로 거슬러 내려가면 갈수록, 물질의 요소는 더더욱 구성을 불러내서 질문하고 그것을 제한한다. 우리가 신체와 자아의 현상학이라고 부르는 근본적인 현상학들이 이런 경우이다. 그런데 여기서 탐구들을 왜곡하고 이것들을 그들의 고유한 영역 밖에서 길을 잃게 하는 것은, 인상이 담당하는 영역이 점점 커지는데도 인상이 진정하게 분석을 이끌지 못하기 때문이며, 여기서 다루는 경험들이 절대로 능산적 실질성$^{le\ naturant\ effectif}$이 아니기 때문이다.

모든 경험은 본래적으로 그리고 그 자체로 자기에의 고유한 도래이며, 드러난 모든 것이 자신의 본성, 자신의 법칙들, 그리고 결국 그것들의 존재 이유를 빚지고 있는 어떤 최초의 나타남이다. 그런데 지향적 현상학들은 현상학에서 인상은 경험을 규정하는 근본적인 원리일 수가 없다는 것만을 알려준다. 왜냐하면 인상은 경험에 현상학적인 본질, 즉 경험을 포함해서 모든 현상들의 현상성을 가져오지 않기 때문이다. 또한 인상은 감성 혹은 정감성의 도장이 찍힌 모든 경험들의 원리가 아니다. 왜냐하면 인상은 자기 자신의 원리가 아니기 때문이며, 인상성은 환원 불가능한 현상학적인 물질성 안에서 인상과 그것에 의존하는 모든 경험들의 존재에의 고유한 도래를 결정하지 않기 때문이다. 항상 언제나 인상의 본래의 존재는 최초의 외재성 안에서, 그리고 인상이 자신을 드러내고 자신을 노출하는 빛의 예비적 기획 안에서 잘려지고 나눠지고 그 안으로 던져진다. 노-출ex-position과 탈-자ex-stase의 작업은 인상이 경험에 도래하는 조건이며, 현상의 성질 안에서 인상의 자기에의 최초의 도래의 조건이며, '감성적 출현'의 조건이다. 따라서 후설의 현상학은 인상의 장소와 자리에서 그것의 구성된 존재, 지향성 혹은 최초의-지향성에서 주어지는 존재만을 알 뿐이다. 질료 현상학이 구성 현상학으로 기우는 것, 그리고 우리가 『이념들 II』에서 보았듯이 신체와 자아 등등의 문제와 같은 커다란 문제들이 '구성의 문제들'로 환원되는 것은 바로 인상이 자신의 고유한 대상과 직면할 때이다. 그런데 후설의 현상학이 인상 앞에서 자신의 실패를, 가장 눈에 띄는 가장 의미심장한 결정적인 실패를 알아차리는 것은 바로 정확히 인상이 시간의 문제와 관련해서 최초의-구성의 '심연들'로 빠져들 때이다.

모든 것과 관계하는 자기-증여의 문제는 다만 인상과 관계하지 않는다. 지향성의 현상학에서 보여주기의 본래적인 기능을 완성하는 것은 바로 지향성이다. 그런데 근본적인 현상학적 사유는 모든 것을 주는, 스스로 자기를 주는, 다시 말해 자기와 다른 계기가 자기 안으로 들어오지 않는 한에서, 스스로 자기를 주는 초월론적인 힘의 방식에 대해서 질문하지 않을 수 없다. 모든 실질적이고 생각 가능한 현상성은 우선 스스로 현상화하는 것이고 바로 이 조건에서만 현상은 자기 안에서, 이미 예비적으로 완성되고 주어진 현상성 안에서 스스로 현상화할 수 있다. 지향성의 자기-증여의 문제는 후설의 현상학이 전적으로 피하지 않았던 질문으로, 분명 그가 전념했던 문제이기도 하다. 그런데 이 질문에 대해 답할 수 없는 무능과 그로 인한 난처함은 결국 이 질문을 그림자 안으로 던져버리고 탐구는 비밀스런 강박 아래에서 그림자의 실존을 좇는다. 그런데 1905년『시간의식』에서 모든 현상학의 결정적인 기획은 대낮처럼 밝혀지고, 반복된 시도와 노력 안에서 집요하게 시도된다. 이 텍스트가 현상학에서 가장 아름다운 저서라면, 그것은 바로 이 궁극적인 열망 때문이다. 이 열망 안에서 모든 것을 보여주고, 본래적으로 지향성을 그 자신에게 드러내고, 스스로 자기에게 원리를 제공하는 것이 지향성이 아니라 다름 아닌 인상이라는 전대미문의 확인은 때때로 생경한 진술들 안에서 명시되고 나타난다.

우리는 고전적인 현상학을 지배하는 형식과 아주 다른 형식 아래에서 이상한 상황과 만난다. 여기서 형상과 물질의 관계는 전복된다. 왜냐하면 인상은 더 이상 주어지는 것이 아니라 궁극적인 의미에서 주는 자이기 때문이며, 질료적인 것은 더 이상 지향적인 초월론적인 현상학에 종속된 존재적 질서에 부가된 규칙의 의미에서가 아니라 정확히 현상학으로서, 현상학 그 자체로서 가능하고 필수적이기 때문이다. 의식이 인상적이라는 아주 일반적인 주장은 절대적으로 일반적인 영향력을 지니며 지녀야 한다. 이것은 어디에서나 언제나—그 이유를 모른 채로—인상적으로 촉발된다는 것을 의미할 뿐 아니라 인상 혹은 더 잘 말하면 인상성은 의식 자체, 다시 말해 순수한 현상성 그 자체, 즉 물질과 이 물질이 일어나는 현상학적인 실체, 결국 모든 현상의 본래적 현상성을 구성한다는 것을 의미한다. 이것은 왜 모든 객관성, 비록 그것이 가장 초월적인 것이라고 할지라도, 그것은 소위 '느끼는 작용l'acte de sentiment'과 같은 특수한 지향성에 의해 구성된다고 말해지는 정감적인 전-술어적인 층에 의해 덮이는가의 이유이기도 하다. 또 그 자체 비정감적이고 무감한 존재자가 왜 그 자신과 이종적인 원리 안에 존재하는 속성들에 의해 덮이고, 이 속성들, 즉 전적으로 감각적이고 가치론적으로 결정된 '술어들'의 속성들이 존재자에게 첨가되고 포개지는 방식으로 나타나는가의 이유이다. 또 왜 우주 그 자체 혹은 자연이 감동적 삶의 거대한 균열들과 상처들을 통과한 살과 같은가의 이유이다. 이 모든 것은 존재하는 것은 그것이 무엇이든지 간에 아무것도—그리고 다만 존재하기 위해—탈자가 본래적으로 자기 자신에게 주어지는 거기와 다르게, 즉 자기-인상의 정념과 자기의 인상성과 다르게 혹은 다른 곳에서 주어지지 않기 때문이다.

인상에 대한 질문은 시간에 대한 놀라운 저서인 이 『시간의식』의 처음에서 끝까지 관통한다. 그것이 놀라운 이유는, 이 책이 감각적 내용들이 수행하는 어떤 중요한 역할에 대한 특수한 문제에 바쳐져서가 아니라 '시간의 내적 의식'이라는 제목 아래에서 이 강의들이 이끄는 주제가 최초의 증여의 문제에 전적으로 바쳐지기 때문이다. 의식이 인상적이라는 사실은, 그것이 무엇이든지 간에, 예를 들어 신체와의 신비스런 관계에서조차 어떤 외적인 규정에서 유지되지 않는다는 것을 의미한다. 반대로 인상적인 것은—모든 외적인 규정들은 정확히 현상학적인 환원에 의해 제외된다—자신의 고유한 본성에서, 즉 자기-자신 안에서 그 자체 안에서 고려된 의식적 존재라는 사실에서 유지된다. 이런 이유로 의식의 인상성

은 의식 안에서 드러나는 양태들 전체, 특히 지적 양태들 전체에서
도 긍정된다. 예를 들어 '수학적 사태를 판단하는 의식은 일종의 인
상이다'라든가, 마찬가지로 '믿음은 현실적 믿음이고 인상이다'에
서 보듯이, 믿음으로 향하는 모든 파악 전에, 다시 말해 파악이 믿
음을 파악된, 고려된 심리적 상태로 만들기 선에, 믿음은 자신의 존
재 안에서 처음으로 그리고 직접적으로 느껴진 것으로서의 인상이
다. 따라서 "믿음 그 자체 혹은 믿음의 감각은 나의 상태 혹은 나의
판단으로서의 파악 안에서의 믿음과 구별해야 한다."[46]

왜 인상적인 의식에 대한 테제가 근본적인 의미에서 물질 현상
학에 이르지 못하는가의 이유는 우리에게 나중에 인식 작용적이고
지향적인 현상학의 전개가 이전의 특권적인 시초들로 다시 보내지
는가를 설명할 뿐 아니라 이 시초들 자체, 즉 '순수한 질료적 소여'
의 방향에서 최초로 제기된 문제 제기를 이해하는 것을 가능하게
한다. 환원은 우선 이 질료적 소여를 의심할 수 없음 안에 놓는다.
왜냐하면 실질적으로 느껴진 것, 예를 들어 실재적으로 들은 소리
의 인상을 넘어서는 모든 것, 모든 주관적 나타남 너머에서 정립된
대상에 대한 초월적 파악, 그리고 내재적 인상의 지속(이것은 이 인
상들이 중단될 때조차도 지속할 것인데)과 혼동되지 않는 대상의 지속
은 처음부터 배제되기 때문이다. 순수한 질료적 소여가 실질적으
로 겪어진 것으로, 실질적으로 느껴진 것으로, 실질적으로 들은 것
으로, 실질적으로 주어진 것으로 명시화된다는 것은, 환원이 여기
서 증여로서, 그것의 '어떻게'로서, 그것의 충만한 실현의 '어떻게'

---

46 후설, 같은 책, § 45, 124/185, 보충 II(1), 135/198.

로서, 그것의 실질성에로의 회귀에서 완성된다는 것을 보여준다. 소여가 실질적으로 증여가 되는 것은 바로 이런 증여의 '어떻게' 안에서이다. 환원이 여기서 도달한 증여는 무엇인가? 이 실질적인 증여와 그것의 충만한 실현의 '어떻게'는 무엇인가? 그것은 인상, 더 잘 말하면 인상적인 것 그 자체가 아니면 무엇인가? 그것의 순수성에서, 그것의 인상성에서 파악된 질료적 소여가 진정으로 질료적 소여가 되는 것은 정확히 그것에 이질적인 모든 것—그런 것은 타자이고 다른 질서에 속한 것인데—으로부터 분리된 순수한 인상, 순수한 감각인 한에서이다.

그런데 적어도 후설의 눈에는 사정이 전혀 이와 같지 않다는 것은 『시간의식』의 처음 몇 구절만 읽어도 알 수 있다. 인상이 주어지는 것은 인상적인 것으로서가 아니며, 느껴진 것이 주어지는 것도 자기-느낌 안에서 느껴진 것으로서가 아니다. 이것들이 주어지는 것은 지금의 의식, '본래적인 의식'으로 세례받은 현재로서의 의식, 본래적인 지각, 내적 지각, 내재적 지각, 본래적인 느낌, 내적 의식, 시간의 내적 의식 등등 안에서 현재하는 한에서이다. 이 본래적인 의식의 애매성을 즉각적으로 반박하자. "의식이 인상 없이는 아무것도 아니다"라는 진술은 한편으로 인상, 즉 최초의 줌으로서 증여는 인상과 분리될 수 없기 때문이다. 그런데 다른 한편 이 인상에서 증여를 완성하는 것은 인상 그 자체에서도, 그 자체에 의해서도, 자기의 정감적인 삶 안에서도 아니다. 인상을 여기 지금 존재하는 것으로, 현재하는 것으로 주는 것은 본래적인 의식이며, 인상을 여기 존재하는 것으로 여기에 실재적으로 존재하는 것으로, 여기 지금 존재하는 것으로 주는 것은 본래적인 지각이다. 그리고 여기 실재적으로 존재하는 것으로, 여기 지금 존재하는 것으로 주는 것, 그것은 의식에 주어지는 것에 의미를 부여하는 것이며, 그것은 우리가 그런 방식으로 보는 한에서 보여주는 것이며, 거기에 존재하는 것에 의미를 부여하는 것이다. 이런 방식으로 의미를 주는 의식, 이 최초의 존재에 최초의 의미로서, 있는 바의 것으로서, 여기 지금인 것으로서 의미를 주는 의식, 그것은 다름 아닌 지향성이다.

인상의 증여 안에서 인상의 본질, 즉 인상의 자기 촉발의 순수한 사실 그 자체가 지금으로서 본래적 의식을 위해, 다시 말해 자신 안에서 지금을 주는 의식을 위해, 후설적 의미에서 지각으로서 의식을 위해 자신의 증여의 기능을 잃어버리자마자, '살과 뼈를 가지고' 자신의 존재 안에서 주어지는 것은 정확히 존재 밖으로, 일종의 근본적인 비실재로 즉각적으로 던져진다. 여기서 실재를 형성하는 것, 즉 그 실재의 존재론적인 무게는 즉각적으로 사라진다. 그런데 만일 실재가 주체성과 삶이 자기 자신을 스스로 느끼고 견디는 데에, 인상의 자기 촉발 안에 존재한다면, 또 인상과 삶의 실재가 나에게 주어질 수 있는 것은 다만 인상의 고유한 자기-증여 안에서일 뿐이라면, 이런 역설은 가상들 중의 하나일 뿐이다. 사실 나에게 고통을 알려주는 것은 고통일 뿐이지, 어떤 지향적인 의식이 그것을 현재하는 것으로, 지금 저기에 존재하는 것으로 지향하는지 우리는 알지 못한다. 후자, 즉 지금의 지각 안에서 일어나는 탈자적 증여는 전자, 즉 정감성 안에서 일어나는 비탈자적 증여를 전제한다. 다시 말해, 지금 안에 고통의 지향적 지각으로서 탈자적 증여는 자기 증여를 완성하지 않는다. 반대로 그것은 고통의 정감성과 인상성 안에서 완성되는 비탈자적 증여를 전제한다. 여기서 이미 다른 것에 속할 뿐인 속성들을 은근슬쩍 부여하면서 두 개의 증여를 혼동하는 후설의 인상적인 의식의 애매성은 우리 눈앞에서 사라진다.

지금 안에서 감각의 본래적인 의식이 인상적으로 주어진 자신의 존재의 주관적인 실재 안에서 이 감각을 주지 않고, 반대로 이 감각을 느껴진 것이 아니라 다만 표상된 것으로 비실재로 던진다는 사실은, 우리를 눈멀게 하는 밝음 안에서 후설의 분석이 우리에게 가져다주는 것이다. 끝없이 다시 시작하고 다시 시도하는 노력은 살아있는 모든 것이 비존재로, 비실재로 내던져지는 원리 안에서 자기를 잃어버린 자가 자기의 지속성과 존재를 자신에게 다시 주고자 하는 노력과 다르지 않다. 인상의 이런 근본적인 결핍은 인상이 지금의 본래적 의식 안에서 주어지는 한에서, 지금의 의식과 더불어 '방금 지나간 것', '이미 지나간 것' 안으로 실려 가고, 지금의 의식처럼 그 안으로 떨어지면서 끝없이 현실태로서의 지금으로부터 멀어지며, 점점 깊어지는 어둠 안으로, '무의식적인 것' 안으로 던져진다.

지금과 그것 안에 주어지는 인상이 지속적으로 과거로 변하는 과정은 변형의 과정으로 중단되지 않는 미끄러짐을 산출한다. 모든 것을 실어 나르고, 매 지점에서 자기로부터 미끄러지는 이 미끄러짐 안에는 고정된 어떤 지점도 없으며, 아무것도 이 흐름을 벗어나지 않는다. **결국 진정한 어떤 지금도 없다.** 지금은 '항상, 본질적으로 연장된 시간의 연변에 존재하는 한 점'이며, '현재는 한계점'이다. 이 끝, 이 한계는 흐름 안에서 순간 혹은 실재로 현재하는 소여로서 어떤 축소된 최소한의 부분도 흐름으로부터 빠져나온 최소한의 영역도 지시하지 않는다는 사실은, 후설이 "흐름 안에는 원리적으로 흐름이 아닌 어떤 부분도 나타날 수 없다"고 말하듯, 현재를 단지 '이상적 한계'로 만드는 것이다. 지금이라는 이름으로 지시되는 흐름의 부분은 사실 흐름 그 자체와 구분되지 않기에 "두꺼운 지금은 이어서 얄팍한 지금으로 나뉘고 나눔을 좀 더 밀고 나가면 과거"[47]를 구성하기에 이른다. 다만 이 지금이 인상이다. 매 인상에서 자기-촉발하는 것, 즉 모든 실재의 본질로서, 삶의 살로서 절대적인 주체성의 실재는 지금의 지향적 표상 안에서 순수한 이념성으로 환원되고, 이어서 이념성은 무한으로 잘릴 수 있는 가능성 안에서 이상적인 단순한 점으로 환원된다. 이런 사실은 지금의 의식이 지각되는, 즉 '본래적으로 실재를 주는 작용'이 되는, 의식 안에서, 의식의 본질 안에서 실재를 주는 자가 되는 존재론적 주장을 파괴한다. 그리고 적어도 이것은 어쨌든 우리가 주체성 혹은 자연의 실재라고 부르는 모든 실재의 실체와 소재를 구성하는 인상을 파괴한다.

이런 본래적인 의식의 전적인 실패, 의식의 존재론적인 무화는 『시간의식』이 감추고자 하면서 동시에 회피하고자 한 것이다. 만일 지금의 본성을 따라서, 매 흐름의 지점이 흐름 안에서 흐름과 더불어 사라진다면, 이때 흐름 그 자체를 실현하는 것으로, 그것을 실체화하는 것으로, 이 흐름을 일종의 유사-실체로 만드는 것으로 충분하다. 그리고 매 순간의 소멸은 하나의 양태, **전체의 부분으로서의 부분**이 될 것이다. 이 부분은 전체가 구체적으로 부분들 전체 안에서 표현되고 실현되는 것처럼 전체 안에서만 실존하며, 전체 안

---

47 후설, 같은 책, § 32, 91/149, § 31, 89/147, 보충 VI, 152/216, § 16, 56/109.

에서만 자신의 본질과 토대를 발견한다. 세 번째 『논리 연구』에서 정교화된 전체와 부분의 이론은 이 실패의 지점에서 지금의 인상의 현상학을[48] 강화한다. 이 이론적 전략을 통해 이념적 한계, 순수한 이념성으로서 지금은 흐름의 구체적인 국면으로, 구체적인 실재로, 실재의 흐름으로, '의식의 흐름'으로 변형된다. 바로 여기에 아래의 이 분석을 예비하는 존재론적인 신비화가 존재한다. 다시 말해 절대로 초월적으로 '존재하지' 않으며, 지금의 탈자적 현재화 안에 절대로 주어지지 않는 인상은 탈자적 현재화 안에서 살아있는 자신의 인상적 실재를 제거하기 위해서만, 그리고 그것을 인식 대상적인 비실재로 기울게 하기 위해서만 주어지며, 인상은 자신의 본래적이고 고유한 존재를 비실재의 도래와 더 이상 존재하지 않는 '방금 지나간 것'으로의 미끄러짐 안에서 발견하는 것처럼 해석된다.

지금의 의식 안에서 인상이 방금 지나간 것으로, 더 이상 존재하지 않는 것으로 미끄러진다는 사실은 **우선 지금의 의식과 과거 지향과의 통일성을 보증한다.** 과거 지향은 '방금 지나간 과거'의 의식을 말한다. 이 두 의식은 하나가 다른 하나로 끝없이 변형되는 방식으로 연결된다. 그리고 **이 변형이 이 둘을 각각 지배한다.** 변형은 지금의 의식이 다만 지금의 의식일 뿐 아니라 과거로 미끄러지는 의식으로 만들며, 이 변형은 따라서 지금의 의식을 과거의 의식임과 동시

---

48 드니즈 수쉬-다그(Denise Souche-Dagues)는 그녀의 책 *Le développement de l'intentionnalité dans la phénoménologie husserlien*(후설 현상학의 지향성의 전개)(La Haye: Matinus Nijhoff, 1972, pp. 217-218)에서 세 번째 『논리 연구』가 『시간의식』의 문제에 영향을 미쳤다고 말한다.

에 지금에서 과거로 가는 시간적 연장의 의식으로 만들며, 이 둘을 각각 시간적 연장 안에서 마치 의식의 한계들로서, 아니 차라리 부분들이 기입되어 있는 전체만큼 구체적인 의식의 연장의 국면들로서 혹은 부분들로 만들며, 더 나아가 이 부분들을 이 연장을 구성하는 구성적이며 실재적인 요소들로 만든다. 이로부터 매 국면은 다른 국면으로 보내지며, 각각은 다른 것에 의해서만 존재하며, 마치 지금은 방금 닥친 지금의 과거인 것처럼, 혹은 더 잘 말하면 방금 지나간 과거로서 지금인 것처럼, 방금 지나간 과거 없이는 지금은 존재하지 않는 방식으로 흐름 안에서만 자신의 실존을 가지는 국면들로 구성된 동질적이고, 실재적이고, 구체적인 현상학적 흐름의 환상이 태어난다. "하나의 국면은 국면으로서만, 연장의 가능성 없이만 생각될 수 있다. 과거 지향적인 매 국면이 연속의 한 점인 것과 마찬가지로 현재의 국면은 과거 지향의 연속성의 한계로서만 생각할 수 있다."[49]

실재적이고 구체적인 현상학의 흐름의 동질성의 문제와 연속체로서 그것의 존재론적 지위는 우리가 흐름을 구성하는 의식들에 대해 질문할 때 우리 눈앞에서 명시화된다. 지금의 인상적인 의식과 과거 지향적인 의식은 서로 긴밀하게 연결되어 있을 뿐 아니라, 그것들은 서로 역할을 바꿀 때 서로를 보충한다. 지금의 관점에서 파악된 인상이 자신의 실재를 회피하고, 비존재로 미끄러지는 방식으로 본래적인 의식은 지금으로서의 인상을 준다. 과거 지향이 파악하는 것은 바로 이 미끄러짐이며, 과거 지향은 바로 이 소멸

---

49 후설, 『시간의식』, § 13, 48-49/100.

의 의식이다. 그런데 이 소멸 한가운데에서 과거 지향은 인상의 지금을 유지하며, 지금을 마치 더 이상 존재하지 않는 것으로서, 과거로서 준다. 그런데 이런 방식으로 과거 지향은 지금을 주면서 무에서 지금을 떼어낸다. 현재 안에서 본래적으로 실재의 존재를 주는 의식은 실재적인 것, 즉 인상의 실재를 주지 않으며, 의식은 인상을 비실재로 던져버린다. 과거 지향은 마치 과거 지향이 지금 안에서 주어진 인상의 실재의 존재일 수 있는 것처럼—한 번도 실재였던 적이 없고, 지금 안에서 실재적으로 주어진 적도 없는—존재를 회복하며, 지금이었던 어떤 것 안에서 **실재적으로 주어졌었다**는 의미를 가지고 이 존재를 준다. 전혀 실재를 줄 수 없는 소위 본래적이라고 불리는 의식과 적어도 과거에서 실재를 주는 과거의 의식 사이의 이 놀라운 역할의 역전은 의식의 흐름 전체에서 점점 증가하는 과거 지향의 지배를 설명한다. 다시 말해 과거 지향은 흐름 전체를 있는 바의 것, 즉 현상학적 소여로 만들고, 전체의 통일성을 보증한다. 왜냐하면 매 국면은 '과거 지향의 꼬리'에 의해 혹은 흐름을 종단하는 과거 지향과 다르지 않은 '종단적 지향성'에 의해 모든 다른 것들과 연결되어 있기 때문이다.

과거 지향의 우선성은 그 자체 과거 지향에 대한 존재론적 재평가를 목표로 한다. 과거 지향은 본래적인 의식으로 엄격한 의미에서 본래적으로 주는 행위로서 지각이다. 다시 말해 과거 지향은 그 본래적으로 주는 행위가 주는 것에 접근을 가능하게 하는 유일한 길을 구성한다. 주어지는 것은 이런 방식으로만 그 자신 안에서 주어질 수 있다. 과거 지향은 사실 그 자신 안에서 과거에 대한 직관이다. 왜냐하면 흐름은 현상학적 흐름일 뿐 아니라 실재의 흐름인 과거 지향적인 최초의-구성 안에서만 주어질 수 있기 때문이다. 본래적인 의식에서 방금 지나간 과거로서 과거의 경험을 회복하면서 브렌타노와의 논쟁(브렌타노는 반대로 과거를 상상적인 것으로 환원한다)은 갑자기 진정으로 현상학적으로 주는 것이 무엇인가에 대한 실질성^{effectivité}의 논의로, 즉 흐름 전체인 실재 안으로 이동하며—이 흐름 전체가 감각의 소여들과 질료적 소여들 일반이 나타나는 환경인 한에서—인상, 인상적인 것 그 자체는 다시 한 번 보여주는 힘으로서 탈자적 노출$^{ex-position}$에 제시되는 듯이 보인다.

과거 지향에 대한 존재론적인 재평가는 "내가 과거 지향적으로 의식하는 것은 절대적으로 확실하다"[50]고 후설이 말하듯 엄격한 현상학적인 의미를 가진다. 이 명령적 진술의 이론적인 정당화는 그것의 유사-현상학적 성격을 비난하는 다음의 거짓 추론을 포함한다. 즉 흐름 그 자체가 확실한 소여인 것은 과거 지향이 절대적으로 확실하기 때문이 아니다. 과거 지향이 근본적인 현상학의 의미를 부여받는 것은 이 흐름이 시간적 연장 안에서만 타당성을 획득해야 하기 때문이며, 바로 이 시간적 연장과 더불어 지금은 이 연장 안에서 시간적으로 연장되기 때문이다. 따라서 "만일 내재적 내용이 지각 안에서 주어져야 하는 어떤 내용의 본질에 속해야 하고, 또 그것이 시간적으로 연장되는 것이라면, 지각의 의심 불가능성은 시간적으로 연장된 실존의 의심 불가능성과 다른 것을 의미하지 않을 것이다." 이런 요구는 절대적인 주체성과 자기에의 계시로서 주체성의 본래적 양태, 다시 말해 코기토 그 자체에 대한 재규정과 다

---

50 후설, 같은 책, § 22, 67/121.

르지 않다. 이런 사실은 후설 자신이 잘 파악한 것이다. 그런데 이러한 요구는 다만 이 일반적인 재규정을 제거하기 위해서, 아니 차라리 이 재규정의 문제를 과거 지향의 의심 불가능성에 대한 단순한 반복 안에서 지워버리기 위해서 행해진다. "내적 지각의 명증성, 우리가 수없이 반복한 cogitatio의 명증성은, 만일 우리가 이 명증성과 이 합법적인 소여의 영역에서 시간적 연장을 제거하고자 한다면, 그것의 모든 의미와 그것의 모든 영향력을 잃어버릴 것이다."[51]

여기서 후설 현상학의 몇몇 난제들이 생겨난다. 과거 지향에 대한 존재론적 · 현상학적 재평가는 시간적 연장, 즉 동질적이고 실재적인 흐름으로서 현상학적인 흐름의 연속에 근거를 제공하기보다 그것을 산산이 부순다. 이때 지금의 의식은 '살아있는 지평'으로 승진하는 과거 지향적 연장을 의식 안에 포함하는 것과 달리 심연에 의해 의식과 분리되며, 의식이 무한한 분리 가능성이라는 이념성 안에서 사라지는 점성ponctualité에 이른다. 물론 우리는 현상학의 주요한 논의와 가장 아름다운 분석들을 제공하는 여러 지향성들 사이의 현상학적 차이를 잊을 수 없다. 지금의 의식과 과거 지향은 모두 '본래의 의식들', 지각들, 즉 본래의 의식들이 주는 것이며, 본래의 의식들은 이 줌을 자신의 실재성 안에서 그것 자체로 준다. 그런데 이 두 의식에 의해 주어지는 것은 같은 의미, 혹은 같은 자격에서 실재가 아니며, 게다가 동질적인 것은 더더욱 아니다! 지금의 본래의 의식은 거기에 지금으로서, 실재로서 존재를 준다. 반면에 과거 지향은 과거로서 과거에 대한 본래적인 의식이며, 이 의식

---

51 후설, 같은 책, § 41, 111/170.

의 줌이다. 그런데 과거 지향은 이 줌을 더 이상 존재하지 않는 것으로, 비존재로서 준다. 인상과 연관해서, 그것의 주관적이며 인상적인 살아있는 실재 안에서, 과거는 이 실재의 조금의 부분도 과거 지향 안에 기입하지 않는다. 후설의 명백한 선언에 의하면, "과거 지향적인 내용들은 절대적으로 그 용어의 고유한 의미에서 내용이 아니며", 혹은 더 나아가 "과거 지향적 소리는 현재의 소리가 아니며… 그것은 과거 지향적 의식 안에서 실재적으로 발견되지 않는다."[52] 매 순간 현재의 인상적인 의식이 과거 지향적 의식으로 미끄러질 때, 존재는 매 순간 무로 사라진다. 이것에 대한 증명은 매 순간 존재가 무로부터 태어나야 한다는 사실을 지시한다. 그리고 이것은 새로운 지금의 형식 아래에서 이뤄진다. "존재의 살아있는 원천-점"과 같은 것이 지속적으로 솟아나며, 여기서 "항상 새로운 본래의 의식은 자신의 기원을 취하고"[53], 새로운 지금은 방금 지난 것 안에서 과거로 사라진 것, 그런데 전적으로 지나가버린 것을 대체한다.

존재 아래에서 끝없이 열리는 무의 심연에서 존재의 연속적인 솟아남, 바로 여기는 우리가 후설의 기술의 매혹적이며 미혹적인 성격 자체를 발견하는 곳이며, 동시에 그의 기술의 비일관성과 부조리성을 발견하는 곳이기도 하다. 흐름의 현상학적 연속체에 대한 주장은 끝없이 부서지며, 동질적이고, 흐름을 하나의 전체로 만든다고 말해지는 흐름의 실재는 부분들로 산산이 쪼개지고 사라진

---

52 후설, 같은 책, § 12, 46/98. 이 절의 처음부터 후설은 약화된 감각—예를 들어 울림—과 이 감각의 최초의 기억 사이에 명확한 선을 긋는다.
53 후설, 같은 책, § 31, 90/148.

다. 이것은 거의 생각할 수 없을 정도로 근본적인 불연속성이며, 지속적으로 거의 마술적인 실체적 전이 안에서 교환되는 존재와 무라는 부속품 사이에 자리한다. 그래서 지금이라는 아주 좁은 정상에서 자신을 유지하는 자는 한 발을 바닥에, 다른 발을 공허에 놓을 뿐 아니라 하나에서 다른 하나로 쉬지 않고 옮겨 가며, 또 술 취한 사람처럼 혹은 흐름과 반대 방향으로 움직이는 벨트컨베이어나 에스컬레이터에 오른 사람처럼 비틀거린다. 이때 이 사람은 움직이는 것 위에 한 발을 옮기자마자 그 걸음은 단번에 그의 뒤로 사라지고, 앞 사람에 부딪치지 않기 위해 서둘러서 다른 발을 옮기자마자 다시 그의 뒤로 사라진다. 마치 제자리에서 흔들리는 말 위의 인형처럼 우리의 영웅은 전진하지 못한다.

연속체를 존재와 무 사이의 이행으로 만들기 위해 흐름의 연속체를 끝없이 부수는 존재론적 소멸을 다루는 후설 분석의 가장 충격적인 특징은 항상 새로운 지금 안에서 연속적인 존재의 회귀와 그것의 용출을 보증할 과제가 **지금이 아니라 인상에** 맡겨진다는 사실이다. 이 인상 안에서 최초의-계시로서 존재의 본질이 탐구될 것이다. 인상에 대한 이 지속적인 의존—바로 여기에 적어도 『시간의식』의 잠재적인 위대한 돌파구가 존재하는데—그것의 의미는 그것의 결정적인 현상학적 기여, 다시 말해 적어도 본래성 안에서 지향적 현상학과 모든 양태의 탈자적 제시에 영원한 정지를 가져올 기여가 현상학 안에서 알려지자마자 둔감해진다. 이 마지막 지점부터 살펴보자.

시간의 현상학은 계시의 힘을 전적으로 탈자적 증여에 맡기기 위해, 인상에서 그 힘을 제거하는 인상의 현상학이다. 인상의 탈자적 줌은 지금의 본래적인 의식 안에서 현재화이며, 과거 지향과 미래 지향 혹은 (그 자체에서 그 자체로 올 것으로 고려된 순수한 존재의 사실로서) 미래의 기획은 이 지금의 본래적인 의식과 결합한다. 지금, 과거, 미래에 대한 의식은 삼중의 탈자적 종합의 구조 전체를 구성하며, 이 구조는 후설이 생각하는 현상의 모든 줌의 '어떻게'를 규정한다. "우리는 '어떻게 안에서 대상들'을 가진다. (…) '어떻게'의 형식은 현재, 방금 지나간 과거, 도래할 것으로 정향된다."[54] 보편적인 의미에서 이해된 줌만이, 우리가 본 것처럼, 자기-줌의 문제를 회피하지 않는다. 여기서 문제가 되는 것은 어떻게 현재의 과거 지향적인 혹은 미래 지향적인 의식이 각각 그 자체 하나의 '현상'일 수 있는지, 그리고 어떻게 시간의 내적 의식은 그것의 내적인 흐름의 시간적 연장 안에서 지금, 방금 지나간 과거, 그리고 올 것 등으로 완성되는 현상학적인 제시 이전에 그 자체로 존재하는가이다. 구성하는 자 그 자체의 현상성으로서 가장 본래적인 현상성에 대한 이 근본적인 질문에 후설의 대답은 구성된 것의 현상성에 대한 그치지 않는 반복 이외에 다른 대답을 가지지 않는다. 다시 말해 흐름의 구성의 매 국면은 그것이 구성되는 한에서만 현상성에 도달할 수 있다. 이런 방식으로 현상성은 절대로 그 자체 구성하는 것으로서 스스로를 현상화하지 않으며, 궁극적으로 구성하는 자는 '익명'으로 남으며, 후설 현상학의 현상학적인 실패는 이 익명성에 집중된다.

『시간의식』 39절은 제대로 위장되지 못한 이런 실패의 고백 이

---

54 후설, 같은 책, 보충 VIII, 157/221-222.

외에 다른 것이 아니다. 의식의 흐름의 현시는 그 흐름 아래에 놓여서 이 흐름을 현상으로 만드는 일을 담당하는 제2의 흐름을 요구한다는 반대에 부딪친 후설은, 흐름은 "스스로 자신을 구성한다"고 대답한다. 흐름은 그 자체 나타나는 것이며, 나타남을 나타나게 하는 것이며, 자신의 고유한 나타남을 스스로 설명하는 것이다. 그런데 자기 나타남Selbsterscheinung의 주장은 다만 비밀스럽게 이중화된다. 이것은 한편으로 흐름 그 자체가 자신의 고유한 현시를 완성한다는 사실을 긍정한다. 예를 들어 매 과거 지향은 그것이 유지하는 국면을 보여주며, 그 국면을 거쳐서 앞선 국면들, 모든 지나간 흐름 그리고 결국 흐름 그 자체를 보여준다. 그런데 이 주장은 여전히 사변적이다. 다른 한편, 이 주장은 흐름은 주는 것이면서 동시에 주어지는 것이라는 자기-증여에 대한 주장으로, 흐름에 의해 주어지는 것은 다름 아닌 흐름 그 자체이며 그 자신의 고유한 실재 안에서 몸소 주어지는 흐름이라는 것을 함축한다. 그런데 이것은 만일 흐름의 본래적인 실재가 구성하는 국면들 전체를 지시하고 이 후자는 절대로 그 자체로 주어지지 않으며 다만 구성된 것으로 주어진다면 잘못된 것이다. 그리고 후설은 다음과 같이 써야 했다. 즉, "구성하는 것과 구성된 것은 일치한다. 그런데 **그것들은 본성적으로 모든 면에서 일치하는 것은 아니다.** 현상학적으로 의식의 흐름 안에서 스스로를 구성하는 의식의 흐름의 국면들은 구성된 국면들과 동일할 수 없으며, 그것들은 동일하지도 않다."[55]

사실 그들 사이에는 어떤 공통점도 없다. 다만 존재론적이고 현

---

55 후설, 같은 책, § 39, 109/168(나의 강조).

상학적인 근본적인 이질성만이 존재한다. 이 이질성은 탈자적 현상성의 빛 안에서, 그리고 그 자체로 드러나는 앞으로-오는 것과 이 도래를 궁극적으로 보증하면서도 빛 안에서 절대로 그 자체로 노출되지 않는 것 사이에서 영원히 파인다. 왜냐하면 탈자의 빛 안으로 오지 않는 것은 잠정적인 것이 아니라 본질적인 것이며, 이 빛 안에서 밝혀질 수 있는 것과 이것을 회피하는 것 사이의 모든 유비, 그리고 첫 번째로부터 두 번째를 추론해내는 모든 시도는 부조리하기 때문이다. "따라서 시간을 구성하는 현상들은 원리상 시간 안에서 구성된 대상성들과 다른 대상성들이어야 하며", 따라서 후자들의 술어들은 "부조리를 저지르지 않고는 전자들에 부여할 수 없으며, 따라서 이 둘에 대해 같은 의미에서 그것들이 지금 안에 존재하며, 앞서서 존재했다고 말하거나, 그것들이 서로 연속적이라느니 혹은 동시적이라느니 등등 말하는 것은 아무런 의미가 없다."[56] 불행하게도 이어지는 텍스트, 그 이후에 전개되는 현상학, 그리고 살아있는 현재에 대한 모든 유고들은 시간을 구성하는 현상들 위에 구성된 흐름 위에 이미 적용했던 언술을 다시 적용하는 것 외에 다른 것을 하지 않는다. 그리고 이 구성하는 의식을 현실태, 미래 지향적 국면들, 과거 지향적 국면들을 가진 '흐름'으로—여기서 흐름이라는 표현은 은유적으로만 가능하다—만드는 것 외에는 다른 것을 하지 않는다. 이때 이 흐름은 '내재적'이라고 말해지는 구성된 현상학적 흐름이 부딪친 것과 같은 난제, 같은 존재론적 상실에 종속된다.

---

56 후설, 같은 책, § 36, 99/156.

자기-증여와 달리 스스로를 본질화할 수 없는 탈자적 증여의 무능은 『시간의식』이 끝없이 지향적 분석을 그것의 질료적인 토대로 되돌려보내는, 명시적으로 표현되지 않지만 결정적인 동기이다. 이 반송은 지금의 본래적인 의식을 인상으로 되돌려보내는 것으로 인상 없이는 지금은 존재하지 않는다는 것을 의미한다. 이렇게 본래적인 주체의 실재로서—**최초의-인상**Ur-impression 으로서—인상의 실재는 지금을 존재하게 하는 것이다. 그리고 지금은 인식 대상적인 비실재 안에서, 자기-촉발 안에서만, 그리고 그것에 의해서만 '존재하는' 인상에 대한 최초의 표상으로만 존재한다. 이것이 바로 지금이 인상을 자신 안에 유지하지도 보존하지도 못하는 이유이다. 과거 지향도 인상을 절대로 자신 안에 유지하지도 보존하지도 못한다. 왜냐하면 그것은 지향적인 시선 이외의 다른 것이 아니기 때문이며, 그 시선은 지금을 정립하는 것이며, 절대로 자신의 실재에 도달할 수 없기 때문이다. 이렇게 우리에게는 이미 동질적인 부분들의 연속체로서의 현상학적인 흐름에 대한 후설의 개념화의 난제, 즉 매 순간 다시 태어나는 지금의 존재론적 상실에 의해 쉬지 않고 부서지는 연속체의 난제는 사라진다. 이제 후설의 흐름의 연속체라는 개념화가 우리에게 '약속'하는 실재의 개념의 빛 아래서, 물질 현상학은 후설의 이론화가 문제인 경우 '내재적' 현상학적 흐름의 존재론적인 동질성에 일치하는 어떤 이론을 제공할 수 있다. 다시 말해, 흐름 안에서 지금, 방금 지난 것, 올 것으로서 의도된 인상은 어떤 경우에도 이 흐름 안에서 자신의 자리를 가지지 않는다는 점에서, 그리고 이 인상은 탈자적 영역 밖에서—내가 속한 근본적으로 다른 곳Ailleurs radical에서—자신을 전적으로 유지하는 본래적인 주체성 안에서 이 흐름에 속하지 않는다는 사실에서, **이 이론은 흐름의 원리적인 비실재와 연결된다.** 그런데 이런 언급은 아직 이르다.

지금의 인상으로의 반송, 더 정확히 말하면 본래적인 인상으로의 반송은 위대한 『시간의식』의 분석이 함축하는 것일 뿐 아니라 명시적으로 그 안에서 드러나는 것이다. 이 책의 31절은 개체화의 문제를 다룬다. 우리는 여기서 이중의 운동을 관찰할 수 있다. 하나는 인상에서 지금의 탈자적 타격으로 가는 운동으로, 이 운동은 인상을 지금에 종속시키며, 지금만이 인상을 인상으로 존재하게 하며, 인상에 개체화의 계기를 부여할 수 있다. 우리가 그 자체에서 동일하게 지속되는 감각을—예를 들어 연장되는 도의 음에서—고려한다면, 지금에서의 감각과 이어지는 지금 안에서 고려되는 감각은 서로 다르다. 따라서 이 감각을 매번 차별화하는 것은 바로 이 지금의 타격, 즉 시간의 탈자적 형식이다. 감각이 지금에 의해 주어지고 그 안에서 개체화된다고 말하는 것은 탈자적 시선에서, 그리고 그 시선 안에서 나타나는 것에서 감각의 고유한 성질들을 진술하는 것이며, 이 성질들을 존재 그 자체의 성질들로 진술하는 것이다. 결국 있는 바의 것은 거기 시선 앞에 존재하는 것이고 거기 지금 존재하는 것임을 말한다.

탈자적 시선은 다만 공허한 형식일 뿐이며, 그것이 주는 것은 공허한 자리이다. 게다가 거기에는 인상이 자신의 존재를 전개할 여지도 없다. 다시 말해 자신의 고유한 실재에서 나타날 수가 없다. 이로부터 31절의 두 번째 운동이 나온다. 이 운동은 그 자체 무차별적인 이 공허한 장소를 실재로 규정된 모든 존재로, 모든 개체적인 존재로—따라서 더는 개체화를 부여할 수 없는 존재로—그리고 이 모든 것을 포함하고 산출하는 본질로 저항할 수 없이 이끈다. "본래적 시간 상황의 계기는 본래 그 자체 안에서는 아무것도 아니며, 개체성은 그 자체 개체화를 자신 안에 소유하는 것의 밖에서는 아무것도 아니다." 개체화의 근거를 제공한다고 주장하는 탈자적 현재의 타격의 이런 정지는 우선 진정한 현재, 다시 말해 매 인상을 인상으로 만드는 최초의 계시 안에 자리하는 최초의-현전을 규정할 수 있는 이 정지의 능력 안에서 탈자적 현재의 자격을 박탈한다. "고유하게 말해서, 현재의 순간 그 자체는 본래적인 감각에 의해서 정의되어야 한다." "본래적 인상은 자신의 내용으로서 지금이라는 말이, 그의 가장 엄격한 의미에서 파악되는 한에서 의미하는 것을 가진다." 인상으로서 자신을 완성하는 최초의-계시로서 이 최초의-현전과 더불어 근거를 획득하는 것은 존재 그 자체이다. "본래의 인상은 (…) 모든 의식의 원천이며, 모든 존재의 원천이다."[57] 그런데 그 이후로 인상은 복수로 써지며, 인상은 자신의 본래성에서 즉 자신의 본질에서 파악되지 않으며, 그것이 가능하게 하는 것과 현상학적 흐름 안에서 구성된 감각들과 혼동된다. "수많은 본래적 감각이 흐른다…", 혹은 "본래적 감각들은 과거 지향적인 과정을 도입한다…"[58] 등등. 이것은 다만 인상과 인상적인 의식의 진정한 문제를 제시할 수 없는 후설 현상학의 무능을 증명할 뿐이다.

『시간의식』의 '보충 VI'에서도 상황은 마찬가지이다. 후설은 구성하는 것과 구성된 것을 무차별적으로 다시 취하는 현상학적인

---

57 후설, 같은 책, § 31, 88/145-146.
58 후설, 같은 책, § 38, 101/159, 103/162.

흐름으로서 흐름의 실체화 안에서, 무엇이, 모든 것이 흐름인 이 흐름 안에서 이 흐름을 회피하는지를 묻는다. 그 대답은 아주 간단히 흐름의 형식이라고 말해진다. 왜냐하면 흐름은 이미 정해진 구조, 현재적·과거 지향적·미래 지향적인 3중의 구조로 된 시간의 내적 의식의 영원한 형식을 드러내기 때문이다. 미끄러지는 흐름의 국면들의 이 구조에 일치해서, 그것을 거쳐서, 미래 현재 과거의 국면들이 필연적으로 나타난다. 이렇게 고정된 흐름의 형식적 구조는 그 자체 아직 아무것도 아니며, 어떤 실재의 구체적인 흐름도 규정하지 않는다. 이것을 위해서 구조는 내용, 즉 실재의 담지자인 내용으로서 흐름을 구체적인 흐름으로 만드는 내용을 필요로 한다. 이것은 다름 아닌 인상이다. 그런데 후설의 텍스트는 시간적 흐름의 탈자적 형식에서 탈자적인 것과 전적으로 다른 것으로의 이 결정적인 이행을 거짓 추론에 의해서 왜곡하기 위해서만 이 이행을 인정한다. 내용 없이는 형식은 아무것도 아니다. 그런데 내용은 현상학적으로 그리고 존재론적으로 이질적인 인상의 인상성으로서 형식에 속하며, 내용은 정확히 형식과의 관계에서 우연적이지도 이질적이지도 않은 것으로 제시된다. 반대로 내용은 형식에 속하며 형식을 규정한다. 왜냐하면 형식은 지금을 포함하며, 지금은 인상을 포함하기 때문이다. 그리고 형식은 본래적인 인상 없이는 어떤 구체적인 경험에 홀로 이르지 못하기 때문에, 인상은 형식을 드러내고 그것을 구성한다! 여기에 주지주의가 있다. "영원한 형식은 끝없이 어떤 내용에 의해 새로이 채워진다. 그럼에도 내용은 형식 안에 외적으로 아무것도 도입하지 않는다. 반대로 내용은 형식의 법칙에 의해 규정된다. 다만 이 법칙은 홀로 이 구체(具體)를 규정하지 않는다. **형식은 지금이 인상에 의해 구성된다는 사실 안에 존재한다…**." 이 인상의 요청은 탈자적 시간성의 현상에게 그것의 전제들의 공허를 회피하는 계기가 아니라 다만 끝없이 그 전제들을 반복하는 계기이다. 이것은 이어지는 문장에서 잘 드러난다. "…그리고 인상에서 과거 지향들의 꼬리들과 미래 지향들의 지평들이 서로 결합한다. (…) 이 영원한 형식은 연속적인 의식의 변형을 동반하며, 이것은 본래적인 사실이다. 지속적으로 인상이 새로이 거기에 있는 한에서, 인상은 과거 지향으로 변화한다…."[59]

왜 항상 지속적으로 인상은 새로이 거기에 있는가? 그 이유는 이제 우리가 막 이해하기 시작한 것으로, 아무것도 존재가 자신의 본래적인 현전^{Parousie}의 정념 안에서 숨이 막히는 밀착의 장소가 아니면 존재에 이를 수 없기 때문이며, 기원은 정념이기 때문이며, 정념 그 자체는 항상 실질적이기 때문이다. 이때 아무것도 인상으로서가 아니면 도래하지 않으며, 바로 이런 이유로 인상은 "항상 거기에 존재한다." 이것은 바로 탈자적 시선이 시선 앞에서 "항상 거기에 존재하는 지금"을 통각하고, 거기서 항상 새로운 인상의 형식을 파악하는 이유이다―이것은 시선이 원리적인 필증성에서가 아니라 우연적일 만큼 놀라운 사실성의 기획에서, 그것이 필증인지 이해함이 없이 파악하는 것이다. 그런데 자기 앞에서 인상을 가능하게 하는 것이 필증인지, 또 인상적인 것을 일반적이고 필연적인 어떤 것으로, 존재 전체로의 연장으로 만드는 것이 무엇인지 앞서서 질문하지 않고 인상을 파악하는 것은 정확히 그것의 본질을 오

---

59 후설, 같은 책, 보충 VI, 152/216-217(나의 강조).

해하는 것이며 그것의 결정적인 특성들을 왜곡하는 것이다.

이 왜곡은 두 가지 방식으로 일어난다. 첫째로 이미 우리가 알아차린 것처럼 인상의 존재를 구성된 존재로 대체하는 것이다. 이런 대체는 우리가 질료적 소여를 현상학적인 흐름 안에서 이해하자마자 발생한다. 이것은 다만 『이념들 I』에서만 발생하는 것이 아니라 『시간의식』에서도 마찬가지다. 이 순간 이후로, 시간의 내적 의식 안에서 인상의 탈자적 증여는 인상성 안에서 인상의 자기-증여를 대신한다. 그리고 인상에 대한 질문은 길을 잃는다. 이런 혼미는 최초의-인상의 문제 제기에서 명시적으로 드러난다. 이 문제 제기의 특이성은 자신 안에서 인상의 도래를 지시하는 것이 아니라 흐름 안에서 그 내용이 인상으로 구성된 지금에서 나타나는 인상을 지시한다. 인상을 흐름에서 구성된 존재로 격하하는 것은 후설 현상학의 절대적이고 일반적인 특징으로, 이로 인해 인상은 전적으로 변질된다. 모든 작용, 모든 체험은 인상이다. 인상은 거기에 있었으며, 우리는 그것을 기억한다. "우리는 인상에 의해서 모든 체험들을 의식하며, 체험들은 모두 각인된 것이다."[60] 그런데 모든 작용과 모든 체험의 존재를 구성하는 인상—인상 안에서 이 작용과 이 체험은 주어지는데—은 그 자체 '내재적 현재', 후설적 의미에서, 내적 시간 의식에 의해 구성된 현상학적인 흐름의 지속 안에서 나타나는 것의 의미에서 내재적 소여이다. 여기서 '구성되었다'는 것은 시간성의 탈자적 구조 안에서, 그것에 의해서 나타난다는 것을 의미한다. 따라서 주체성은 그것의 근저에서 그 자신의 고유한 존재 밖으

---

60 후설, 같은 책, § 42, 116/176.

로 보내지기 위해서만, 시간화의 탈자의 최초의-형식들 안으로 내던져지기 위해서만 인상적인 것으로 지시된다. 그 안에서 인상의 본질은 사라진다. 주체성은 세계, 최초의 세계, '내면적 세계', 절대로 주체성이 아닌 것이 된다. 항상 자신의 본래적인 현시의 숨 막히는 정념 안에서 파악되고 원리적인 내재성 안에서만 가능한 주체성의 존재는 파열하며, 환상적인 퍼즐 조각으로 분해되고, 분산된 파편들은 무한히 신화적인 전제들의 빛에서 이 조각들을 다시 맞추기 위한 분석의 작업을 제시한다. 따라서 여기서 현대 사유의 주체의 거대한 위기가 알려지며, 이 위기는 주체의 순수한 본질, 즉 인상의 본질에 대한 무지로부터 나온다.

인상의 본래의 존재를 구성된 존재로 위장하는 것은 가장 심각한 왜곡과 관계한다. 그것은 인상의 본질을 탈자적 시간의 구조에 의해 설명하기 위해 이 구조를 인상 그 자체 안에 기입하는 데에서 발생한다. 이런 왜곡은 인상의 본래적인 존재를 그것의 구성된 존재로 환원하는 것의 원인이며 동시에 결과이기도 하다. 그것이 결과인 이유는 만일 인상의 존재가 내재적 내용, '질료적 소여', '감각 출현' 등의 이름으로 현상학적인 흐름의 시간성 안에 삽입된다면, 흐름의 파편이 된 이 내용은 자신 안에 이 흐름이 매 국면에 부여하는 성격, 즉 흐름이 각각의 국면을 미래 지향적으로 그리고 과거 지향적으로 다른 국면들로 보내는 반송의 성격을 지니게 되기 때문이다. 사정이 이런 경우 우리는 다음과 같이 말할 수 있고 말해야 한다. 즉 "분리된 감각이 문제가 되는 경우에도 감각은 전혀 분리되어 있지 않다. 다시 말해, 최초의 내용들은 자신 안에 파악의 광선을 지니고 있으며, 이것 없이는 내용들은 전혀 일어나지 않을 것이다."[61] 더 명시적으로는 "모든 감각은 지금을 새로운 지금으로 이끄는 의도들을 자신 안에 지닌다."[62]

흐름 안에서 구성된 인상이 미래의 흐름에 의해 가로질러지는 것은 흐름 안에서만이 아니라 그 자체 안에서 자신의 고유한 본질 안에서이기도 하다. "새로운 지금 위에 던져진 지금의 시선, 이 이행은 본래적인 어떤 것이며… 앞에서 나는 이것이 지각의 본질에 속한다고 말했다. **더 정확히 말하면 이것은 인상의 본질에 속한다.**"[63] 인상의 본질을 최초의 지각으로, 다시 말해 현상학적인 시간성의 탈자적 지각으로 환원하는 이런 왜곡은 '최초의 내용'이라는 이름으로 흐름 안에 존재하는 인상이 지각의 시선으로 떨어지는 예비적인 추락 안에서 그 기원을 가진다. 이런 사실은 이어지는 "이것은 이미 모든 '최초의 내용'에 대해, 모든 감각에 대해 타당하다"[64] 라는 진술에서 명백해진다.

그런데 인상이 예비적으로 내재적 시간성 안에서 탈자적 나타남으로 환원되었던 것은 아마도 이런 제시의 양태가 현상학이 아는 유일한 것이기 때문일지도 모른다. 그런 이유로 자기-증여로서 궁극적인 증여를 보증하기 위해 인상에 의존하는 것은 드러내는 지향성의 힘을 은밀하게 비지향적인 물질 안에 개입하는 희생을 치르고서만 실제로 생각할 수 있었을 것이다. 이런 조건에서만 느낌은 주체성 안에서 그것의 궁극적인 기능을 보증하는 일을 떠맡으면

---

61 후설, 같은 책, 보충 III, 138/201.
62 후설, 같은 책, 보충 III, 139/202.
63 후설, 같은 책, 보충 III, 140/203-204.
64 후설, 같은 책, 같은 곳.

서 주체성 한가운데 놓일 수 있었다. 우리가 해석하고 있는 이 텍스트는 느낌에 대한 아주 놀라운 정의를 내리는 것으로 끝을 맺는다. 그것이 놀라운 이유는 느낌으로부터 그것의 인상적인 모든 요소를 제거하기 때문이며, 느낌을 진정으로 느낌으로 만드는 것은 인상을 아주 단순 명백하게 구성하는 시간의 의식에 일치시키는 데에 놓이기 때문이다. "느낌은 우리가 시간의 본래적인 의식으로 간주하는 것이다. 그리고 색 혹은 소리의 내재적인 통일성, 소망 혹은 기쁨의 내재적 통일성이 구성되는 것은 바로 이 느낌 안에서이다." 그리고 또 "감각은 시간이 드러나는 의식이다."[65] 그런데 느낌이 탈자적 시선 그 자체가 되면, 인상적인 것과 감각적인 것은 더 이상 느낌에 속하기를 그치며, 그것 앞에 놓인 내용들일 뿐이며, 그것들의 감각, 정감적인 성질—우리가 느낌 그 자체에서 인정하기를 그치지 않았던 정감적인 감각 성질—은 전적으로 수수께끼로 남는다. 느낌을 비감각적 형식과 내용으로 만드는 이런 분리는 인상을 그것의 내적 본질과 분리하는 것과 다르지 않다. "느껴진 빨강과 같은 감각 내용을 고려해보자. 감각은 이 감각의 내용에 대한 내적 의식과 다른 것이 아니다. 빨강을 느끼는 것인 한에서 빨강의 감각은…."[66]

후설의 천재성은 다른 철학자들이 알아차리지 못한 이런 사유에 내재한 난제들을 알아차린 데에 있다. 이 탁월한 식견은 시간에 대한 탈자적 의식의 실체화와 전적인 흐름을 산출하는 변형의 전적인 지배를 제시하고, 현재를 이상적 한계로 환원하면서 모든 현

---

65 후설, 같은 책, 보충 III, 141/204.
66 후설, 같은 책, 보충 XII, 174/240.

재를 파괴하며, 이 현재의 체험의 최초의 국면이 무엇인지를 묻는다. "그것은 과거 지향의 토대 위에서만 주어지는가? 그리고 그것은 어떤 과거 지향과 관계하지 않는다면 무의식적인가?"[67] 후설이 잘 본 것처럼, 이것은 우리의 삶 전체를 과거에 놓는 것일 것이다. 이로부터 다음의 명령적인 진술이 획득된다. 즉 "사후에 의식적이 되지 않는 무의식적 내용에 대해서 말하는 것은 부조리하다. 의식은 필연적으로 매 국면에서 의식적이어야 한다." 이런 선언이 요청하는 현재에 대한 불가피한 재평가는 흐름의 소멸에서 자신을 떼어낼 수 있는 지금에 대한 어떤 긍정적인 규정에도 이르지 못한다. 이것은 지금의 의식이 탈자적으로 머물기 때문이며 아래 놓여있는 sub-jectum 것으로서, 아래서–지속하는 것으로서 모든 실재가 세워지는 인상에 대한 본래적인 존재를 파악하지 못하기 때문이다. 여기에 지금의 의식과 과거 지향 사이의 평행론이 세워진다. 비록 이 둘이 주제적으로 그들의 대상을 지향하지 않는다고 할지라도, 이런 의미에서 비대상적이라고 말해진다고 할지라도, 이 둘은 지향적이 아닌 것이 아니다. 바로 이런 이유로 지금의 의식은 정확히 이 지점에서 과거 지향과 비교될 수 있다. "과거 지향적인 국면은 앞선 것을 대상화함이 없이 그것에 대한 의식을 가진다. 마찬가지로 본래적인 소여는—'지금'이라는 특수한 형식 아래에서—대상화됨이 없이 이미 의식적이다."[68]

모든 과거 지향에 앞선 것 혹은 그것에 예비적인 것으로서 변

---

67 후설, 같은 책, 보충 IX, 159/224.
68 후설, 같은 책, 보충 IX, 160/225.

형되지 않은 것의 문제, 즉 흐름 그 자체의 문제의 내기^{enjeu}는 무엇인가? 흐름 안에서 변형되지 않는 것은 무엇인가? 그것은 다만 흐름의 형식이 아니다. 왜냐하면 형식은 한편으로 공허하기 때문이며, 다른 한편으로 그것은 매 지금 안에서 심연으로 서둘러서 사라지기 위해서만 자기 자신을 반복하는 척하기 때문이다. 사실 흐름의 고정된 형식과 전적인-흐름은 상호적이다. 그것들 안에서 지속하는 유일한 것은 비-지속, 미끄러짐, 사라짐뿐이다. 다음의 사실을 인정해야 한다. 즉 흐름 안에는 실재의 삶도, 현재의 삶도, 가능한 삶도 없다. 변형을 통과해서 절대적으로 변형되지 않는 것으로서—이 변형되지 않은 것이 자신 안에 실재의 요소를 지니고 이것이 실재를 규정하는 한에서, 그것이 아래-놓여있는 것인 한에서, 흐름에 의해 실려 가지 않는 것으로서 다만 지속하는 것으로서, 삶의 영원한 현재로서, 살아있는 현재로서, 우리가 현재라고 부르는 절대적인 존재인 한에서—남아있는 것은 무엇인가? 그것은 실재 안에서 그것에 의해서 실재가 실재인 것이며, 그래서 그치지 않는 것이며, 그것은 인상 안에서 그것에 의해서 인상이 인상인 것이며, 소리 없는 밀착, 숨 막힘 안에서 자기를 절대로 해체함이 없이 자기와의 어떤 거리를 취함이 없이 자기의 존재의 매 순간 자기를 스스로 느끼고 견디는 것이다.

그런데 인상은 변화하지 않고 항상 동일한가? 그런데 절대로 변화하지 않는 것, 절대로 중단하지 않는 것, 그것이 인상을 인상이게 하는 것이며, 그것이 바로 인상 안에서 삶의 본질이다. 따라서 삶은 에우리포스 해협⁶⁹처럼 다양하다. 그런데 이 다양성들을 통해서 삶은 삶이기를 그치지 않으며, 이것은 절대적인 의미에서 그러하다. 이것은 같은 삶, 같은 자기-느낌이 스스로 자기를 느끼고 견디기를 그치지 않는 것이며, 절대적으로 동일자이고자 하고, 유일하며 동일한 자기이고자 하는 것이다. 우리가 삶은 변화한다고, 자기는 변형된다고 말할 때, 이것은 자기-느낌을 겪는 것이 변형된다는 것을 말한다. 그런데 이 변형 안에서 삶은 자기 자신을 느끼기를 그치지 않는다. 이것이 바로 변화 안에서 변하지 않는 것이다. 그런데 삶이 도래하는 새로운 인상을 겪기를 그치지 않고 그래서 항상다시 새로운 인상이 거기에 있게 되는 이런 인상적인 삶 안에서 변형되지 않는 것은 무엇인가? 분명 새로운 인상이 도래하고, 존재하고, 존재할 것이다. 그런데 그것에 앞서서 거기에 이미 있고, 그것 다음에 여전히 거기에 머무는 것은, 그것의 도래를 위해 요구된 코기토의 공허한 형식이나 미래의 탈자적 시선이 아니라 삶의 현상학적인 사실성 안에서 삶의 근본적인 자기-촉발이다. 그리고 모든 '새로운 인상'은 삶의 한 양태화일 뿐이다. 우리 삶에는 서둘러서 과거로 떨어지는 어떤 절대적인 지금과 같은 것은 없다. 우리의 삶은 항상 변화하고 항상 동일하다. 따라서 우리는 한 발은 존재에 다른 발은 무에 의지하는 폴리치넬라[70]의 인형이 아니다.

"본래적 감각이 뒤로 물러설 때 감각은 변화하기를 그치지 않는다…."[71] 본래적 감각이 뒤로 물러설 때 물러서지 않는 어떤 것이

---

69 그리스어로 에우리포스(ευριπος, Euripus), 불어로 유리프(Euripe)라고 불리는 그리스 에게 해의 해협으로, 밀물과 썰물의 불규칙성으로 인해서 아주 오래전부터 고대인들에게 자주 회자되었다. 예를 들면, 플라톤의 『파이돈』(90c)에서 소크라테스는 사유가 일관적이지 않은 사람을 에우리포스 해협에 비유하곤 했다. 이로부터 이 말은 유럽 언어에서 그 이유를 알 수 없이 변화하는 것, 사람, 상황 등을 지시한다._옮긴이 주
70 이탈리아 인형극에 등장하는 꼽추 인형의 이름이다._옮긴이 주

있다. 그것은 삶의 자기-촉발의 본질이다. 머무는 것은 따라서 보편적인 흐름 가운데에서 변화하지 않는 실체나, 강바닥의 바위와 같은 것이 아니다. 그것은 절대의 역사[historial, 삶의 영원한 자기에의 도래이다. 이 도래가 도래하기를 그치지 않기 때문에, 머무는 것은 변화이다. 매 순간 자기 밖으로의 틈의 열림, 즉 도망이 아니라 자기-시련 안에서 그리고 이 시련의 내적 폭발로서 자기에 이르는 것이며, 자기에 의해 점령되는 것이며, 그 안에서 자신의 고유한 존재의 성장이 있다. 그래서 머무는 것은 성장이다. 성장은 삶의 본질과 삶의 주체성에 의해 그리고 그것 안에서 완성되는 삶의 운동이다.

"깨어난 의식, 깨어난 삶은 만남으로 가는 삶, 지금에서 새로운 지금으로 가는 삶이다" 그리고 이 이행은 "본래적인 어떤 것이다"[72]라는 탁월한 표현들에서 후설은 삶의 운동을 생각하고자 했다. 삶의 이 운동만이, 이 충동만이 삶을 끝없이 '만남'으로—존재의 자기에의 본래적인 계시 이외에 다른 것이 아니고 삶 그 자체와 다른 것이 아닌 존재와의 만남으로—던진다. 그런데 후설은 이 충동을 삶의 본질과 같은 것으로, 삶과 동일한 것으로 생각하지 않는다. 그는 다만 이 만남을 탈자, 앞으로 올 것으로 자신을 던지는 탈자로서 현시의 양식으로만 생각한다. 여기서 삶의 운동은 전적으로 왜곡되고, 그것은 더는 **충동, 다시 말해 자기 자신에서 파악된 것**이기를 그친다. 자기에 전적으로 몰린, 자기에 의해 으깨진 삶에서 태어난 것이 더 이상 자기-시련의 시련 안에서 자기를 견딜 수 없어서

---

71 후설, 같은 책, § 38, 104/162.
72 후설, 같은 책, 보충 III, 140/203.

변화되기를, 다른 것이기를 열망하는 충동, 그런데 삶에 외적인 다른 것이 아니라 삶의 고유한 본질인 자기의 향유 안에서 이 자기-고통이 삶 안에서 하나의 향유로 변화되기를 열망하는 그런 충동이기를 그친다. 탈자로부터 탈자적인 것으로서 삶의 운동을 생각하는 것은 더는 항상 존재하는 것—어떤 힘^{force}, 즉 모든 파악, 파지 把持, 밀착의 가능성이 뿌리내리고, 모든 힘, 특히 신체의 힘이 자리하는 자기에의 최초의 밀착 안에 자리하는 힘—이 아니며, 삶의 운동은 시선의 운동이 된다. "그것은 시선 아래에서 점으로서 현재를 가지는, 방금 지난 과거가 자신의 시선으로부터 도망치도록 내버려두는, 또 지금에서 지금으로 가는, 이미 준비된 시선에 의해 새로운 지금과의 만남으로 가는 지각의 본질에 속한다."[73]

시선의 탈자 안에서 도래하는 것은 그 안에서 자신의 자리를 가지기를 그치지 않는다. 그것은 우리 밖에 존재한다. 시선이 미래로부터 현재로 미끄러질 때 이 현재는 "자신의 시선 아래 한 점으로서의 현재"이다. 여기서 현재는 절대로 우리인 것이 아니라 영원히 우리를 현재로부터 분리하는 외재성의 거리이다. 그래서 삶의 본질은 두 번 자신의 본성으로부터 분리된다. 더는 충동의 힘이 아닌 이 삶의 운동이 원하는 것은 더는 이 충동의 만족이 아니다. 다시 말해 삶이 욕망하는 것은 자기-자신도, 자기의 부분도, 자기 성장 아래에서 자기-변형도, 인상과 다른 것이 아닌 삶의 고유한 살과 삶의 즐거움의 실체인 진리도 아니다. 지향적 의식과 객관적인 사유의 운동이 된 삶의 이 운동이 원하는 것은 다만 미래에서 과거로

---

73 후설, 같은 책, 보충 III, 140/203.

흐르는 이미지의 물길의 방향을 돌리는 것, 그리고 표상의 놀이를 지배하는 것일 뿐이다. 삶을 만남으로 던지는 것이 항상 감정의 힘이라는 것을, 그리고 삶이 던져지는 만남이 무엇이든지 간에 그것은 항상 감정의 힘이며, 그것의 가능성과 정감을 취할 때까지 강화하고 성장시키는 것이라는 사실을 지각하지 못할 때, 삶 전체는 그 발바닥에서 머리끝까지 변질되며 삶의 의미는 상실된다.

『시간의식』의 한 단편은 과거와 현대의 사유를 짓누르는 표상의 형이상학을 비판한다. '보충 I'에 의하면 매 본래적 인상은 지속적으로 변형되며, 이 변형된 인상의 변형도 이어서 변형된다. 이런 방식으로 무한히 계속된다. 따라서 '변형들의 변형의 연속적 산출'이 있게 된다. 이 변형은 '시간의 구성적인 연속체'와 다른 것이 아니다. 그런데 연속체 한가운데에서 본래적인 인상과 변형들의 연속된 산출 사이에 결정적인 균열이 드러난다. 변형들의 산출이 그 말이 가진 엄격한 의미에서 의식의 사실이며, 의식에 전적으로 빚지고 있는 반면, 본래적인 인상의 연속된 출현은 의식에 의한 이런 변형들의 산출을 회피하며, 아무것에도 빚지고 있지 않다는 것을 말한다. "본래적 인상은 이 산출의 절대적인 시작이며, 이것으로부터 이어서 나머지 모든 것들이 산출된다. 그런데 인상은 산출된 것이 아니다. 그것은 산출된 어떤 것으로부터 태어나지 않는다."[74] 한편으로, 과거 지향적인 변형이 계속된다. 다시 말해 탈자가 산출된다. 다른 한편, 인상은 그렇지 않으며, 그들의 존재와의 외적인 차이가 아니다. 여기서 문제가 되는 것은 자신의 고유한 본질 안에서 존

---

74 후설, 같은 책, 보충 I, 131/192-193.

재이다. 탈자의 산출은 탈-자가 그 자신 안에서 산-출$^{pro-duction}$, 즉 앞에-놓음이라는 것을, 즉 탈자적 영역의 용출이라는 것을 의미한다. 물론 우리는 이런 산출과 특수한 지향적 시선으로서 자아$^{le\ Je}$의 명시적 작용을 혼동하지 않는다. 왜냐하면 이런 산출은 의식의 시선이 미래, 현재 혹은 과거로서 무엇인가를 지향할 수 있는 예비적으로 미리 전제된 영역 안에서만 일어나기 때문이다. 이것은 후설이 시간의 내적 의식의 구성적인 지향성들을 본질적으로 수동적인 것으로, 모든 기다림, 모든 현재의 의식, 모든 가능한 기억 이전에 이미 완성된 것으로 지시했을 때 그가 말하고자 한 것이다. 이런 이유로 우리는 시간의 탈자적 구성을 최초의-구성이라고 부른다.

시간의식의 절대적으로 수동적 종합에서 산출되는 것도 여전히 산출, 즉 앞에-놓음이며, 이 영역의 열림과 더불어 의식과 자아의 작용들을 위한 놀이의 공간이 열린다. 본래적 인상의 수동성 안에서는—인상이 변형들의 산출과 다른 한에서—인상은 산출에 속하지도, 산출되지도 않는다. 인상은 근본적으로 수동적이지, 그 자체 탈자의 지칠 줄 모르는 도래가 아니다. 그것은 절대적으로 그와 같은 도래를 배제한다. 이렇게 비산출로서의 수동성은 돌이킬 수 없는, 넘어설 수 없는, 꺾을 수 없는 자기와 삶의 밀착으로, 그 안에서는 어떤 간격도 없음을 의미한다. 왜냐하면 삶의 자기에의 증여의 '어떻게'는 탈자나 끝없는 산-출, 즉 앞에-놓음이 아니며, 그런 산출에 근본적으로 낯선 수동성, 다시 말해 자신의 삶의 존재의 매 순간 자기-시련으로서 시련, 즉 인상이다. 따라서 인상에 속한 연속체는 변형들의 연속체와 다르며, 후자는 탈자적 단절의 여정일 뿐이다. 전자는 인상 아래에서 아니 그 안에서 후자를 지지하고 그것을 매 순간 가능하게 하는 것이다. 이 연속체는 삶의 연속체이며, 정념 안의 숨이 막히는 삶의 밀착이며, 누구도 뽑아낼 수 없는 살의 지속성이다.

후설은 우리가 말하는 것을 예감했는가? 아래의 텍스트는 유산된 현상학의 운명을 포함한다. "무엇인가가 지속하는 여기에서, a는 xa'로, xa'는 yx'a" 등으로 이행한다. 그런데 의식의 산출은 다만 a에서 a'로, ya'에서 x'a"로 이행한다. 반대로 a, x, y는 의식에 의해서 산출되지 않는다. 이것은 본래적 산물, 전적으로 '새로운 것', 의식에 낯선 방식으로 형성된 것, 그리고 의식의 고유한 자발성에 의해서 산출된 것과 반대로 수용된 것이다."[75]

물질 현상학, 이 제목 아래에 우리는 『현시의 본질』이 획득한 것들과 그 이후의 연구들의 성과를 함께 놓을 수 있는데, 그것은 단지 질료 현상학의 불충분성과 그것의 실패에 대한 반성에서 태어나지 않는다. 그것은 차라리 이 불충분성에 대한 명확한 통찰의 조건이다. 물질 현상학은 질료 현상학이 다만 얼핏 예감한 것을 보충하지 않는다. 물질 현상학이 근본적인 방식으로 문제 삼는 것은 '최초의 내용'이 된 물질, 형상과 상호작용하는 물질, 지향적 인식 작용이 된 물질의 개념이다. 인상/지향성의 짝은 현시와 계시에 대한 유일하고 독점적인 양태가, 즉 지향성이 표현하는 이 양태가 존재하는 모든 것에 대한 지배로 확장한다는 것을 의미하며, 지향성이 아닌 모든 것을 '내용'과 물질의 비현상성 안으로 던져버린다는 것을 의미한다. 물질과 형상은 탈자가 산출하는 것으로서, 그것의 구성요

---

75 후설, 같은 책, 보충 I, 131/193.

소들로서, 그것의 결과들로서 탈자에 속한다. 서양 형이상학의 긴 역사에서 이 둘의 결합은 그 역사 안에서 그리스적 기원으로부터 유래한다.

질료 현상학과의 대립에서 이해되는 물질 현상학의 '물질'은 더는 현상성과 다른 것이 아니라 그것의 본질을 지시한다. 물질 현상학은 그것이 순수한 증여 안에서 자신의 자기-증여를 주제화하고 그것을 설명하는 한에서, 근본적인 의미에서의 현상학이다. 물질 현상학이 파악하는 '어떻게 안에서의 대상들'은 더는 대상들이 아니며, 그것은 더는 대상들이 없는 새로운 땅이다. 이 새로운 땅에서 이 대상들은 더는 세계와 사유의 법칙들이 아닌 다른 법칙들, 삶의 법칙들에 의해 지배된다. 그리스의 현상이 자신의 탈자적 밝음으로부터 밝히지 못한 모든 것, 전통이 할 수 없었던 것, 현대의 의식 철학이 마치 기이한 인물에 붙은 혹처럼 의식의 피부에 덧붙인 아주 조잡하게 상상된 무의식 안에서 회복했던 것, 그것은 바로 우리 자신으로, 물질 현상학은 그것을 알아차릴 수단들과 그것을 이해할 과제를 가진다.

II.

현상학의
방법

현상학의 방법과 현상학은 전자에 의해 후자가, 정확히 현상학이 하나의 방법에 의해, 특별한 어떤 방법에 의해 규정되는 것처럼 보이는 방식으로 서로 긴밀히 연결되어 있다. '현상학'의 개념 그 자체를 지시하는 이 방법의 특이성은 우선 『존재와 시간』[76]에서 하이데거의 명시적인 선언에 의하면 '방법적인 개념'으로 나타난다. 현재의 연구는 '현상학적인 방법'이라는 표현 안에서 방법과 현상학사이에 작동하는 관계를 체계적으로 명시화하는 것을 목적으로 한다. 이 연결에서 지도적인 심급은 무엇인지, 어떤 척도에서 방법과 현상학의 개념들이 서로 연대하는지, 즉 분리되는 대신에 동일화

---

76 "'현상학'이라는 표현은 우선적으로 방법적인 개념을 의미한다(Der Ausdruck 'Phänomenologie' bedeutet primär einen Methodenbegriff)" in Heidegger, *Sein und Zeit*(존재와 시간), Halle: Max Niemeyer Verlag, 1941, p. 27 (§ 7).

되는지를 밝힐 것이다.

이 질문들을 인도의 끈으로 해서 우리는 1907년 괴팅겐 대학에서 있었던 후설의 5개의 '강의들'을 읽을 것이다. 사람들은 이것을, 모든 시작이 그러하듯이 아직 불안정하고 아직 결정되지 않은 단순한 역사적인 현상학의 출발점이라고 말한다. 그런데 방법이 대상에의 접근과 다른 것이 아닌 한에서, 이 접근의 양태가 대상 그 자체에 의해 규정되는 한에서, 현상학이 방법으로서 자신을 명시적으로 규정하면서 대상과 그것의 수단들에 따라서 자신을 이해하기 위해 처음으로 자기 자신으로 돌아가서 반성하는 곳은 바로 이 '강의들'에서이다. 1907년 '강의들'에서 현상학은 명시적으로 현상학 그 자체를 목표로 한다. 그것은 바로 그 강의들의 제목 『현상학의 이념』[77]이 잘 보여준다.

현상학 그 자체를 설립하고자 하는 이 결정 안에서 전제들은 형성되고, 그것들은 아직 그 이후의 복잡한 전개들로 넘치기 이전이라 아주 명시적으로 드러난다. 따라서 이 처음에서, 비록 그것의 역사적인 제한이 있는데도 이 전제들을 다시 인식하는 것은 아주 중요하다. 왜냐하면 현상학은 절대로 이 전제들을 벗어나지 않으며, 그 전제들의 미래의 가능성들을 이 유한한 한계 안에 가두고 있기 때문이다. 그리고 무엇보다도 현상학을 방법으로서 파악하는 방식

---

77 Husserl, *Die Idee der Phänomenologie, Husserliana*, Band II. 나의 인용은 Alexandre Lowit의 번역, *L'idée de la phénoménologie*(Paris: PUF, 1970)을 따른다.
[후설, 『현상학의 이념』, 이영호 옮김, 서광사, 1988. 인용된 모든 것은 앙리가 인용하는 불어판을 기본적으로 참조한다. 인용은 앞에서와 마찬가지로 불어판 쪽수와 한글판 쪽수를 명기한다. 다만 앞에 [ ] 안에 독일어 원본의 쪽수를 추가한다. 우리말 번역과 불어 번역의 대조에서 적지 않은 차이를 발견했기 때문이다._옮긴이 주]

이 그 안에 함축되어 있기 때문이다. 이런 함축적 이해로 인해 방법은 문제 제기의 중심에 자리하면서도 실제로 맹점으로 머물며, 그것의 모호함은 그 이후의 모든 연구자들을 사로잡는다. 겉보기의 명시적인 주제화는 실질적으로 현상학과 방법의 관계, 더 정확하게 현상학의 대상과 그것을 다루는 양태의 관계를 진정으로 밝히지 못한 이유로 혼동만 가중하는 결과를 가져온다. 그럼에도 후설의 집착, 즉 근본적인 자기의식의 파악하고자 하는 그의 집착은 역사적인 현상학 안에서 그 유래를 찾아볼 수 없다. 1907년의 최초의 시도는 우리를 끝없이 반복될 실패 앞에 놓는다. 그 실패의 결과가 가져오는 무게는 오늘날까지도 현상학과 철학을 짓누른다.

이 책의 '첫 번째 강의'는 이미 우리를 염려 앞에 놓는다. 현상학은 항상 사유의 역사 안에서 전통과의 단절로 소개된다. 이것은 모든 전통의 거부로 드러난다. 따라서 현상학은 더는 역사적이지 않은 시작의 형식하에서 파악되며, 자기 자신으로부터 시작해서 자기 자신 위에 충만한 빛을 던진다. 이런 열망은 이미 데카르트가 새로운 시작을 말하면서 시도한 형식이기도 하다. 그런데 우리는 이런 주장이 현상학과 인식의 이론, 즉 전통적인 사유 사이에 세워진 관계에 의해 손상을 입는 것을 보게 될 것이다. 철학적인, 즉 자연적이 아닌 사유는 인식의 가능성의 조건에 전념한다. 인식의 가능성의 조건이 앞서서 세워지지 않으면 어떤 특별한 인식, 특히 과학적인 인식은 불가능하다. 그런데 인식을 설립하고자 하는 기도는 어떤 순환 안에서 움직인다. 왜냐하면 근거 설정의 모든 기도는 이미 인식이며, 이 인식은 인식의 가능성이 보증되지 않는 한에서 의심스러운 것으로 머물기 때문이다.

이 순환 안에서 후설은 데카르트의 의심의 논증으로 돌아감으로써 이로부터 벗어나고자 한다. 인식의 가능성을 설립하기 이전에 어떤 인식도 사용되어질 수 없으며, 내가 의심한다는 사실을 제외하고 모든 것은 의심된다. 진리에의 주장이 결핍된 유사-인식들의 물결 안에서 절대적이고 의심할 수 없는 인식의 영역, cogitationes[78]의 영역이 솟아오른다. 왜냐하면 의심 안에서 진실인 것은 각각의 cogitatio에서, 각각의 지각에서, 각각의 표상에서, 각각의 판단에서 매번 진실이기 때문이다. "내가 지각하고 표상하고 판단하는 어떤 방식으로부터… 지각하는 작용 위로 시선을 향하면서 내가 이런저런 것을 지각하는 것, 판단 위로 시선을 향하면서 내가 이런저런 것을 판단하는 것은 절대적으로 명백하며 확실하다."[79]

이 선언은 이후로 상당히 심각한 결과들을 가져온다. 여기서 현상학의 운명은 전적으로 결정된다. 이 텍스트의 기본 동기를 결정하는 이 선언과 유사한 수많은 공식을 그 이후로 후설의 다른 텍스트에서 우리가 발견할 수 있는 것처럼, 이 선언은 현상학을 유지하는 지반을 형성한다. 다음의 문장을 읽어보자. "모든 지적 체험과 모든 체험 일반은, 그것이 완성되는 바로 그 순간에 시각une vue의 대

---

78 후설이 본문에서 데카르트의 cogitatio(코기타티오), cogitationes(코기타티오네스)를 독일어로 옮기지 않고 그대로 쓰듯이, 앙리가 또 그대로 쓰듯이, 여기서도 '사유' 혹은 '순수 사유 작용'으로 옮기지 않고 라틴어 그대로 적는다. 또한 여기서 앙리가 문제로 삼는 것이 후설의 저서 안에서 데카르트의 이 '개념'의 의미 변형이기 때문에 번역을 하지 않고 그대로 적는다. 더욱이 이 말을 옮길 경우, '사유(pensée)'라는 일반적인 개념과의 혼동이 일어나는 이유에서이기도 하다. 이 책의 우리말 번역도 후설의 원문 그대로 라틴어로 적고 있다._옮긴이 주
79 후설, 『현상학의 이념』, [30]52/84.

상이 될 수 있으며, 이 시각 안에서 순수하게 파악된다. 그것은 절대적인 소여이다. 모든 체험은 마치 한 존재자처럼, 여기-이것으로서 주어지며, 그것의 실존에 대해 의심하는 것은 따라서 부조리하다."[80]

두 인용문에서 우리는 처음부터 실재적 cogitatio, 즉 실재적 지각, 실재적 표상, 실재적 판단이 그것들로 향하는 시선으로 이동하는 것을 관찰할 수 있다. 이 시선은 순수한 시각이며, 그것 안에서 우리는 다만 직접적으로 보인 것하고만 관계한다. 이때 이 시선 아래에서, 이 순수한 시각 안에서, cogitatio는 절대적인 소여가 된다.

소여, 절대적인 소여는 두 가지 의미로 이해된다. 한편으로 주어진 것, 다른 한편으로 주어진 것의 성질, 즉 그 자체로 고려된 주어진 것의 사실, 더 정확히 증여, 주는 것을 의미한다. 주어진 것은 명백히 주는 것에 의존한다. 주는 것이 진정으로, 의심의 여지 없이 주는 한에서, 주어진 것은 진정으로 주어지며 절대적 소여가 된다. 그리고 주어진 것의 존재, 실존은 논쟁의 여지가 없다. cogitatio가 그것에 대한 시선으로 이동하자마자 이 순수한 시각 안에서 cogitatio는 절대적인 소여가 되며, 하나의 놀이의 공간이 펼쳐진다. 그 공간 안에서, 그것에 의해 소여^{Gegebenheit}의 이중성, 즉 주어진 것$^{le\ donné}$과 주는 것$^{la\ donne}$의 이중성이 작동하기 시작한다. 실재적 cogitatio는 주어진 것이고, 주어진 것의 양태는 주는 것, 즉 순수한 시각이다. 이 시각은 절대적인 줌이다. 왜냐하면 그것은 그것이 진정으로 보는 것만을 주고 정립하기 때문이다. 따라서 주어진 것

---

80 후설, 같은 책, [31]54/85.

은 진정으로 주어지며 보이며 실존한다.

실재적 cogitatio가 그것을 절대적으로 주는 순수한 시선으로 이동하자마자 시각 안에서 cogitatio는 절대적인 소여가 되며, 주어진 것과 증여에 따른 소여^Gegebenheit의 상관적인 이중성은 우리가 이어서 직면할 일련의 오류들, 난제들, 그리고 부조리 앞에 우리를 놓는다. 그것이 부조리한 이유는, 인식 이론이 단지 시작하기 위해 필요한 절대적인 인식의 영역을 구성해야 하는 실재적 cogitatio가 시선에, 순수한 시각에 복종하는 한에서만, 결국 실재적 cogitatio가 그 자신과 다른 증여의 힘에, 다시 말해 그것을 순수하게, 절대적으로 주는, 그것을 절대적인 소여로 만드는 자신과 다른 증여의 힘에 복종하는 한에서만 절대적인 소여가 되기 때문이다. cogitatio가 절대적인 소여가 되는 것은 자신에 의해서, 자신 안에서가 아니라 다만 자신의 고유한 존재에 부가된 외적인 증여의 결과로부터만 유래한다. 왜냐하면 cogitatio는 그 자신 안에서 절대적인 소여가 아니며, 그것은 다만 순수한 시각 안에서만, 그것에 의해서만 절대적인 소여일 수 있기 때문이다. 위에서 인용한 두 번째 텍스트—"…모든 체험 일반은 시선의 대상이 **될 수 있으며**, 순수하게 파악될 수 있으며, 이 **순수한 시각 안에서** 그것은 절대적 소여이다"—가 말하듯이 말이다.

cogitatio가 순수한 시각으로 옮겨 가는 이 난제를 우리는 다음의 두 질문으로 공식화할 수 있다. 1) 순수한 시각 앞에 도래하기 전에, 절대적인 소여가 되기 전에 cogitatio는 무엇인가? 2) 이 순수한 시각, 그것은 무엇인가? 그리고 그것은 cogitatio와 다른 것이 될 수 있는가? cogitatio는 여기서 아주 이상하고 변덕스런 존재가 된다. 처음에 그것은 자기 자신에 대해 증여를 완성하지 않으며, 절대적인 소여로서 자신을 정립하지 않는다. 이어서 그것은 자기 증여가 자기 정립이 되며, 현상학적 인식이 필요로 하는 절대적 소여가 된다. cogitatio의 개념이 이 '강의들'과 앞으로 올 미래의 현상학이 질문으로조차도 인식하지 못하는 일련의 난제들을 다만 가리는 모호한 관념일 때, cogitatio에 대해서 본질이라는 말을 사용하는 것은 쉽지 않다는 것을 고백하자.

더 자세히 보면 그 신비는 더 커진다. 절대적인 소여의 조건 안에서 cogitatio의 도래는 단지 순수한 시각의 도래, 즉 첫 번째의 cogitatio에 그것이 아닌 바의 것, 즉 절대적인 소여성을 부여하는 두 번째의 cogitatio의 도래만을 지시하는 것이 아니다. 사실 거기서 획득되는 것은 첫 번째의 cogitatio가 순수한 시각 안에서 절대적인 소여로 완성된다는 것이다. 앞서 인용한 텍스트를 상기하자. "모든 체험 일반은 **그것이 완성되는 바로 그 순간에만** 순수한 시각의 대상이 되고 순수하게 파악된다…." 이 문장을 어떤 질문의 대상으로 삼지도 않고, 그대로 인용하고 그 자체로 명백한 것으로 간주하기 위해서는 이 조건이 필수불가결하다. 시각의 시선이 cogitatio로 향할 때마다 이 조건은 개입하고 cogitatio는 실질적으로 실행되어야 한다. "**내가 지각하는 동안**, 나는 순수한 시각의 시선을 지각으로, 거기에 존재하는 것으로서 지각 그 자체로 향할 수 있다." 그리고 "cogitatio의 존재, 즉 체험의 존재를 **우리가 체험하는 동안**, 그것에 대해 반성하는 동안 그것은 의심할 수 없다."[81]

다만 cogitatio가 이미 완성된 것일 때에만, 혹은 cogitatio가 스스로를 완성할 때에만, 그때에만 시선은 순수한 시각 안에서

cogitatio를 파악한다. 그것은 cogitatio가 시선에 독립적이고, 존재론적으로 그것에 앞서며, 다만 이 독립성 안에서만 완성되거나 스스로를 완성하기 때문이다. 그것은 이미 거기에 있다. 이미 거기에 있는 '거기'를 순수한 시각은 시각을 위한, 시각에 의한 거기로 해석한다. 반면 시각은 cogitatio에 의해 보이는 것 이상을 주장할 수 없으며, cogitatio가 이미 시각 없이 완성된 것으로 혹은 자기를 완성하는 것으로 전제하는 그것의 실존을 절대로 요구할 수 없다. 어떻게 cogitatio는 그것을 순수한 시각 안에서 파악하고자 하는 시선과 독립적으로 스스로를 완성하는가? 이런 질문과 그것의 근본적인 정교화의 부재로 인해 1907년 현상학이 제기하는 모든 문제 제기는 그 중심에서 타격을 입고 해결할 수 없는 난제로 떨어진다. 후설은 인식의 가능성을 합법화하기 위해 아직 설립되지 않은 인식을 필요로 하는 인식의 순환을 벗어났다고 생각했다. 그런데 이 순환은 더 이상 방법론적인 것이 아니라 존재론적이다. 만일 시각이 cogitatio의 이 예비적인 실존을 전제한다면, 어떻게 cogitatio의 실존을 순수한 시각 안에서 그 자체로 주어지는 소여로부터 설립할 수 있는가?

논리적 부조리성 이후에, 논리적 난제 이후에, 실수, 아니 일련의 얽힌 실수들 위에서 역사적인 현상학은 자신을 설립하고자 한다. 두 가지만을 언급하자. 하나는 역사적인 질서로부터 오는 것으

81 후설, 같은 책, [44]69/98, 5개의 강의에 대한 요약(강의의 사고 진행 과정), [4]105/57(나의 강조).
[불어판은 '5개의 강의에 대한 요약'을 원서의 순서와 달리 5개의 강의 뒤에 놓았다. 한글판은 독일어 원서의 순서를 따랐다._옮긴이 주]

로 후설의 데카르트에 대한 의존과 관계한다. 그것은 코기토는 명증성이며, 다른 모든 것에 우선한다는 어이없는, 게다가 보편적으로 퍼진 해석이다. 다시 말해 cogitatio의 실재 혹은 실존은 순수한 시각 위에, 우리가 그것에 대해 가지는 **명석판명한 지각** 위에 근거한다는 해석이다. 이 명증성은 사유의 과정에 대한 성찰로부터 산출된다. 이 과정에 의해 데카르트는 자아를 보여준다. 그래서 나는 나 자신을 본다^{Je vois moi-même}. 내가 의심하고 사유할 때, 나는 내가 명석하게 2+3=5라는 것을 볼 때와 마찬가지로 필연적으로 존재해야 한다. 불행하게도 cogitatio의 실재 안에서 그것의 내적 설립은 모든 명증성을 그것이 무엇이든지 간에 반박하는 후설이 말하는 순수한 시각의 자격까지도 박탈하는 근본적인 의심에 의해서 알려진다. 만일 데카르트가 코기토를 발견한 순간에 가정했던 그 보는 행위가 그 자체 실수를 저지를 수 있는 것이라면, 시각은 그것이 보는 것에서 순수하게 견고히 유지된다는 사실에도 불구하고 시각은 실수를 피하지 못하며, 반대로 곧바로 실수로 치닫는다.

다른 하나는 cogitatio가 그것의 실재에 있어서 시선과 사유로 향하는 순수한 시각에, 예를 들어 사유의 과정 안에 개입하는 일련의 명증성과 같은 것들에 의존한다면 cogitatio는 명증성들 그 자체처럼 단속적^{intermittente}이 될 것이며, cogitatio는 명증성들의 실현과 직관의 충만과 비충만에 의존해야 할 것이다. 반면 데카르트에 있어서 영혼은 항상 생각한다. 이 '항상'은 자신과 다른 것에, 그것이 무엇이든지 간에 환원되지 않는, 특히 역사에, 그리고 의심스러운 것으로 반박되는 보는 행위의 변천에 환원 불가능한 본질의 자율성을 지시한다. 따라서 cogitatio는 다만 순수한 시각 안에서 주어지는 증여와 독립적으로 실재적인 것이라고 말해서는 안 되고, cogitatio가 cogitatio일 수 있는 것은 다만 이런 방식으로 주어지지 않는다는 조건 아래에서만 가능하다고 말해야 한다. 우리는 여기서 후설의 역사적 실수로부터 그의 근본적인 철학적 실수에 이른다.

이런 실수에 대한 비판은 다음과 같이 정식화되어야 한다. 즉 cogitatio를 그것의 시선 아래 놓는 것은 그것에게 절대적인 소여를 제공하는 것과는 정반대로 소여를 사라지게 한다. 여기서 문제가 되는 것은 부분적인 혹은 잠정적인 가장도 더 나아가 심리학이 기술하는 것과 유사한, 예를 들어 주의하는 시선 아래에서 경우에 따라서 단절점에서 체험이 변형되는 그러한 변형도 변질도 아니다. 여기서 문제가 되는 것은 근본적인 불가능성이다. 사유의 시선이 향하는 거기에서, 순수한 시각 안에서, cogitatio는 절대로 존재하지 않는다. 시선이 그것을 절대적인 소여로서, 다시 말해 그 안에 cogitatio의 실존이 자리하고, 그것과 cogitatio가 일치하는 그런 절대적인 소여로서 줄 수 있는 것과 동떨어져서 시선은 그것을 비실재화하고 그것을 공허로서 우리 앞에 놓는다. 누가 자신의 cogitatio, 자신의 감정, 자신의 정념, 자신의 불안을 보았는가? 적어도 이것들과 이것들을 지시하고 해석하는 것을 혼동하지 않는다면 말이다. 우리의 삶은 절대로 보이지 않으며 보일 수도 없다. 따라서 우리의 삶은, 이 삶을 그 자체로 있는 바의 것으로 그 자체로 몸소 준다고 주장하는 보는 행위로부터é-vidence나오는 명증성 안에서 파악될 수 없다.

후설이 순수한 시각 안에서 절대적인 소여로부터 cogitatio

에 대해서 말할 때 그는 보는 행위$^{le\ voir}$와 그것의 보임$^{le\ vu}$을 혼동한다. 다시 말해 한편으로 전적으로 보는 행위 안에서 보이는 것과 다른 한편 이것들과 아무런 관계가 없는, 이것들의 장 밖에 존재하는 cogitatio를 혼동한다. 그것에 대한 증거는 현상학적인 환원에서 혹은 단순한 반성에서 시선이 cogitatio를 파악하기 위해 그것 위로 향할 때 cogitatio는 이미 완성되었다는 사실에서 발견할 수 있다.

따라서 1907년 '강의들'의 최초의 이론적인 결핍은 cogitatio를 순수한 시각으로 이동시킨 것이며, 이로부터 cogitatio를 절대적인 소여로 만든 것이다. 마치 cogitatio가 이미 그 자체 안에서 그 자체에 의해 본래적으로 자기를 스스로 느끼고 견디는 것 안에서 절대적인 소여가 아니라는 듯이 말이다. 그래서 이 느낌, 혹은 이 정념은 후설이 다른 곳에서 찾은 절대적인 줌$^{la\ donne\ absolue}$이다. 이것을 다른 곳에서 찾는다면, 우리는 영원히 그것을 발견하지 못할 것이다. 이 이동은 우리가 본 것처럼 어떤 생성을 포함한다. 왜냐하면 문제의 cogitatio가 절대적인 소여가 되는 것은 순수한 시각의 명증성으로 인도되면서이기 때문이다. 자의적으로 후설의 텍스트에서 한 단어에 특권을 부여하면서, 데카르트에서 cogitatio가 그 자체로 존재하는 것이기 위해 우리는 이 cogitatio가 복종해야 하는 조건을 과도하게 평가해야 하는가? 아니면 반대로, 이런 생성은 그것이 현상학적 방법, 즉 현상학적 환원과 다른 것이 아닌 한에서 후설의 문제 제기를 전적으로 지배한다는 것을 인정해야 하지 않는가? 현상학적 환원에 의해 명령된 것 그리고 이런 개입을 촉진하는 것은 cogitatio가 현상학적 의미에서 순수한 현상으로 변화되어질 수 있는, 그리고 이 토대 위에서 이런 현상학이 가능해질 어떤 필수적인 처리 과정^{traitement}, 즉 가공이다. 그런데 우리가 이어서 볼 『존재와 시간』의 7절에서 그렇게 하는 것처럼 우리는 다음과 같이 물어야 하지 않는가. 즉 무엇이 현상이 되기 위해 현상학적 처리의 양태를 필요로 하는가? 그것은 '우선 그리고 대부분 자신을 스스로 드러내지 않는 어떤 것', 혹은 혼동되고 이해되지 않는 방식으로 지시되는 어떤 것이 아니면 무엇인가?

사유의 양태로서 현상학과 철학 일반은 정교화와 명시화의 작업으로서 그 안에서 항상 시간성의 고유한 양태를 따라서 그들의 과학성의 기준에 따라서 과학적인 즉 합법적인 진술들을 설립하는 것이다. 우리는 어떤 방식으로도 이런 작업을 부정하지 않는다. 우리가 처음부터 반박하는 것은 어떤 착각이다. 그것에 의해 사유의 과정은 실재 그 자체의 과정으로 오인된다. 이 경우에 착각에 의해 사유의 시각의 명증성 안에서 도래하는 cogitatio는 이 cogitatio의 본질로 오인된다. 또 착각에 의해 환원된 현상, 현상학적 의미에서 순수한 현상은 삶의 본질을 위한 현상성 그 자체의 본래적인 본질로 오인된다.

'순수한', '환원된' 현상은 어떻게 존재하는가? 환원은 하나의 운동으로 그것에 의해 cogitatio는 사유의 시선 아래 놓인다. 게다가 환원은 시선에게 보이지 않는 모든 것, 다만 공허하게 지향되거나 혹은 전제된 것은 모두 한쪽으로 치워두고, 실질적으로 시선 안에서 보인 것에서 자신을 유지할 것을 요구한다. 환원은 자기-자신으로부터 작동하며 끝없이 전제된다. 환원이 전제되는 이유는 그것을 완성해야 할 어떤 이유도 없기 때문이 아니라, 환원은 보는 행위에서 자신을 세우며 보는 행위만을 알기 때문이다. 그리고 환원의 유일한 염려는 보는 행위가 진정으로 보는 행위인지, 다시 말해 보는 행위가 본 것이 진정으로 보인 것인지, 보는 행위에 의해 절대적으로, 전적으로 보인 것인지, 전체적으로 보인 것으로 그 자체 투명한 것인지, 이런 의미에서 순수한 현상인지, 보는 행위와 보인 것이 공연장적coextensif인 의미에서 순수한 현상인지를 알고자 하는 데서 온다. 다시 한 번 환원이 전제되는 이유는 그것이 자기 자신의 이전으로, 즉 보는 행위의 이전으로 절대로 가지 않기 때문이며, 환원은 사유가 보는 행위와 일치하고 그것에만 복종하고 그것의 내적인 목적론에 복종하는 것과 다르지 않기 때문이다.

방법 전체, 현상학적인 방법은 환원과 더불어 그리고 지속적으로 그것에 의존하는 현상학의 출발점이다. 이 방법은 그것의 목적과 수단에 따라서 보는 행위 안에서, 보는 행위에 의해서 봐야 할 주는 것이 아니면 무엇인가? 인식의 현상학이 된 현상학이 보증하고자 하는 인식의 가능성은 유일하고 배타적인 근거 설정의 작업 안에서, 다시 말해 시각이 자신의 보는 행위의 실질성 안에서 스스로의 근거를 설정하는 한에서, 그것이 무엇이든지 간에 그 이전으로 돌아가는 것이 불가능한 지각된 보는 행위 자체가 아니라면, 어디에 자리하는가? '두 번째 강의'에서 현상학의 창시자는 "보는 행위는 증명되지도 연역되지도 않는다"[82]라고 말한다.

직접적인 경험 안에서 우리가 보는 모든 것을 아주 만족스럽게 명상하는 것과 전적으로 다른 것이 문제인 경우, 즉 자연적 인식과는 다른 어떤 철학적인 기획이 이 인식의 가능성을 정립하고자 한

---

82 후설, 같은 책, [38]64/94.

다면, 이 가능성은 보는 행위 그 자체 안에 존재하며, 이 가능성의 설립 혹은 그것의 인정은 하나의 문제, 현상학적인 문제가 된다. 그리고 바로 이 문제에 의해 1907년의 현상학은 정의된다. 이 질문이 가져온 대답은 명명백백하다. 보는 행위 그 자체는 보는 행위를 보면서, 인식의 가능성과 현상학 그 자체를 동일하게 구성하는 보는 행위를 합법화해야 하고 실제적으로 합법화한다. 따라서 현상학과 인식에 동시에 근거를 제공하기 위해서는—그리고 이것은 현상학을 인식의 현상학으로 만드는 것인데—보는 행위 안에서 보는 행위를 가져와야 하고, "시각 그 자체를 시각으로 이끌어야 하며das Schauen selbst zum Schauen zu bringen"[83], 그것으로 충분하다.

보는 행위의 자기-근거 설정은 현상학의 이념을 전적으로 관통한다. 이것은 현상학의 이념 안에서 이중화된다. 예를 들어 그의 후기의 저작의 결정적인 진술은 이것을 인증한다. "다만 보면서만 나는 보는 행위 안에서 진정으로 문제가 되는 것을 명백히 할 수 있다. 이런 보는 행위의 고유한 본질에 대한 명시화는 보면서 실행되어야 한다."[84] 이런 이중화는 보는 행위를 그 자신 안에 가둔다. 다시 말해 보는 행위 그 자체에서 현상성은 결정적으로 되돌릴 수 없이 결정된다. 1907년 '강의들'에서, 적어도 그의 '요약적 분석들'에서, 보는 행위에 근거를 제공하고자 하는 힘은 즉각적으로 발휘되지 않는다. 이런 상황은 cogitationes의 실재가 명시적으로 보는

---

83 후설, 같은 책, [31]54/85.
84 Husserl, *Logique formelle et logique transcendantale*, trad. S. Bachelard, Paris: PUF, 1957, p.216(§ 59). 후설, 『형식논리학과 선험논리학』, 이종훈 · 하병학 옮김, 나남, 2010, p.264.

행위의 실재로 환원될 때 비로소 점진적으로 밝혀진다. 불안정한 자율성 안에 자리하는, 그런데 여전히 전제된 cogitationes는 점진적으로 절대적인 소여가 되기 위해 시각에, 그리고 순수한 반성에 제공되고 결국 절대적인 소여가 된다. 후설은 이런 반성의 가능성에 대해서 질문한다. 그런데 반성은 여기서 자기가 본 것을 스스로에게 제공하는 그런 보는 행위가 아니다. 이런 인식은 '두 번째 강의'에서 어떤 전제도 없이 정립된다.[85] 반성은 시선에 자신을 전적으로 맡기기 위해, 자신이 본 것을 거기에 이미 있는 것으로, 이미 주어진 것으로 발견한다. 이미 주어진 것으로, 앞서-주어진 것 pré-donné으로서 이 소여는 과거 지향의 소여이며, 이것 없이는 반성은 불가능할 것이다. 만약 cogitatio가 정확히 과거 지향에 의해서 유지되지 않는다면, 반성적인 시선은 자신 앞에서 아무것도 발견하지 못할 것이며, 그가 파악하기 위해 찾는 cogitatio는 그가 그것으로 향하는 순간에 사라질 것이다. 반성에 앞서-주어진 것으로서 과거 지향의 소여는 정확히 어떻게 존재하는가? 그것은 '보인 것[un vu]'이고, 최초의 보는 행위가 이미 본 것이며, 이것은 과거 지향 그 자체이다.

1907년 '강의들'에 의하면, 사유가 그것이 의존하는 시각 안에서 도래하고, 순수한 현상 안에서 이런 방식으로 존재하는 한에서, cogitatio는 생성에 의해서만 그 자체로 몸소 주어지는 것이고, 절대적인 소여이다. cogitatio가 현상의 조건 안으로 도래하기 위해

---

85 "…인식 비판은 검토 없이 빌려 온 것이 아닌 어떤 인식에 의해서 시작해야 한다. 그런데 그것은 그 자체 주어져야 하며, 그것은 최초의 인식으로 정립되어야 한다."(후설, 『현상학의 이념』, [29]51/83)

복종하는 생성은 더는 반박되지 않으며, 그것은 생성 그 자체, 즉 시간이 된다. 이것은 순간에서 cogitatio의 과거로 미끄러짐이며, 이것은 최초의 간격을 창조하는 거리이고, 거기서 보인 것은 비로소 보는 행위 앞에서 도래할 수 있고 유지될 수 있으며, 이제부터 보는 행위와 보임이 가능해진다. 따라서 사유는 보는 행위의 시각 안에서, 이 최초의 시간적 간격의 토대 위에서만, 시간에 의해서만 도래한다. 여기서 아주 심각한 문제가 발생한다. 이런 방식으로만 순수한 현상의 절대적인 소여가 되는 cogitatio, 다시 말해 2년 전 후설의 진술에서 삶이라고 말해진 것은 이제 과거로 존재할 뿐이다. 즉 몸소 주어지는 것의 절대적인 현전은, 현전이 아니고 부재이다. 다시 물어야 한다. 지향적 탈존 안에서 존재에, 아니 무에 도래하기 전에 cogitatio는 무엇이었는가? 더는 존재하지 않는 것이 아니라 과거 안에서 죽은 것이 아니라 삶으로서, 살아있는 현재로서 이 삶은 무엇인가?

환원과 현상학적 방법 아래에서 사유의 과정이 시간성의 탈자적 열림에 의존할 때, 우리가 존재의 과정을 시간으로 이해할 때, 이 과정은 존재 그 자체의 과정과 관계한다. 마치 존재의 과정이 사유의 과정과 일치하는 듯이, 둘이 하나가 되는 지점에서 둘이 닮은 듯이 일어난다. 둘 사이, 사유와 존재 사이에 어떤 일치, 어떤 자기화가 일어나는가! 후설에서 이미 현상학적인 명시화의 과정은 지각의 시간화의 과정과 다르지 않으며, 그것을 따라서 형성된다. 한 단계에 이은 다음 단계, 명증성을 위한 명증성, 즉 적확한 명증성 등등은 곧이어 이 모든 것을 삼켜버리는 흐름 안에서 사라진다. 보는 행위의 순수한 시각 안에서 cogitatio는 절대적인 실존이 아니며, 그것은 소멸의 심연으로 사라지고, 그것은 더 이상 존재가 아니라 비존재이다. 처음부터 현상학이 부딪친 이런 어려움은 서둘러서 현상학의 주제뿐 아니라 그것을 다루는 방식의 전적인 재정의의 과정을 도입하도록 촉진한다. 후설이 말하는 것을 들어보자.

보는 행위의 순수한 시각 안에서 cogitatio의 생성/소멸은 우선 cogitatio를 그것의 실재 안에서 설명해야 할 본연의 범주들의 도착倒錯, 다시 말해 현상학의 근본적인 개념들의 도착을 가져온다. 이 범주들 중의 첫 번째는 내재성이다. cogitatio가 내재적이라는 것은 cogitatio, 다시 말해 자신의 본래의 현상화 안에서 순수한 현상은 자신 안에서 자기 밖으로 나감이 없이, 어떤 간격도 산출함이 없이 스스로 현상화한다는 것을 의미한다. 현상화, 즉 cogitatio의 내재적인 증여는 간격 없이 주며, 자신과 다른 것은 아무것도 주지 않으며, 그것의 어떤 것도 거리의 타자성 안에 놓여있지 않기 때문이다. cogitatio가 주는 것은 cogitatio 그 자체이며, 그것은 그것의 고유한 실재이다. 따라서 cogitatio는 그것이 내재적인 한에서, 내재성의 작업 그 자체에 의해서 존재하는 한에서, 자신의 고유한 실재 안에서 스스로 주어진다. cogitatio 안에, 다만 그 안에 자기-증여Selbstgegebenheit가 있다. 주는 것과 주어지는 것의 이중화는 다만 사유가 생각하는 모든 것을 이중성 안에서, 그것에 의해서, 사유가 생각하는 모든 것을 사유가 생각하는 방식의 표현일 뿐이다. 그런데 cogitatio의 자기-증여는 자신의 내재성 안에서 모든 이중화가 사라지는 것을 함축한다.

자기-증여에서 자기Selbst는 후설의 텍스트에서 말하는 것처럼 주어진 사물이 사물 그 자체 안에서 주어지고 자신의 고유한 실재의 벌거벗음—그 자체로 나타나고 그 자체로 존재하는 것—안에서 드러나는 것만을 의미하지 않는다. 이런 형식적인 정의는 우리가 벽에서 지각하는 색과 넓이, 높이, 표면의 매끄러움과 거칢, 벽을 이루는 소재 등등을 가지고 그것을 파악할 때에만 적합하다. 여기서 그림은 사라진다. 이런 벽의 증여에서는 벽의 자기-증여와 다른 그것^{ceci}이 있으며, 그것의 '자기-자신', 즉 그것의 자기^{Selbst}는 사물과 존재자의 자기이다. 다만 사물에 의해 사물을 아는 것은 어떤 '자기-자신'도 가지지 않는 것이다. 우리가 벽은 자기-자신에서 드러난다고 말할 때, 여기서 자기는 벽의 자기와의 동일성 안에서 그것의 개체성 안에서 벽의 외적인 것을 지시한다. 벽의 자기와의 동일성은 벽을 다른 것들과의 차별성에서 개별화하고, 벽을 벽으로서 드러내는 것이다. 이것은 그 자체 외적인 동일성이다. **이런 동일성은 자기와의 관계에서 외재성 안의 벽이며, 이런 방식으로 자기와의 동일성 안에서의 벽이다.** 그런데 자기와의 외적인 동일성 안에서 벽, 이것은 외적 현상으로서, 그것의 현상성이 외재성 그 자체에 의해서 구성되는 '현상'으로서의 벽이다. 벽의 '자기^{soi}', 자기와의 외적 관계로서 자기와의 동일성—자기와의 동일성 안에서 자기로서 자기 안에서 자기가 드러나는 외재성—이것은, 증여가 외재성에 의해서, 세계의 현상성에 의해서, 존재의 탈자에 의해서 구성되는 한에서 벽의 증여이다.

cogitatio가 문제가 되는 자기-증여의 경우, 자기는 벽의 경우와 전적으로 다른 의미를 가진다. 우선, 자기는 자기의 이 증여(자기-증여) 안에서, 증여 그 자체 이외에 아무것도 고려할 것이 없는—모든 존재자, 모든 것의 배제에서—본질적인 방식으로 증여와 관계한다. 두 번째로, 증여 그 자체가 변화한다. 증여는 더는 세계의 초월론적인 외재성 안에 존재하지 않으며, 그것은 생각 가능한 모든 외재성이 금지된 근본적인 내면성 안에 자리한다. 이 자기-증여의 내면성 그 자체는 바로 cogitatio의 내재성이다. 이런 내재성 안에서 자기-증여의 자기는 전적으로 자기-증여하고만 관계할 뿐 아니라 증여와 주어진 것은 또한 동일하며, 본래적인 의미에서 자기-증여이다. 증여로서, 주는 것donnante으로서 증여가 스스로에게 자기를 주는 의미에서, 이런 의미에서만 자기-증여가 있다. 이 증여의 본래적인 자기-증여는 바로 절대적인 주체성의 스스로 자기를 느끼고 견디는 것, 즉 주체성 그 자체, 즉 cogitatio이다.

절대적인 주체성의 자기-느낌 안에서, 본래적인 자기성Ipséité, 즉 그것의 내재적인 가능성 안에서 파악된 그리고 모든 '자기soi'가— 그것이 가장 외적인 것이라고 할지라도—은밀하게 관계하는 '자기-자신Soi-même'이 태어난다. 만일 벽이 자기-자신을 가진다면, 그래서 그것이 우리에게 그 자체 안에서 자신을 드러낼 수 있다면, 그것은 자기와의 관계에 의한 자신의 고유한 외재성 안에서이다. 이것은 다만 이 외재성이 자기-촉발의 정념적인 현상성에 따라서 스스로 촉발되기 때문이다. 그리고 이 자기-촉발 안에는 어떤 외재성도 존재하지 않으며, 우리가 말하는 자기성만이 지배한다. 또 이 자기성은 자기-증여로서 그것이 무엇이든지 간에 모든 종류의 증여에, 특히 여기서 벽의 증여에 속하기 때문이다. 그리고 존재자로서 벽은 이 증여 안에서만, 그리고 그것에 의해서만 현상으로서 '자기'를 가질 수 있다. 자기 증여일 뿐인 존재자가 자기 자신 안에서 존재할 수 있도록 하는 존재자의 '자기'는 존재자에 속하지 않는다.

다시 말해 존재자는 자기 증여에, 궁극적으로 이 증여의 자기-증여auto-donation에 속하며, 이 증여의 본질은 모든 가능한 자기성의 본질과 동일하다.

모든 존재와 모든 존재자가 구성되어야 하는 자기-증여Selbstgegebenheit라는 중요한 개념이 보내지는 곳은 단순한 보는 행위의 평범성이 아니라 현상학의 근본적인 범주인 내재성이다. cogitatio의 이 내재성에 대해 데카르트는 관념idée이라는 이름 아래에서 생각했다. 그래서 그는 "관념이라는 이름에서 나는 직접적인 지각에 의한 우리의 사유들 각각의 형식을 이해하며, 이 지각으로부터 우리는 이 같은 사유들에 대한 인식을 가진다"[86]고 말한다. 내재적인 것으로서 cogitatio에 속한 실재는 아주 특수한 유형의 실재이다. 그것은 자기-나타남에서 나타남 그 자체인 실재이다. 데카르트가 자신의 고유한 관념으로서 생각한 cogitatio는 다만 내재적이기 때문에 자신의 실재를 가질 수 있으며, 관념이 즉각적으로 자신과 밀착하는 형식으로서 생각된 cogitatio는 자기-나타남과 다른 것이 아니기 때문에 cogitatio는 자신의 실재를 가지고 가질 수 있으며, 그와 같은 실재를 가지고 자기 느낌인 cogitatio는 자기일 수 있다. 자기-증여의 개념화가 하나의 의미를 가지고, 가질 수 있는 것은 다만 cogitatio의 이 내재적 본질의 토대 위에서이다.

1907년 '강의들'에 대해 후설이 스스로 작성한 요약에서 후설은 '나타남l'apparaître'과 '나타나는 것ce qui apparaît'을 구분하고 이것들을 본

86 Descartes, *Oeuvres*, ed. Adam et Tannery, Paris: Vrin-CNRS, 1964-1974, IX, 124; Descartes, *Oeuvres philosophiques*, ed. Alquié, Paris: Garnier, 1967, II, p. 586 ('두 번째 반박에 대한 대답' 중에서).

질적인 상호 관계에 따라서 대립시킨다. 여기서 '현상'의 개념의 의미가 이중화된다. 나타나는 것, 그것은 나타남 안에서 형성되는 대상성이며, 나타남은 이 형상화 혹은 의식 안에서 출현이다. 이렇게 서로 대립하는 상호 관계는 나타남 안에서, 그것 앞에서 파악된 '대상성'으로서 '나타나는 것'을 나타남과 구별하는 일만을 하는 것이 아니다. 대상성은 나타남 그 자체의 한계를 넘어설 수 있으며, 이것은 의식이 자신에게 진정으로 주어진 것이 아닌 어떤 것을 전제할 때에 지속적으로 일어나는 것이기도 하다. 반대로 cogitatio 안에서, 나타나는 것은 나타남과 다르지 않으며, 직접적으로 후자로부터 결과하는 것으로 후자와 동일하다. 따라서 나타남은 자기 자신 안에서, 그리고 자기 자신에 의해서, 자기-나타남 안에서 본래적인 이 현상성 그 자체의 현상학적인 실재를 규정한다. 후설도, 그 이후의 어떤 현상학도 이 순수한 현상성의 현상학적인 실재를 밝히는 데 절대로 마음을 쓰지 않았다. 이것은 바로 물질 현상학에게 남겨진 과제이며, 이 과제에 의해 물질 현상학은 정의된다.

그런데 후설은 비록 그가 cogitatio의 나타남을 규정하지 않은 채 방치했다고 할지라도 cogitatio가 자신의 고유한 실재를 가진다는 사실을 절대로 의심하지 않은 사상가로, 모든 현대의 사상가들 중에서 가장 앞서 간 철학자이기도 하다. 왜냐하면 이 실재, 후설이 실재적reelle이라고 부른 것은 절대적인 주체성 안에서, 다만 그 안에서만 존재의 존재론적인 무게를 뒤집을 수 있기 때문이다. 본질적인 구성요소들, 항상 실재라고 불리는, 앞선 우리의 연구에서 이미 검토한 것이기도 한 인상과 지향성은 바로 이 cogitatio의 실재에 속한다.

1907년 '강의들'이 모르지 않았던 이 근본적인 내재성의 개념에, '강의들'은 cogitatio의 내재성에 구조적으로 이질적인 것으로 드러나고 cogitatio 밖에서만 이해되는 두 번째의 내재성의 개념을 대립시킨다. 이 두 번째의 내재성의 개념에 이르기 위해서는 우선 보는 행위 안에 자신을 놓고, 그 안에서 환원을 수행해야 한다. 보는 행위 안에서, 그것에 의해서 실재적으로 보인 것만을 유지하는 것이다. 환원된 보는 행위의 순수한 시각 안에서 실재적으로 보인 것은 무엇인가? cogitatio. 그런데 여기서 문제가 되는 것은 더 이상 자기-나타남의 내재성 안에서 스스로 자기를 느끼고 견디는 실재의 cogitatio가 아니다. 그것은 현상학적인 처리의 양태에, 그리고 환원된 보는 행위에 복종하는 cogitatio이다. 여기서 cogitatio는 더 이상 주체성의 실재적 계기가 아니며, 사유의 시선이 그것을 자신의 순수한 시각 안에서 파악하기 위해 향하는 인식의 대상이다. 사유에 의해 그것 밖에 위치한 내용에 대한 이 파악, 이런 방식으로 보인 것, 그것은 초월성으로 후설이 이 개념에서 인식한 그 최초의 의미에서 초월성이다. 따라서 초월성은 두 번째의 의미에서 이해된 내재성—cogitatio의 순수한 시각에서 보인 이차적인 내재성—과 동일하다. 내재성이 초월성의 의미를 부여받을 때, 현상학의 근본적인 개념들의 도착倒錯은 완성된다.

왜 cogitatio에 대한 초월적 파악은 여전히 내재성이라고 불리는가? 왜냐하면 보는 행위는 이 파악 안에서, 즉 보인 것에서 엄격하게 유지되며, 보인 것은 전적으로 보는 행위 안에 포함되며, 그것 안에서 전적으로 파악되며, 결국 이 시선에 내재적이기 때문이다. 이런 '내재성'의 근본적인 가능성은 보는 행위의 초월성 안에 자리한다. 그리고 후설의 눈에 "절대적이고 명석한 현전, 절대적인 의미에서 자기-현전absolute und klare Gegebenheit, Selbstgegebenheit im absoluten Sinn을 규정하는 것은 바로 여기이다."[87]

내재성의 개념이 그것의 반대를 의미하기에 이르는 이런 개념의 도착과 동시에, 극복할 수 없이 자기로부터 배제되는 것은 완성된 '절대적인 현전', '절대적인 의미에서 자기-현전'의 내재성이다. 왜냐하면 보는 행위의 초월성 안에서, 우리가 보여준 것처럼, cogitatio는 자신의 실재 안에서 절대로 '몸소en personne', 즉 자신 안에서 자신의 내재성 안에서만 실행되는 cogitatio로서 현재하지 않기 때문이다. cogitatio의 시각에, 다시 말해 초월성에 적용된 내재성의 개념의 사용을 정당화하기 위해, 후설은 대상을 의도하고 정립하면서 대상을 그 자체로 보지 못하는 인식의 경우와, 다시 말해 의도된 것le visé이 보인 것 안에서 실재적으로 포함되지 않는 경우와 관계하면서 초월성의 두 번째 개념을 발명한다. 후설이 말하는 두 번째 의미의 초월성에서 "우리는 진정한 의미에서 주어진 것 너머로, 직접적으로 보일 수 있고 파악될 수 있는 것 너머로 나아간다."[88]

첫 번째 초월성은 cogitatio의 실재 밖으로 나가는 것이다. 두 번째의 초월성은 보는 행위에 의해 보인 것 밖으로 나가는 것이다. 그런데 두 번째 것은 첫 번째 것을 전제한다. 보인 것이 의도된 것 혹은 전제된 것을 향해 넘어가는 것은 cogitatio의 실재 밖으로 나가

---

87 후설, 『현상학의 이념』, [35]60/90.
88 후설, 같은 책, 같은 곳.

는 것이 이미 완성된 최초의 의도une visée에 의해서만 가능하다. 보는 행위가 자신이 본 것에서 유지되고, 혹은 보는 행위가 전제된 것을 향해 본 것을 넘어서 가는 것은 보는 행위가 실행되는 동일한 존재론적 환경 안에서이다. 첫 번째와 두 번째의 초월성의 차이는 이차적인 차이다. 그런데 모든 초월성이 이미 보인 것을 넘어서 전개되는 지평에 던져진 것이라면, 다시 말해 이 지평 안에서 보인 것은 아직 보이지 않는 것과 이미 보인 것으로 보내진다면, 그리고 흐름 안에 이상적인 한계로서 단순한 순간적 현전 그 자체로서 보인 것 그 자체가 이미 보인 것이 아닌 것, 즉 시각의 상실로 보이지 않는 것le non-vu으로 변한다면, 세계 안에서 작동하는 그리고 세계에 속한 모든 것이 결국 빠져드는 '무의식'을 전제한다면, 우리는 이 차이가 여전히 유지될 수 있는지 물을 수 있다.

cogitatio를 지향하는 보는 행위의 최초의 초월성이 지닌 '내재성'의 '시각에 전적인 현전'은 내재성 안에서 cogitatio의 현전과 어떤 공통점도 가지지 않는다. 후자의 cogitatio는 자신 안에 어떤 지평도, 어떤 내재성도 가지지 않으며, 그것은 보일 수 없으며 보이지도 않는 것non-vu으로, 변하지도 혹은 상호적이지도 않다. 후자가 견고한 현전으로 머물고 절대적인 현전의 절대적인 소여 안에서 그것이 우리의 삶 그 자체인 한에서, 전자는 후자와 전적으로 달라서, 시선에서 '내재적인 것'의 시각에 전적인 현전은 cogitatio와 관계된 것인 한에서 전적인 부재일 뿐이다. 따라서 봄의 순수한 시각 안에서 환원과 현상학적인 방법으로부터 나온 명증성으로부터 cogitatio의 '내재성'에 긍정적인 의미를 주고자 했던 후설의 시도는 심각하게 손상을 입는다. 또 만일 우리가 cogitatio가 보는 행위의 시각 안에 도래하는 것의 불가능성이 초월적 존재의 불가능성이 아니라는 것을, 그리고 초월적 존재는 그와 같은 파악 안에서 그것에 의해서 구성된 원리 안에 존재한다는 것을 지적한다면, 그 주장 자체는 전적으로 전복된다.

보는 행위의 '내재적인' 내용 위에, 다시 말해 환원 안에서 순수한 시각의 소여가 된 cogitationes 위에 가해지는 존재론적 위협을, 후설은 앞서 그린 두 종류의 내재성의 본질적인 차이를 갑자기 넘어서면서 그리고 그 차이를 무시할 수 있는 것으로 취급하면서 무의식적으로 제거해보고자 한다. 이로부터 "cogitationes는 우리가 내재성을 해석하는 어떤 의미에서 절대적으로 내재적인 소여의 영역을 표상한다"[89]라는 놀라운 진술이 나온다. 마치 소여들이 그것들의 증여의 양태와 독립적일 수 있는 것처럼, 소여들이 그 증여의 양태, 즉 현상성 그 자체의 현상화를 소여들과 구분하는 근본적이고 가장 본래적인 차이에 무관심한 듯이 말이다! 또, 마치 내재적 소여가 cogitatio의 내적 본질에 속하거나 혹은 반대로 탈자적 봄의 초월적 내용으로 그것 밖으로 던져지거나 간에 같은 의미에서 절대적일 수 있는 듯이 말이다. 그런데 즉각적으로 이어지는 텍스트는 명시적으로 내재성이 명백한 보는 행위의 초월성을 지시하는 두 번째 증여와 관계한다. 따라서 두 번째가 첫 번째 증여로부터, cogitatio로부터 받는 내재적 소여의 절대적인 성질은 두 번째, 즉 보는 행위의 시각과, 다만 그것에 토대를 가지는 것과 관계한다. "순수한 현상으로 향하는 시각에서, 대상은 인식 밖에, 의식 밖

---

89 후설, 같은 책, [43]67/96(후설의 강조).

에 놓이지 않는다. 동시에 그것은 순수한 시각의 대상인 것을 특징 짓는 자기에의-절대적인-현전의 의미에서 주어진 것으로 발견된 다." 여기에 현상학의 토대 그 자체에, 다시 말해 현상학의 현상성 의 개념 그 자체에 영향을 미치는 변형이 자리한다. 증여, 즉 소여 로 이해된 증여의 절대적인 의미가 cogitatio의 내새성에서 순수 한 봄의 초월성으로 전이되고, 그리고 그 의미가 이 전이에서 변화 되지 않은 것으로 전제될 때, 그 순간에 두 번째 증여는 다른 절차 없이 첫 번째의 자리를 차지하며, 그것을 결정적으로 은폐한다.

내재성은 초월성으로 환원되고, 현상학의 본래적인 질문인 cogitatio에 대한 질문을 이미 상실한 현상학은 현상학이 유지되는 증여의 양태가 그에게 명령하는 방향 안에 연루된다. 데카르트의 길을 따라서 cogitatio로부터 정의되며, 첫걸음부터 cogitatio를 그 것의 진정한 실재로부터 떼어내는 이런 문제 제기의 역설적인 한계 는 의심의 여지 없이 cogitatio의 본래의 실재가 그 본성상 갇혀있 는 어둠에 의해서, 그리고 그로부터 그것의 고유성에서 그것을 이 해하는 것의 어려움에 의해서 설명된다. 이와 유사한 어려움은 첫 번째의 내재성의 개념에서 두 번째의 것으로 미끄러지게 하며, 그 이후로 현상학은 두 번째의 내재성만을 탐구의 대상으로 취한다.

어쨌든 또 다른 상황을 무시할 수 없다. 증여의 양태로부터 이제 '내재성'이라는 잘못된 이름 아래서 순수한 봄의 초월성만을 대상 화하면서, 현상학은 확실히 존재의 한 영역을 유지한다. 그런데 이 영역은 완벽한 정합성에 의해서 현상학에 적합하며, 현상학적인 명시화의 작업은 이것을 실천하고 이것을 좇는 것에 모든 시간을 보낸다. 이 존재의 영역은 사유의 보는 행위에 제공된 것이고, 보는 행위로부터 태어난 것이고, 사유를 위한, 사유된 존재를 위한, 다시 말해 보인, 그 말이 가진 모든 말이 가진 모든 영역에서 그리고 모든 방식으로 보인 존재만을 위한 것이다. 환원과 현상학적 방법은 세계에 대한 주도면밀한 주의를 준비하고 허락하기 위해서 사유가 이 세계에 새긴 최초의 표지들이다. 이제 우리는 왜 현상학적인 사유에서 문제가 되는 것이 바로 이 보는 행위가 현상학에 열어준 이 세계 위에서 절대적으로 그 토대를 마련하는 것 그 자체인가를 이해할 수 있다.

'세 번째 강의'는 보이는 것은 그 자체로 존재하며, 절대적으로 존재한다는 진술들을 반복한다. 그래서 여기서 문제가 되는 것은 보인 것을 진정한 존재로 만드는 것이다. 환원을 통해 두 번째 의미의 초월성을 버리는 것은 첫 번째 의미의 초월성의 전적인 지배, 즉 보는 행위의 지배를 확장하고자 하는 시도이다. '초월적'인 것으로 한쪽으로 치워야 하는 것은 보이지 않는 것이고 초월성이 도달하지 못하는 것이다. 왜냐하면 존재하는 것은 다만 초월성에 대해 존재하는 것이고 그것에 의해 실질적으로 도달할 수 있어야 하는 것이기 때문이다. "환원에 의해서만 나는 절대적인 소여를 획득한다. 그리고 이 소여는 더 이상 어떤 초월성도 제공하지 않는다." 여기서 초월성은 두 번째 의미에서 우리가 이해하는 것이다. 두 번째 의미의 초월성의 제거는 순수하고 단순한 초월성의 해방, 즉 세계 그 자체의 초월성의 해방과 다른 것이 아니다.

두 번째 의미에서 초월성은 체험을 심리적인 나, 경험적 세계에 위치한 나와 관계시키는 데에서 일어난다. 여기서 자연적 통각처럼 우리가 우리 자신에 대해서 가지는 지각이 완성된다. 두 번째 의미의 초월성을 제거하거나 중지시키는 것은 현상학적인 반성의 순수한 봄으로 환원된 체험만을 순수한 현상으로서 재발견하는 것이다. "만일 내가 자아와 세계 그리고 나의 체험으로서 체험을 문제로 삼는다면, 이때 이 통각의 현상은, 예를 들어 '나의 지각으로서 파악된 지각'과 같은 현상은 문제가 되는 체험된 통각에 주어진 것으로 향하는 반성적 시각으로부터 유래한다." "이때 그와 같은 시각에서 파악된 지각은 모든 초월성이 제거된, 현상학의 의미에서 순수한 현상으로 주어진 절대적인 지각이다." "내재적이 아닌 어떤 존재, 즉 현상 안에 포함되지 않는 어떤 존재의 정립은 그것이 무엇을 지향하든지 간에 여기서 제외된다. 다시 말해 잠정적으로 정지된다." 내재적이 아닌 존재의 정지suspension로 인해, 예를 들어 시간적 세계 안에 존재하는 경험적인 자아의 정지로 인해 현상학은 심리학과 분리된다. 현상학은 자신의 고유한 '연구의 대상들', 즉 '순수하게 내재적인 시각 안에서 파악된 절대적 소여로서' 파악된 현상들만을 소유하게 된다. 현상학은 그래서 다만 '순수한 현상의 학'[90]이다.

1907년 '강의들'에서, 다시 말해 현상학의 시발점에서 제시되는 현상학적 환원 안에서 두 번째 의미의 초월성의 제거는 아주 제한적이다. 왜냐하면 이 세계의 판단중지époché 안에서, 중지되는 것은 다만 경험적인 세계와 그 세계 안에 기입된 심리적 자아일 뿐이기 때문이다. 다시 말해 중지되는 것은 세계 그 자체, 즉 보일 수 있는 모든 것이 자신을 드러내는 가시성의 지평, 명증성이 현전 위에서

---

90 후설, 같은 책, [44]68/98, [45]69/98, [45]70/99, [46]71/100.

모든 작열을 한데로 모으기 위해 현전의 방식으로 나아가는 빛의 공간이 아니라, 다만 세계의 내용들, 그것들에 대한 믿음일 뿐이다. 바로 이것이 하나의 초월성에서―즉 배제된 초월성에서―또 다른 초월성으로, 다시 말해 이 배제로부터 자신의 고유한 고양을 획득하는 다른 초월성으로의 이행, 혹은 초월성의 의미의 전복이다. 다시 말해 모든 존재하는 것의 조건으로서 보편적인 존재론적 범주의 항으로의 초월성의 고양이다.

바로 여기에 1907년의 '강의들'의 전향이 나타난다. 진정한 내재성을 저버린 이 순간에, 현상학은 보는 행위를 찬양하는 것으로 나아간다. 이 이상한 과정에 의해 우선 비밀스럽게, 이어서 명시적으로 현상학은 자신의 가장 궁극적인 주장, 즉 존재를 주는 현상학의 존재론적인 주장을 포기한다. 가장 근본적인 희생, 실재와 삶의 가장 근본적인 희생을 현상학은 자기에 대한 절대적인 의식에서 이중화된 보는 행위 안에서 완성하는 것이 아니라 다른 방식으로, 간접적인 방식으로 현상학을 전적으로 결정한다. 주제는 변형되고, 기획에 없었던 분석들은 갑자기 잃어버린 실재를 대신할 새로운 대상에의 접근을 가능하게 하는 함축들을 전개한다. 현상학은 자신의 목적의 완전한 수정에서, 그리고 동시에 그것을 알리는 다양한 징후들에서, 아직 충분히 그 이유를 알지 못한 채 실재에 대한 애도를 알려 오고 가져온다.

물론 후설의 천재성은 주제의 전향le virage thématique과 더불어 이런 수정이 필연적이라는 것을 예감한 것이며, 처음부터 그 수정의 조건들을 가능한 방식으로 동시에 알아차릴 수 없는 방식으로 정립한 것이다. 그의 코기토에 대한 해석에서 그는 전적으로 실수한다

(이런 실수는 이번 경우에만 제한되는 것은 아니다). 그런데 그는 이미 이 실수의 대가를 지불했다. cogitatio의 실존은 후설에 의하면 현상학적 반성의 보는 행위의 시각 안으로 들어가서 이 순수한 시각의 명증성 안에서 실존이 절대적인 소여가 되는 한에서, 그 자체 의심 불가능한 것이 되는 한에서 설립된다. "cogitatio의 실존은 절대적인 자기 현전에 의해, 순수한 명증성 안에서 현전에 의해 보증된다."[91] 그런데 만일 이 실존 혹은 이 cogitatio의 실재가 반대로 원리상 반성의 현상학적인 시선을 회피한다면, 즉 보는 행위의 '순수한 명증성'을 회피하면, 그리고 우리가 앞서서 말한 것처럼 만일 cogitatio가 후설적 의미에서 자기에의 절대적인 현전이 아니라면, 이 텍스트의 초반에서부터, 특히 '세 번째 강의'에서 알려지고 받아들여지는 존재론적 붕괴는 명백하다. 이 강의로부터 우리는 후설의 고백을 여기에 모을 수 있다. "데카르트는 cogitatio(나는 생각한다 즉 나는 존재한다Cogito ergo sum)의 명증성을 설립한 후에…" 후설은 실제로 cogitatio의 명증성과 그것의 실존 사이에 선택해야 한다는 가장 심각한 실수—cogitatio를 그것이 주어지는 명증성에 환원하는 실수—를 저지른 순간에 전적으로 혼동에 빠진다. 데카르트가 cogitatio의 실존을 자기 자신 위에, cogitatio가 어떤 매개도 없이, 즉 명증성의 매개 없이 자기 자신에 대해서 의식하는 직접적인 지각의 형식을 가지고 토대를 놓았다는 것, 그리고 바로 이 순간에 명증성은 의심스러운 것으로 반박되었다는 사실은, 바로 후설이 증여를 명증성으로, 그것의 가장 완벽한 공식화로 환원

---

91 후설, 같은 책, [8]109/63.

하는 한에서 표상할 수 없었던 것이다. 따라서 모든 문제 제기는 현상학적 환원 그 자체 안에서 고갈된다. 이것은 사실 데카르트에서 인식의 토대를 명석판명한 지각 위에 놓는 것은 제3성찰에 와서야 나온다는 것, 다시 말해 코기토가 세워진 후에 나온다는 것을 잊어버리는 것이다. 따라서 cogitatio는 전적으로 인식의 (의심스런) 명증성과 독립적이다. 반면에 후설은 cogitatio를 명증성에 복종시킨다. 현대의 이런 착각은 우리가 cogitatio를 보는 행위의 시각에 제공하는 한에서, 혼동된, 그런데 결정적인 직관이며, 이 안에서 cogitatio의 실재 혹은 실존은 상실된다.

cogitatio가 일단 환원에 종속되자마자 일어나는 이 이상한 cogitatio의 운명에 어떻게 놀라지 않을 수 있는가? 이 반박 불가능한 실존이 전적으로 보는 행위 안에서 유지되고, 그 안에서 보는 행위의 능력과 그것의 의지에 따라서, 그가 원하는 그만큼 유지되는 한에서, 이 실존은 반대로 항상 이미 시작된 어떤 미끄러짐으로부터 나오고, 그것 안으로 실려 간다. 어떤 현재도 진정으로 이 미끄러짐을 앞섬이 없이, 또 어떤 실재도 존재의 현전인 실재의 존재 그 자체의 현전 안에서 자신의 본질을 전개함이 없이 말이다. 환원은 우리에게 순수하고 자신과 동일한 현전 위에 근거한 순수한 현전의 장을 제공해야 한다. 우리는 우리 눈앞에서 이 장이 탈구되는 것을 본다. 이 탈구, 아니 차라리 사라짐 앞에서, cogitatio의 실존, 실재가 문제가 되는 경우, 우리는 그것은 우리가 볼 수 있는 어떤 것이 아니었다는 것을 인정하도록 강요된다. "우리는 순수한 현상의 장에서 움직인다. 그런데 왜 나는 장이라고 말하는가? 그것은 차라리 현상들의 헤라클레이토스적인 영원한 흐름이 아닌가."[92]

우리를 환원으로 이끄는 순수한 현상들은 자기-설립auto-fondation 의 순환을 피하기 위해 인식이 요구하는 절대적인 소여들을 우리 에게 제공해야 한다. 그런데 어떻게 우리는 어떤 인식, 어떤 판단 을 점진적으로 소멸하는 소여들 위에, 진정으로 말해 절대로 현재 하지 않는 이 소여들 위에 놓을 수 있는가? 어떻게 이 소여들은 과 학성, 즉 필증적이고 보편적인 과학을 목적으로 하는 명제들을 위 한 적절한 지반을 제공할 수 있는가? 후설은 순수한 현상들의 '장' 이 헤라클레이토스적인 흐름으로 용해되는 것을 알아차린 후에 즉 각적으로 "여기서 어떤 진술을 할 수 있는가? 나는 그것을 보면서, 분명 이것! 이것은 의심의 여지 없이 존재한다고… 그런데 판단들 의 객관적인 타당성이 문제가 되는 경우 이것은 아무것도 현시하 지 않는다고, 또 그것은 어떤 객관적인 의미도 가지지 않는다고 말 할 수 있다"고 진술한다. 또 "우리가 순수한 시각의 틀 안으로 이끄 는 '이것은 존재한다'와 같은 판단들에 우리는 어떤 특별한 가치를 부여하지 않는다…"라고, 또 이어서 "단독적 판단들로서 현상학적 인 판단들은 우리에게 대단한 것을 가르쳐 주지 않는다"라고 덧붙 인다.

그런데 이 소여들 그 자체가 손상을 입히는 것은 다만 흔들리고 불안정한 이 소여들의 토대 위에 세워진 이성성rationalité만이 아니라 소여들 그 자체에 영향을 미치는 존재론적인 동요의 결과이다. 존 재론적인 동요는 그와 같은 소여들을 가지고, 그 안에서 정립되어

---

92 후설, 같은 책, [48]73/101. 우리는 그 이후에 모든 후설의 저작에서 같은 주 장을 발견한다. 이와 관련해서 나의 "Philosophie et subjectivité(철학과 주체성)" in *Encyclopédie philosophique universelle*, vol. I, *L'univers philosophique*를 참조할 수 있다.

야 하는 실존이 존재를 받아들일 수 없다는 것을 의미한다. 그런데 후설이 모든 가능한 의심의 밖에서 cogitatio를 드러내야 하는 절대적인 실존 안에서, 반대로 cogitatio의 비실존의 명백한 사실을 끌어내는 것은 바로 자신의 고유한 영토 위에 자신을 놓으면서, 환원된 봄에서 전적으로 보인 것을 분석하면서이다.

전혀 받아들여질 수 없는 이 명백한 사실 이외에 우리는 또한 아주 역설적인 방식으로, 코기토의 절대적인 주체성의 존재론적인 설립의 순간에, 후설이 실존과 cogitatio, 즉 그가 실재로서 이해하는 것과의 관계를 설명하면서 실존의 개념의 가치를 평가절하하기 위해 그 개념을 사용하는 것을 발견한다. cogitatio는 진정으로 실존이 아니다. 다시 말해 실존이라는 이름에 값하는, 이성성을 설립하기에 적합한 실존이 아니다. 그것은 cogitatio가 '단독적'이기 때문이다. cogitationes에 첨가되는 이 '단독적'이라는 관형어는 무엇을 의미하는가? 이어지는 이 강의 전체에서 cogitationes의 자격을 박탈하는 방식으로, 결국 그것을 철학적 문제의 지평에서 제거하는 것을 정당화하는 방식으로 이 말에 경멸적인 방식으로 붙게 되는 이 관형어가 의미하는 것은 무엇인가? 이것은 이것^{ceci-là,} ^{Dies-da}으로서, 순간적인 것 이상의 사실성 안에서, 비존재로 미끄러지도록 정해진 체험의 한 조각 그 자체에 한정된 환원 불가능한 성격을 표시한다. 단독성^{singularité}의 개념은 여기서 개체성^{individualité}과 등가이며, 개체성은 시간 안에 자신의 자리에 의해 사물의 개체성 혹은 단독성을 정의하는 개체화의 원리^{pricipium individuationis}로부터 이해되어야 한다. 환원 후에 시간이 현상학적으로 내재적인(두 번째 의미의 내재성) 시간이 되었을 때, 단독적인 cogitationes는 이런 시간 안에서 통각된 것이고 그 안에서 올-것, 지금 그리고 과거에 의해 탈자적으로 던져진 것이고, 움직이는 나타남이다. 이것을 통해 '대상들'은 의도된다. 그런데 흐름 안에서 흘러가면서 파악된 실루엣들은, 그 자체 안에서 파악 불가능한 것으로 지향되지 않는다.

단독성의 개념은 여기서 자신의 기원의 상소 밖으로 던져진다. 이 장소는 자신의 이념에 의한 cogitatio의 내적인 구조화와 다른 것을 지시하지 않는다. 즉 자기성을 지시한다. 이것은 cogitatio가 이 자기^{ce Soi}로서 자기 촉발되는 한에서, 그리고 그 결과로 모든 양태가 자기의 양태, 즉 자아의 cogitationes인 한에서, cogitatio에 초월론적인 봉인을 찍는 것이다. 환원 역시 실재적 cogitatio의 줌^{la donne}을 저버리면서, 그것은 동시에 cogitatio의 모든 속성들을, 예를 들어 원리상 cogitatio에 속한 초월론적인 단독성을 잃어버린다. 환원은 설명되지 않은 채, 보는 행위에 의해 보인 것일 뿐인, 정확히 내적 시간 의식의 내적 소여일 뿐인 cogitatio를 재발견할 뿐이다.

그런데 이런 지반 위에서 흔들리는 것은 현상학의 모든 범주와 전제이다. 본래적인 cogitatio의 이념으로서 근본적인 자기성^{ipséité}을 지시하는 대신에, 현상학적인 시간 안에 자신의 자리를 가지는 시간적 체험의 개체화^{individuation}를 지시하면서 일어나는 단독성의 개념의 의미의 상실은 정확히 cogitatio의 본래적인 내재성을 탈자적 시간성 안에서 자기-구성된 체험의 '내재성'으로 대체하면서 일어난다. 진정으로 말하면, 현상학적 환원은 다음을 의미한다. 즉 **환원은 첫 번째 의미의 내재성에서 두 번째의 내재성으로의 이행이다.** 실재적 cogitatio를 현상학적인 반성의 보는 행위 안에, 다시 말해 체험 안에 놓는 것을 의미한다. cogitatio를 절대적인 소여로 만들기 위해 그것을 순수한 시각 안에 놓는 것은 역설적이게도 정반대의 결과를 가져온다. 순수한 시각 안에서 전적으로 보이고 그 안에 속해야 할 내용, 즉 시선 아래에서 모든 것을 전적으로 보증하는 것의 의미에서 '내재적인 것'은 모든 부분에서 시선을 넘어선다. 이 추월 안에서 내재적인 것은 그 반대의 것, 즉 초월적인 것이 된다. 그런데 만일 두 번째 의미에서 내재성—현상학적인 시간의 소여—이 첫 번째 의미에서 초월성이라면, 즉 의식의 자기-시간화의 자기-대상화 안에서 초월적인 것을 의미한다면, 여기서 무엇이 놀랍겠는가? 그리고 이 탈자적-자기 시간화의 과정 안에서, 내재적인 것을 모든 면에서 넘어서고, 그것을 자기 밖으로, 자기의 존재의 심연 밖으로 내던지는 이 현전의 지평 안에서가 아니라면 아무것도 존재하지 않는 한에서, 첫 번째 의미의 초월적인 것이 필연적으로 두 번째 의미에서 내재적인 것이라면, 또한 무엇이 여기서 놀라운가?

환원에 의한 '내재적인' 소여—cogitatio를 대신하는 소여—의 분해는 후설이 분석을 더 멀리 밀고 가면서, 과거 지향을 환원과 반성의 조건으로 생각했을 때 이미 인정한 것이다. 이 순간으로부터 절대적인 자기 소여는 흐름 안에서 자신의 본질을 가지며, 그 흐름 안에는 흐르지 않는 것은 아무것도 없으며, 어떤 절대적인 소여도 없으며, 다만 매 순간 사라짐만이 존재하게 된다. '다섯 번째 강의'에서 후설은 "이 모든 것과 함께, 우리는 거대한 소용돌이 안으로 휘말리는 것처럼 보인다"라고 말한다. 이 소용돌이의 원인은 착각으로, 그것 위에서 모든 현상학이 구성되고, 결국 cogitatio는 명증성으로 환원된다. "시작은 cogitatio의 명증성에 있었다." 이 실수가 가져온 결과는 다음과 같다. 즉 "처음에, 우리는 단단한 지반 위에, 다만 **순수한 존재**만이 있는 거기에 존재하는 것처럼 보였다. 마치 우리가 그것을 향해 시선을 돌리고 보기만 하면 되는 것처럼 말이다… 그런데 이제, 이 cogitatio의 순수한 존재는 우리가 그것을 좀 더 자세히 들여다보면 전혀 그렇게 단순해 보이지 않는다. 이미 데카르트적 영역 안에서 다양한 대상들이 구성되었다. 이 구성은 처음에 보이는 것과 달리, 직접적인 소여들은 마치 상자 안에 있는 것처럼 의식 안에서 단순히 존재하는 것이 아니다. 소여들은 매 순간 어떤 것 안에서 '현상'으로서 자신을 '형성한다'… 그리고 현상들은 변화하고 아주 놀라운 구조 안에서 일종의 대상과 같은 것들을 창조한다…"[93]

이 '강의들의 요약'은 보다 명시적으로 다음과 같이 말한다. "그런데 사물은 만일 우리가 보다 가까이서 이 소여들을 고려한다면 그렇게 쉽고 간단해 보이지 않는다. 우리가 고려하는 아주 단순한 소여들로서 어떤 신비도 없는 것처럼 보이는 cogitationes는 모든 종류의 초월성들을 드러낸다."[94] 여기서 단순한 소여, 그저 바라보기만 하는 것으로 충분한 순수한 존재를 분해해야 할 필연적인 동기가 지적된다. 바로 이 초월성은 현상학적 시간의 '내재적'인 소여인 이 현전을 갉아먹고 이 소여를 그와 같은 것이 아닌 것으로 만든다. 한편으로 내재적이고 현상학적인 출현들은 대상들을 구성하는 현상학의 빛의 운반자가 되고, 다른 한편으로 이 출현들 그 자체

---

93 후설, 같은 책, [70-71]95-96/124.
94 후설, 같은 책, [10]112/66.

는 현상학적 시간 안에서 구성되며, 그 자체 시간의 근본적인 초월성 가운데에서 초월성으로 머문다. 이 출현들은 자신 안에 모든 초월성의 법칙들을, 우리 앞에 정립되는 모든 것이 우리에게 주어지는 탈자적 지평의 유한성의 법칙들을, 무화하는 흐름 안에서 연달아서 주어지는 순수한 이 자리의 유한성에서 직접적으로 유래하는 사라짐의 법칙들을 타고난다. 결국 이런 내재적 소여로 환원된 cogitatio는 사라짐과 다른 것이 아니다.

이 존재론적 붕괴 안에서 실재는 상실된다. 그것의 원인이 일단 밝혀지면, 즉 cogitatio에, 다시 말해 현상성 그 자체에 적용해야 하고 할 수 있다고 사람들이 생각하는 일련의 처리의 양식이 일단 밝혀지면, 그 결과는 우리 앞에 놓인다. 그것은 우리가 주제의 전향le virage thématique이라고 부르는 것이다. 이것은 대상을 회피하는 cogitatio의 장소와 자리에 새로운 대상들이 주어지는 현상학의 명시적이고 단호한 결정 안에 존재한다. "의식의 흐름 안에서 나타났다가 사라지는 단독적인 인식 현상은 현상학적인 확증의 대상이 아니다."⁹⁵ 이 단적인 선언 안에서 두 개의 동기가 주제의 변화에 이유를 제공한다. 이 둘은 모두 이전의 대상, 즉 cogitatio의 불안정성과 관계한다. 첫 번째 이유는 cogitatio의 증여, 즉 그것의 나타남은 탐구된 절대가 아니라 흐름 안에서 나타남과 사라짐이 하나일 뿐인 지점에서, 자신에 고유하고 직접적인 사라짐과 떼어낼 수 없기 때문이다. 그런데 주제의 전향의 진정한 이유는 다른 곳에 있다. 그것은 현상학과 현상학적 철학으로서 철학의 주장, 즉

---

95 후설, 같은 책, [56]80/109.

과학성과 관계한다. 과학적 진술들은 우리가 본 것처럼 단독적인 cogitationes의 사실적인 소여들 위에 세워질 수 없다. 이것들의 현전 앞에서 우리는 '이것, 저기, 지금, 이런 방식'에 대해서 말할 수 있다. 그런데 어떤 방식으로도 이것들은 좀 전에 일어났던 것과 같을 수가 없다. 왜냐하면 그것들은 스스로 산출되어지는 것들이 아니기 때문이다. cogitationes는 하늘의 구름과 같다. 보편적인 진술들은 이런 소여들 위에 세워질 수 없으며, 우리가 방금 위에서 공식화한 진술 그 자체는 만일 그 진술이 사실성을 거쳐서 일종의 그것 뒤에 다른 질서, 즉 이것의 본질, 혹은 보편적인 진술들이 진술일 수 있는 필연적인 속성 전체를 지향하지 않는다면 불가능하다. 현상학이 설립되는 진술은 '이것이 주어졌다'가 아니라 "일반적으로 환원된 현상의 현전은 절대적이고 의심 불가능하다"[96]이다. 이것은 단독적인 진술이 아니라 단독적인 판단이다. 이것은 우리에게 대단한 것을 가르쳐주지 않으며, 다만 본질을 지향하고 본질에 의존하는 진술이다. 이런 결정적인 주제의 전향 덕분에 현상학은 '엄격한 학'으로서 즉 단독적인 cogitationes와 그것들의 본질의 단순한 사실적 소여들의 대체로서 드러난다.

이제 왜 이 변경의 합법성 혹은 필연성에도 주제의 전향의 이성적인 동기는 이 변경 안에서, 그것에 의해서 현상학이 잃어버린 다른 동기를 감추고 표면적인 의미만을 드러내는지 봐야 한다. 이 앞에서 우리는 놀라움을 더 이상 감출 수 없다. cogitatio의 본질, 즉 매 cogitatio에서 그것을 매번 있는 바의 것으로 만들고, 그것에 원

---

96 후설, 같은 책, [50]76/105.

리적으로 속한 성격들 전체를 규정하는 지성체와 존재의 핵을 시각 안에서 파악하는 것, 그리고 이런 방식으로 이 성격들을 선험적으로 진술할 수 있는 필증적 언술을 세우는 것, 이것은 이 성격들, 그것들의 우연적인 나타남과 보증된 사라짐의 단순한 사실 확인보다 덜 단순할 것인가? 얼마 동안 더 이런 역설을 지지할 수 있는가?

단순히 현상학의 대상만을 상기하자. 현상학의 대상은 사물들이 아니라 그것들의 '어떻게'이다. 주제의 전향 이전에 사물들은 cogitationes이다. 그 이후에 사물들은 그것들의 본질들이다. 우리가 사물들의 기획에 머무는 동안, 개별적이고 변화하는 속성들 안에서 고려된 cogitationes를 그것들의 속성들을 명령하는 본질로 이끄는 이동은 논의의 여지 없는 주제의 풍요로움을 구성하며, 이것은 사실성을 넘어 그것을 지배하는 선험성으로 향하는 것을 허락한다. 그런데 만일 우리가 이 사물들의 기획을 버리고 현상학의 고유한 문제 제기로 들어간다면, 우리는 사물들이 주어지는 양식에 대해서 질문하기에 이른다. 이때 주제의 전향은 의미를 변경하며, 여기서 의미는 전적으로 전복된다. 어떻게 cogitationes는 우리에게 그들의 '사실적 실존$^{existence\ factice}$' 안에서, 다시 말해 그것들이 자신의 실재 안에서 매번 실재로 동반하는 것 안에서 주어지는가? 막 태어나고 있는 이 시기의 현상학은 그것에 대해서 아무것도 아는 것이 없다. 아니, 현상학은 모든 것이 결정되고 결정되어야 하는 이 질문에서 즉각적으로 데카르트에서 빌려 왔다고 믿는 잘못된 대답, 즉 명석판명한 지각을 우리에게 준다.

방향을 바꿈이 없이 계속해서 두 번째 질문을 제기하자. 어떻게 cogitatio를 보인 것으로서, 초월적 대상으로서 자신의 보는 행위 안에서 파악하기 위해 사유로 향하는 지향적 시선의 대상으로서 cogitatio의 본질—더는 cogitatio 자체가 아닌 것—이 우리에게 주어지는가? 개별적인 사유들의 실존의 단순한 사실과 우리가 이 것들에 대해 가질 수 있는 개별적 판단들을 그것들에 대한 본질의 파악으로 대체하면서, 1907년 주제의 전향은 우리를 과학성과 이론적인 필증성으로 인도한다고 주장한다. 그런데 이런 변경이 한 것은 전적으로 다른 것이다. **그것이 한 것은 사유의 실재로서 그것이 알아차릴 수 없었던 내재성의 소여를 그것이 유일하게 인식할 수 있는 증여의 양태, 즉 초월성과 이것에 그 토대를 가지는 보는 행위의 양태로 대체한 것이다.** 우리는 여기서 행해지는 이동이 우선 '대상들', '나타나는 것'과 관계하는 것이 아니라 나타남 그 자체와 관계한다는 것을 이해한다. 그것은 근본적인 현상학적인 이동으로 현상성 그 자체를 위험에 빠트리며, 사실들의 영역을 저버리면서 현상성의 본래적인 '어떻게'를 포기한다.

이 주제의 전향과 현상성에 대한 현상학적인 고유한 질문과의 연결은 현상학을 전적으로 결정할 정도로 후설의 텍스트에서 어렵지 않게 발견된다. 왜냐하면 현상학은 이성성의 염려 안에서—아니, 삶이 막 이성성을 회피했기 때문에—자신의 근본적인 전제들, 현상학적인 요구를 잊을 수 없었기 때문이다. 그의 전 작업은 환원 안에서 완성되며, 그 결과들은 그가 볼 때 이 대가를 치르고서만 타당성을 가진다. 본질은 다음의 조건들을 피할 수 없다. 즉 본질이 탐구 안에 개입하고 부족한 cogitatio의 자리를 대신하는 것은 다만 순수한 시각의 절대적인 소여로서 '순수한 현상'의 자격에서이다. 본질이 cogitatio의 자리를 대신할 수 있는가? 이 전향 이후의 모든 문제 제기는 이 요구를 따르며, 그것과 직면하고자 하는 노력이라는 것은 주목할 만하다.

만일 현상학적 환원이 순수한 시각에로, 이런 시각에 주어진 소여로서 절대적인 소여로의 환원이라면, 문제는 **순수한 시각, 즉 절대적인 소여의 확장**에 대한 것이다. 이 확장—순수한 시각 안에 존재하거나 그 안에서 파악될 수 있는 모든 것을 포함하는 장—은 도대체 어디까지 연장될 수 있는가? cogitatio의 본질 혹은 그것이 무엇이든지 간에 어떤 것의 본질이 문제가 되는 경우, 이 본질은 이런 장 안에 포함되는가? 또 그것은 존재를 받아들일 수 있는가?

주제의 전향과 그것으로부터 필연적으로 나오는 순수한 시각과 절대적인 소여의 확장에 대한 질문은 불확정한 방식으로 제기되지 않는다. 그 질문은 그것이 구체적으로 관계하는 어떤 출발점을 가진다. 왜냐하면 확장은 예비적인 한계와 상관적으로 확장되기 때문이다. 여기서 문제가 되는 한계는 무엇인가? 이 한계는 순수한 시각에 대한 질문이 처음부터 cogitatio에 대한 질문과 밀접한 관계를 가지고 제기되도록 하는 것으로, 이로부터 순수한 시각은 cogitatio를 하나의 현상으로 만든다. 우리는 이런 상황이 함축하는 심각한 함축들을 이미 검토했다. 현시의 힘은 순수한 시각에 맡겨지며, 반면에 처음부터 이 순수한 시각 밖에 놓인 cogitatio는 이 시각에 복종한다. 순수한 시각과 cogitatio의 처음의 관계는 본래적인 관계가 아니라 단일성의 관계이다. 마치 하나와 다른 하나의 동일성을 지시하는 것처럼 말이다. 모든 것이 거꾸로다. 둘 사이에 행해지는 것은 더 이상 그 이상으로 거슬러 올라가지 않는 어떤 근본적인 분리이다. 증여와 소여 사이의 이 분리는 cogitatio가 소여의 열로 전락하는 한에서 증여는 시각의 일이 되는 방식으로 일어난다.

그런데 주제의 전향에 앞선 이 분리는 은밀하게 전향을 불러일으킨 후, 이것으로부터 흘러나오는 모든 문제 제기를 결정한다. 순수한 시각의 확장은 cogitationes의 영역을 넘어서 확장함을 의미한다. 확장은 순수한 시각과 cogitatio의 관계가 현상학적인 문제 제기와 환원의 전개 안에서 역사적인 의미를 가질 때에만, 그 둘이 본질적인 연계가 아닐 때에만—그 둘이 분리되고 분리될 수 있을 때에만, 그런 확장은 산출될 수 있다. 그리고 이 둘은 우리가 말한 것처럼, cogitatio가 나타남 안에서, 그것에 의해서 '소여', '나타나는 것'일 때에만, 순수한 시각은 나타남과 관계하고 그것과 동일화된다. 그런데 나타남이 특수하게 '나타나는 것' 너머로 '확장'되는 것은 명백한 반면에, 나타남은 그것이 밝히고 밝힐 수 있는 모든 것을 시각 안에서 파악한다. 따라서 순수한 시각은 cogitatio처럼 특수한 소여에 한정되지 않으며, 순수한 봄은 시각의 질서 혹은 시각이 자신의 근거를 놓을 수 있는 어떤 질서를 받아들일 수 있는 모든 소여로 확장된다. 이런 방식으로 존재하는 cogitatio는 순수한 시각이 자신의 힘을 탁월하게 증명하는 한 사례일 뿐이다. cogitatio는, 그것이 이런 방식으로 의심의 여지 없이 보이고 잘 보이는 한에서만 절대적인 소여가 된다. "이제 데카르트와 함께 우리는 **명석판명한 지각에 의해 주어지는 모든 것, 예를 들어 명석판명한 단독적인 cogitatio와 같은 것을** 잘 정돈할 수 있다."[97]

cogitatio에 대한 시각의 해방과 최초의 그리고 절대적인 증여로서 시각의 절대화는 순수한 시각 그 자체 안에서 그 자체에 의해서 가치를 가지며, 이것들이 일단 세워지면 보는 행위가 cogitatio와 맺는 관계는 우연적이 된다. 보는 행위가 자신의 시각 안에서, 즉 특수한 한 사례 안에서 존재에 이르고 존재를 밝히는 한에서, cogitatio는 사유가 자신의 보는 행위의 절대적인 능력을 인정하는 우연적인 한 계기일 뿐이다. 아주 자연스럽게 제기되는 순수한 봄의 확장에 대한 질문은 처음부터 그 대답을 가진다. 시각을 임의적으로 cogitatio에 제한하는 이유는, 절대적인 인식과 순수한 현상들을 산출하는 능력을 가진 자는 순수한 시각 안에 자리하지, 순수한 현상이 되기 위해, 절대적인 인식이 되기 위해 순수한 시각에 의존해야 하는 cogitatio 안에 자리하지 않기 때문이다. 순수한 시각은 우리가 그 적용의 영역을 한정하는 특수한 혹은 특권적인 대상에 의존하는 것과 달리 자기 자신으로부터, 완전한 자립성 안에서 자신을 전개하고 자신의 보는 행위의 사실성에 의해 확장의 문제를 해결한다. 순수한 시각이 있는 곳 어디에서나 순수한 현상이 있을 것이고 절대적인 소여, 절대적인 인식이 있을 것이다. 이 거대한 잠재적인 영역은 바로 현상학의 영역이다.

그런데 이 장에서 한 대상은 우리의 특별한 관심을 끈다. 그것은 분석의 주제로서 cogitatio를 대신하는 것, 즉 cogitatio의 본질, 일반적인 것^{le général}이다. 순수한 시각의 확장을 촉진하는 것은 바로 이 대상이며, 이 대상은 순수한 시각으로부터 자신의 고유한 합법성을 얻기를 원한다. 왜냐하면 유적 본질이 환원에서 유지되고, 순수한 현상 위에서 자신의 근거를 설정하기를 원하는 문제 제기 속

---

97 후설, 같은 책, [49]74/103-104.

에서 cogitatio를 대신할 수 있다면, 그것은 다만 cogitatio가 순수한 현상들 중의 하나로서 제시된다는 조건에서이기 때문이다. 따라서 질문은 일종의 불확정적인 방식으로 단지 순수한 시각에 의존하면서 어디까지 시각이 확장되는가를 묻는 것이 아니다. "따라서 우리가 절대적인 자기 현전을 견고하게 유지한다면, 우리의 질문은 절대적인 현전이 어디까지 확장되며, 어떤 정도에서, 어떤 의미에서 현전은 cogitationes와 그것들의 일반화인 대상 일반의 영역과 관계하는가이다."[98] 여기서 문제가 되는 것은 거꾸로 된 운동을 완성하는 것이다. 즉 여기서 중요한 것은 일반적인 것에서 출발해서 이것이 어떻게 순수한 시각 안으로 들어가는지를, 또 단독적인 cogitatio와 같은 것도 역시 순수한 현상, 절대적인 소여가 되는지를 묻는 것이다.

'두 번째 강의'에서 cogitationes가 절대적인 소여들로서 보는 행위의 특권적인 대상들로 제시될 때, 후설은 이런 입장을 명확히 한다. "우리는 그것들을 보고 그것들을 보면서 시각에 의해 그것들의 본질, 구성, 내재적 성격을 파악할 수 있으며, 우리의 언술을 완벽하게 정합적인 방식으로 시선에 제시되는 충만한 명증성과 일치시킬 수 있다."[99] 그런데 여기서 문제가 되는 것은 cogitatio의 본질이 시각 안에서의 cogitatio와 마찬가지로 파악될 수 있는 가능

---

98 후설, 같은 책, [62]87/116. 강의들의 '요약'에서 후설은 "어디까지 자기 현전을 확장할 수 있는가? 이것은 cogitatio의 현전에까지, cogitatio를 유적으로 파악하는 이념화들을 제공하는 자기 현전에까지 이르는가? 이것은 어디까지 확장되는가? 이것은 또한 우리의 현상학적인 영역이라고 부르는 것, 절대적인 명증성의 영역, 본래적인 의미에서 내재성의 영역에까지 확장되는가?"라고 적고 있다.(같은 책, [10]112/65)
99 후설, 같은 책, [32]55/86.

성이다. '네 번째 강의'에서 주제의 전향 이후에 후설은 "그런데 일반적인 것, 즉 일반적인 본질과 그것과 관계하는 사물들의 사태들이 진정으로 cogitatio와 같은 의미에서 현전 안에 도래할 수 있는가?"[100]라고 묻는다.

후설의 대답은 놀랍다. 왜냐하면 후설이 cogitatio의 실재에 속하는 것, 즉 진정한 내재성에 속하는 것과 이 cogitatio 밖에 놓이는 것, 즉 초월적인 것 사이에 엄격한 경계선을 그리면서, cogitatio는 초월적인 것의 부분이 되고, 우리가 절대적인 주체성의 철학으로서 현상학적 태도라고 순진하게 믿는 태도는 편견으로 간주되고 버려진다. cogitatio의 실재에 속하는 것은 의식 혹은 인식 일반이며, cogitatio는 환원 후에 '소여'로서 '절대적인 현상'으로 나타난다. 그런데 이어지는 텍스트에서 "우리는 헛되이 cogitatio 안에서 대상 일반l'objet général을 찾는다. 왜냐하면 그것은 가장 엄격한 의미에서 가능한 무수한 인식들 안에서 동일한 것이어야 하기 때문이다."[101] 따라서 무수한 다양한 의식들의 동일성으로서 일반적인 것은 필연적으로 다수에 초월적이어야 한다. "인식 현상, 즉 현상학적으로 단독적인 이 존재의 모든 실재적 부분은 단독적인 어떤 것이며, 따라서 전혀 단독적이 아닌 일반은 의식 일반에 실재적으로 포함될 수 없다." 그런데 이어지는 글은 우리를 다시 한 번 어리둥절하게 만든다. "그런데 이 초월성cette transcendance을 문제로서 발견하는 것, 그것은 편견일 뿐이다."[102]

---

100 후설, 같은 책, [56]80/109.
101 후설, 같은 책, [56]80/109.
102 후설, 같은 책, [56]80/110.

어떻게 초월성은 현상학적인 환원을 실천하는, 다시 말해 문제로서 모든 초월성을 괄호 안에 넣는 철학 안에서 문제가 되지 않을 수 있는가? 텍스트에서 후설은 '이 초월성'이라고 말한다. 어떤 초월성이 문제가 되지 않는가? 순수한 시각 안에 존재하는 초월성, cogitatio를 대체하는 이것은 이제 cogitatio의 자리에서 증여의 역할을 담당한다. 이어지는 텍스트는 눈부신 명증성 안에서 그것을 증명한다. "왜냐하면 우리가 명백히 밝혀야 하는 것은 정확히 다음의 것이다. 즉 만일 절대적인 현상, 즉 환원된 cogitatio가 절대적인 자기 소여로서 우리에게 가치를 가진다면, cogitatio가 단독적인 존재이기 때문이 아니라 순수한 시각 안에서, 현상학적인 환원 후에 cogitatio가 정확히 절대적인 자기 소여로 드러나기 때문이다. 그런데 우리는 즉각적으로 이 순수한 봄 안에서 정확히 이런 자기 소여로서 대상 일반을 발견할 수 있다."[103]

순수한 시각의 보는 행위가 본래적인 초월성인 한에서, 초월적인 존재와 다른, 지향적 대상과 다른 어떤 유형의 존재가 지향적 대상보다 더 잘 이와 같은 초월성에서 주어지고, 이 보는 행위에서 보인 것일 수 있는가? 우선 근본적인 내재성 안에서 절대로 어떤 보는 행위의 대상일 수 없는 cogitatio의 실재는 이런 유형의 존재가 아닐 것이다! 반대로 초월적 존재는 그 자체 보인 존재이다. 개별적인 cogitationes에 대한 순수한 시각을 그것들의 유적 본질로 확장하는 것은 고유하게 말해서 '확장'이 아니다. 그것은 차라리 근본적인 불연속, 절대로 분리되지 않는 두 영역의 분리를 의미한다. 한

---

103 후설, 같은 책, [56]81/110.

편으로 일반적인 것의 영역과 순수한 시각에 의해서 도달하는 초월적 존재의 영역이며, 다른 한편 무능한 영역으로서 cogitatio의 영역의 분리이다. 따라서 일반적인 것^{le général}을 위해 단독적인 것 ^{le singulier}을 포기하는 것은 대상의 단순한 주제적 이동이 아니라 이미 말한 것처럼 근본적인 의미에서 현상학적인 이동이다. 다시 말해 cogitatio에서 이해되지 않은 증여에서 초월성으로, 다시 말해 그것에 원리적으로 적합한 소여로, 즉 그 자체 초월적 소여로, 특히 유적 본질로의 이동을 의미한다.

cogitatio에서와 마찬가지로 일반적인 것이 순수한 시각에서—그리고 cogitatio보다 훨씬 우월한 것에서—주어질 수 있는 가능성은—일단 그 가능성이 세워지고 나면—그 가능성을 사실적으로 ^{de facto} 명백히 하는 것으로 족하다. 후설은 빨강이라는 유^{genre}를 가지고 설명한다. 빨강은 그 자체로 보인 것으로 나타나며, 직접적으로 몸소 주어지며, 환원의 태도 안에서 자신을 유지하며, 빨강에서 아무리 조금일지라도 모든 초월적 의미를 잘라낸다. 우리는 그것을 더 이상 이 종이 위의 빨강이나 빨강을 가진 대상들로 간주하지 않으며, 그 자체 순수한 빨강으로, 빨강을 지닌 대상이 무엇이든지 간에 그 자체로 보편적으로 동일한 빨강으로 간주한다. 따라서 빨강은 순수하게 '내재적인' 대상이 된다. 순수한 시각에서 진정으로 자신에 이른 것, 어떤 방식으로도 이것을 넘어설 수 없는 것이 된다. 후설은 더는 명확하게 '내재적인 것'이 순수하고 단순한 '초월적인 것'이라고, 다시 말해 초월하는 시선이 즉각적으로 도달한 어떤 것이라고 말하지 않는다. 이제 이 진정한 내재성과 가짜 내재성, 즉 cogitatio 그 자체를 대립시켜야 한다! "따라서 이 소여(빨강)는 순수하게 내재적인 소여이다. 그런데 **거짓된 의미에서 내재적인 것이 아닌, 다시 말해 개별적인 의식의 영역에서 유지되는 것이 아닌** 순수한 내재성이다."[104]

유le genre에 대한 사유는 우리에게 이중적인 증거를 제시한다. 우선 순수한 시각의 확장과 그것의 상관자, 즉 cogitationes 너머의 것인 절대적인 자기 소여의 확장의 증거를 제공한다. 왜냐하면 유는 정확히 cogitatio가 아니며, 그것은, 그것을 지향하는 다수의 의식들 너머에 존재하며, 그것은 다수의 의식들이 지향하는 것들에 대응하는 유일한 초월적인 항으로서 제시되기 때문이다. 다수의 의식들이 유를 있는 바의 것으로, 그 자체로 순수한 소여로 보는 것은 이 의식들의 외적인 것으로, 이 초월성 안에서이다. 순수한 시각 안으로 들어온 유는 이제 시각 그 자체에 의해 정당화될 때까지 이 순수한 시각에 대한 자신의 지배를 확장한다. "우리가 순수한 명증성, 다시 말해 객관성에 대한 순수한 시각과 파악을 직접적으로 그리고 그 자체로 가지는 곳 어디에서나, 우리는 같은 권리와 같은 문제의 부재를 가진다. 이런 행보는 우리에게 절대적인 소여로서 새로운 객관성, 즉 본질의 객관성을 제공한다."[105]

유만이 절대적인 소여라면, 다시 말해 환원의 의미에서, 순수한 봄의 명증성 안에서 그 자체로 보이고 파악된 것의 의미에서 '내재적인' 소여라면, 그리고 이것이 cogitatio의 실재적 내재성에 속하지 않으며, 그것 밖에 놓임에도 불구하고 그러하다면, 여기서 명백

---

104 후설, 같은 책, [57]82/111(나의 강조).
105 후설, 같은 책, [8]109-110/63.

해지는 것은 '…에도 불구하고$^{bien\ que}$'의 의미이다. 유적 본질(그리고 특히 cogitatio의 본질)이 보는 행위의 순수한 보임으로서 명증성, 즉 보는 것으로부터 나오는 것으로서 절대적인 소여가 될 수 있는 것은 유가 cogitatio의 실재적인 요소로서 코기토 안에 포함되지 않기 때문이며, cogitatio가 아니라는 조건에서이다. 순수한 시각 안의 유의 도래 안에서 이제 두 번째 증거가 밝혀진다. 즉, 순수한 소여의 확장은 cogitatio에 대한 소여의 해방을 함축하며, 동시에 소여를 명증성에 긴밀히 연결하며, 이로부터 더 이상 소여는 **주체성으로서가 아니라 객관성으로서 자신의 규정**을 가진다.

그리고 이런 소여(예를 들어 유적 소여)는 외재성 그 자체 안에서 그리고 그것에 의해서, 초월성 안에서 그리고 그것에 의해서 주어진 것이 될 때, 다시 말해 어떤 외적 실재의 소여가 될 때, 그보다 더 순수했던 적이 없다. 이제 우리는 절대적인 소여를 그것에 원형을 제공하는 cogitatio를 넘어서 확장할 필요가 더 이상 없으며, 반대로 그 둘을 대립시켜야 한다. **"절대적으로 주어진 것과 실재적으로 내재적인 것이 하나일 뿐이라는 주장은, 이제 어떤 검토도 필요 없이 더 이상 자명하지 않다."**[106] 이런 놀라운 결론에 의해 초월론적인 삶의 절대적인 주체성은 그 자신이 자신 안에서 그리고 그 자체로 cogitatio의 절대적인 내재성 안에서 완성하는 본래적인 소여를 읽어버리고, 삶 밖에서, 삶과 독립적인 일반적인 것 안에서 명증성의 초월적인 소여로서 자신의 증명을 발견한다. "…왜냐하면 일반적인 것은 실재적으로 내재함이 없이 절대적으로 주어지기 때문이

---

106 후설, 같은 책, [9]110/63(나의 강조).

다. 일반적인 것의 인식은 단독적인 어떤 것이고 매번 의식의 흐름 안에서 하나의 계기이다. 그런데 일반적인 것 그 자체는 의식 안에서 명증하게 주어지며, 단독적인 것이 아니라 정확히 일반적인 것으로, 실재적인 의미에서 초월적인 것이다."[107]

현상학적 환원의 원리가 자신 안에 머물러야 하는 cogitatio의 확실성에 비해 cogitatio 안에 포함되지 않고 그것을 초월해서 의심스럽게 나타나는 모든 것을 괄호 안에 넣음으로써 이 cogitatio의 내재성의 영역으로 다시 돌아가는 것이 더 이상 아니라면 현상학적 환원은 무엇인가? 환원도 근본적인 수정을 거쳐야 한다. 그 수정에 의하면, 현상학적 환원의 대상은 더는 cogitatio에 내재한, 내재성을 규정하는 실재적 요소라는 이름으로, 반박되어질 수 없는 것의 이름으로 cogitatio에 고유하게 속하는 요소가 아니다. 그것은 반대로 순수한 시각의 내용, 즉 지향적 상관자로서 cogitatio 밖에 놓인 것으로 원리상 초월적인 것 그 자체를 구성하고 규정하는 것이다. 우리는 cogitatio의 명증성을 가지며, 이로 인해 cogitatio의 존재는 우리에게 절대적인 소여의 가치를 가진다고, 모든 문제로부터 떠났다고 선언한 후에—따라서 본질적인 실수를 반복하면서—후설은 다음과 같이 말한다. "앞선 연구로부터 우리는 다음의 결론에 이른다. 즉 현상학적 환원은 실재적인 내재성의 영역에, 다시 말해 cogitatio의 '이것ceci' 안에 실재적으로 포함되는 것의 영역에 제한limitation되지 않는다. 환원은 어떤 방식으로도 cogitatio의 영역에 제한되지 않으며, 그것은 순수한 자기 소여

---

107 후설, 같은 책, [9]110/63-64.

의 영역에 제한된다."[108] 이로부터 초월적인, 더는 내재적이지 않은 절대적인 소여의 영역은 cogitatio의 영역과 전적으로 낯선 것이 된다.

환원의 의미의 이런 전복—더는 내재성으로의 환원이기를 그치고 초월성으로서, 의식의 시선 앞에 놓인 것으로서, 결국 의식 밖에 놓인 것으로서 환원인 한에서—은 이미 두 의미의 내재성을 구분하면서 준비된 것이다. 그리고 분석의 시작에서부터 이 구분에서 철학적 문제들이 제시된다. 후설이 자신의 사유에 내재한 고유한 어려움들을 밝히기 위해, 아니 더 나아가 그 어려움들이 나타나기 전에 그것을 대비하기 위해 그의 천재적 본능이 드러내는 이 구분은 결국 그 어려움들을 감추는 것으로 끝이 난다. 두 종류의 내재성 사이에서만 환원은 순수한 현상들을 산출하기 위해, 그리고 그것의 진정한 본성, 즉 그것의 현상성을 밝히기 위해 어느 것에 의존해야 하는지를 선택해야 하고, 명백하게 말해야 한다. 표면상 드러나는 탐구의 연속성에 반해 현상학적 방법의 애매성은 내재성의 개념의 전복을 감춘다. 결국 명백하게 밝혀야 할 존재와 현상성의 근본적인 구조들을 감춘다. 이런 명시화의 결핍으로 인해, 그리고 방법론적인 전제들 이면으로 거슬러서 내려가야 하는 노력의 결핍으로 인해, 현상학적인 방법은 그 방법이 엄격하고 구분이 정밀한데도 그것이 산출한 결과를 볼 때 온전히 불확실성으로 남는다.

앞서 인용한 텍스트에서 애매성은 '제한'과 관계한다. 환원의 주제화는 cogitatio에 실재적으로 속하는 것, 즉 내재적인 실재에 속

---

108 후설, 같은 책, [60]86/115.

하는 영역에 한정되지 않으며, 그것은 과학적 진리가 의존하는 초월적 본질을 고려해야 한다는 사실은, 우리가 비록 왜 환원이 이런 방향으로 진행되었는지 이해할 수 없다고 할지라도, 의심의 여지 없이 사실이다. 그런데 실재적 영역의 '제한'—cogitatio의 내재성—과 다른 영역으로의 '확장'—유적 본질의 초월성—은 영역의 차이를 넘어서, 이 차이가 있는데도 두 영역을 인식하기 위해 탐구의 일환으로 전혀 근거 없는 수단과 목적의 동질성을 함축한다. 현상학적 방법이 명백한 것으로 취하는 이 동질성은 현상학적 전제로 현상은 절대로 그것의 이면으로 되돌아가지 않는다는 것이다. 이 동질성을 가능하게 하는 수단은 순수한 시각이며, 인식에서 존재의 동질성을 보장하는 것은 이 순수한 시각에 보인 것으로서 절대적인 소여이다. 이로부터 내재성은 초월적인 것이 된다. 그런데 진정한 내재성, cogitatio, 즉 삶의 실재는 무엇이 되는가? 우리가 이미 말한 것처럼 그것은 상실된다.

이 상실을 직면하기보다 이것을 인정하는 것은 주제의 전향에서 단독적 cogitatio를 대신하는 유적 본질 구성의 가장 두드러진 특징이다. 결정적인 주장은 여기서 cogitatio의 본질에 대한 순수한 봄이 이 cogitatio의 부재 안에서도 가능하다는 것이다. cogitatio의 실존은 따라서 필연적인 것이 아니며, cogitatio는 자신의 실재 안에서 실재하는 cogitatio로서 주어지지 않으며, 그럼에도 그것의 본질 파악은 완성된다.

당연히 환원과 방법에 대한 후설의 문제 제기의 이전으로 돌아가서, 우리는 그의 문제 제기의 비밀스런 동기들을 질문할 수 있다. 왜 후설은 cogitatio의 실존이 '몸소' 주어지지 않는데도 놀라운 정밀성과 감탄할 만한 적합성을 가지고서 cogitatio의 본질에 대한 순수한 시각이 실재적이라는 것을 드러내는가? 그 대답은 눈부신 명증성 안에서 우리에게 주어진다. 그 이유는 자신 안에 어떤 균열도 없기에 어떤 시선도 그 안으로 미끄러져 들어갈 수 없는 내재성 안에 존재하는 cogitatio는 자신 안에서 보일 수 없기 때문이다. 그리고 절대적인 주체성 그 자체는 비가시적이기 때문에, 만일 이 주체성의 본질에 대한 어떤 지식이 획득된다면, 이 주체성의 본질은 cogitatio의 실존 없이, 자신의 고유한 실재에서 몸소 주어지는 소여 없이 일어나기 때문이다. 따라서 **cogitatio의 본질에 대한 시각이 존재해야 하며, 동시에 그것의 실재에 대한 시각은 존재하지 않으며, 그 실재는 부재해야 한다.** 결국 초월론적인 삶은 원리상 보는 활동의 시각을 거부하고 자신의 실재에서 이 시각을 회피하기 때문에 현상학적 방법은 초월적인 것으로서 이 방법의 본질을 회피하는 이 실재를 본능적으로 대체한다. 본질은 그래서 삶과 실재의 불가능한 '제시présentation'를 대신하는 후자의 본질적인 성질들의 표상으로 이 삶과 실재의 등가, 대신하는 자, 대체이다.

따라서 우선 종적 본질의 구성 이론을 구성해야 한다. 다시 말해 cogitatio의 부재와 그것의 실재의 부재 안에서 cogitatio의 종적 본질을 구성해야 한다. 그런데 이 요구는 우리를 어려움에 처하게 한다. 종, 예를 들어 빨강의 종은 그것이 동일한 요소로서, 이 종이 위의 빨강, 이 천 위의 빨강, 저 하늘의 빨강처럼 나타나는 단독적인 소여의 지반 위에서 항상 주어지지 않는가? 빨강이 그 자신 안에서 보인다는 사실, 예를 들어 환원의 의미에서 절대적 소여는, 개별적인 소여들에서 필연적으로 출발점을 취하는 이념적인 추상 안에서 빨강의 유가 구성되는 것을 방해하지 않는다. 마찬가지로 cogitationes의 유적 본질에 대한 순수한 시각은 그것들의 단독성에서 cogitationes에 대한 시각을 함축한다. 여기서 문제가 되는 것은 특수한 지각, 상상, 기억 판단 등등의 행위이다. 그리고 이런 이유로 지각된 본질들은 모든 cogitationes의 동일한 것이 그 자체로 인정되고 파악될 때, 그 자체로서 cogitatio의 본질이기 전에, 특수한 행위 안에서 특수한 본질들이다―즉 지각의 본질, 상상의 본질 등. 그런데 우리는 개별적인 cogitatio는 그 자체 안에서, 자신의 실재 안에서 보이거나 파악되지 않는다고 말했다. 만일 본질들에 대해 그것이 의존하는 시각이 개별적인 소여들, 즉 cogitationes의 소여의 파악을 함축하는 것이 사실이라면, 본질의 이론 자체는 흔들리지 않는가? 동시에 이 구성의 이론, 주제 변경의 가능성은 순수하고 단순하게 종말에 이른다. 다시 말해 이제 본질의 소여는 cogitatio의 잃어버린 실재를 대체하는 대신에, 그것을 가정하고 그것과 관계한다.

cogitatio의 본질에서 cogitatio로의 소급-연관이 원환의 암초를 피할 수 있는 것은, 유적 본질의 구성이 cogitatio의 실재의 소여가 아닌 어떤 소여들로부터만, 즉 절대적인 내재성 안에서 자기가 즉각적이고 살아있는 자신을 느끼는 cogitatio의 자기-증여로부터만 가능하다. 우리가 예를 들어 cogitatio의 이미지들의 단순한 표상들의 기능을 충족시키는 소여들로부터 cogitatio의 본질에 대한 순수한 시각을 산출할 수 있다고 가정하자. 지각, 기억, 상상 등등의 이미지를 형성하면서 그리고 이 이미지들을 이념적인 추상 활동을 위한 토대로서 개별적인 소여들을 취하면서, 우리는 추상의 활동을 완성할 수 있으며, 그 안에서, 즉 명석판명한 지각 안에서 지각과 기억과 상상의 본질을 통각할 수 있다. 다양한 지각, 기억, 상상에 공통으로 속하는 동일한 요소로서, 이 규정된 지향성들의 유적 본질은 정확히 이 다양성의 줌^{la donne}, cogitationes의 다양성의 줌을 전제한다. 이 다양성들로부터 이것들의 특수한 본질에 대한 순수한 시각은 세워질 수 있을 것이다. 그런데 상상의 고유성은 자유롭고 우리가 원하는 만큼 개별적인 소여들만큼 우리가 본질로 고정하고자 하는 특수한 cogitatio들을 제공할 수 있지 않은가? 더 나아가 자유롭게 그런 소여들을 제공하면서, 그것들에 생각 가능한, 상상 가능한 성질들을 부여하면서, 공상은 사물의 내적 구성에 필연적인 것들과 그것들 없이도 구성을 가능하게 하는 것들 사이에, 본질을 구성하는 성질들과 우연적이고 사건적인 성질들 사이에 경계선을 긋는다. 현상학의 본질주의는—특히 자유로운 공상에 의존하는 본질 분석의 이론은—후설이 그의 전 사유를 결정하는 그 자신의 사유의 한 어려움에 직면해서, 자기도 모르게 본능적으로 천재적인 임시방편으로서 생각해낸 것이다. 그 어려움은 단지 명증성과 순수한 시각에만 의존해서 엄격하고 본질적인 절대적인 주체성의 과학을 가능하게 하고자 한 것이다. 이 주체성이 원리상 이런 종류의 모든 파악을 회피하는데도 말이다.

본질의 이론은 환원의 틀 안에서, 그리고 그 이론과 모든 지점에서 일치하는 일련의 환원의 전제들에서 전개된다. 그런데 이를 위해 본질들이 순수한 시각 안에서 보이고 이어서 각자 자신의 방식으로 순수한 현상들, 절대적인 소여들이 보이는 것으로 충분하지 않다. 또한 단독적인 소여들이 필요하다. 이것들로부터 일반적인 것은 비로소 그것들에 공통된 것으로서 그 자체로 보이고 그 자체 있는 바의 것으로, 동일한 것으로 통각된다. 단독적인 소여들은 환원의 의미에서 절대적인 소여, 다시 말해 순수한 시각의 자기 소여들이어야 한다. cogitationes가 자신들의 이미지들로 대체될 때, 유적 본질을 구성하는 지반으로 사용되는 단독적인 소여들은 여전히 절대적인 소여들인가? 다시 말해, 이 소여들이 단지 cogitationes의 표상들이거나 이미지들이고, cogitationes의 부재 안에서만 나타나고 더는 그 자신 안에서 자신의 현전 안에서 나타나지 않을 때, 그것들은 여전히 자신의 실재 안에서 주어지는 cogitationes인가?

그것은 다만 이미지가 순수한 시각의 소여로서 주어지고, 이미지가 절대적인 소여로서 자신을 제시하는 한에서만 가능하다. 실재가 더 이상 거기에 없을 때, 후설은 거의 몽유병과 같은 명철함을 가지고, 실재의 자기 소여의 타당성을 유지하기 위해, 현상학이 명시적으로 의존하는 중요한 구분들이 흔들릴 정도의 아주 근본적인 의미를 순수한 시각의 확장에 부여한다. 만일 cogitatio를 포기하고 우리가 보는 행위에서, 그 안에서 보인 것에서 cogitatio를 유지한다면, 보인 것은 그것이 보인 것인 한에서 cogitatio와 같은 것인가? 환원은 아직 결정되지 않은 소여 안에서 실재적으로 보인 것―내재적인 것―과, 실질적으로 주어지지 않고 다만 전제되며 단순히 그리고 공허하게 의도된 것을 구분하고 분리하면서 경계선을 긋고자 한다. 그런데 단순히 의도된 것, 그것을 우리가 의도된 것으로 고려한다면, 그것은 어떤 방식으로든 봄의 현상학 안에서 보이고 주어지지 않는가? 순수한 소여와 단순히 의도된 것 사이를 나누

는 분리는 의도된 것이 그 자체 자신의 방식으로 보일 때 어려움에
부딪친다. 환원이 자신의 명시화의 이론적 작업을 시작할 수 있기
위해 필증성의 양식에서 주어지는 이런 엄격한 경계는 다른 것에
의해 쉽사리 침투될 수 있는 것으로 나타나며, 그 근본에서 이 구분
들은 흐려진다.

　보인 것과 단순히 의도된 것의 구분은 우선 안개 속으로 사라진
다. 환원에서 중요한 것은 "내재적인 것에… 현상학적 환원에 의해
특징짓는 것"에 도달하는 것이다. "나는 거기에 있는 것을 의도한
다. 이것은 초월적 방식으로 의도하는 것이 아니다." 그리고 이로
부터 "이것은 우리가 봐야 할 것으로 우리를 이끈다. 즉 초월적인
것의 유사-소여와 현상 그 자체의 절대적인 소여 사이의 차이를
보는 데에 이른다."[109] 그런데 '현상 그 자체의 절대적인 소여'는 최
초의 초월성, 즉 보는 행위에서 보인 것이며, 초월적 대상의 유사-
소여는 결론적으로 말하면 절대적인 소여와 어떤 차이도 만들지
않는다. 왜냐하면 여기서 소여와 유사-소여 사이의 차이는 사라지
기 때문이다. 이 둘은 모두 하나의 '보인 것'일 뿐이기 때문이며, 이
둘은 둘 다 현전의 동일한 영역에, 외재성의 영역, 즉 원리상 현전
과 연결된 유한성의 영역에 속하기 때문이다. 절대적인 소여의 분
석이 내적 시간의식의 내재적인 소여로서 자신의 불안정성만을 명
백하게 하는 것 이외에 다른 결과를 가져오지 않을 때, 유사-소여
의 분석은 이 소여가 그럼에도 하나의 소여인가를 보여주어야 하
는 어려움 안에서 그것도 역시 보는 행위에서 보인 것으로 인정된

---

109 후설, 같은 책, [45]70/99.

다. 그래서 결국 보인 것과 단순히 의도된 것의 차이는 전적으로 사라진다.

보인 모든 것이 같은 권리를 가진다는 것—여기서 문제가 되는 것이 환원의 내재적 소여이든 혹은 초월적 대상이든, 그리고 그것의 형태가 상상적인 것이든, 혹은 공허하게 의도된 것이든, 그것이 이것들 중의 하나이기만 하면—그 사실은 '다섯 번째 강의'가 당혹스럽게 명증성 앞에서 마지막 숨을 정지하는 순간까지, 점진적으로, 그런데 피할 수 없이 양보하는 부분이다. 전적으로 초월성에 의해 규정되고 그것에 의해서 한계가 정해진 존재의 장의 동질성, 바로 여기에 이 고백의 핵심적인 계기들이 존재한다. 세계의 대상의 지각에서, 예를 들어 집에 대한 지각에서, 환원은 집의 내재적 지각에, 즉 나타나는 현상학적 시간 안에서 그 자체 구성되는 감각 소여에 특권을 부여한다. "그런데 집의 현상에서 나타나는 집 또한 명백하지 않은가? 그리고 집 일반이 아니라 다만 이 집, 이러저러한 방식으로 규정되고 그렇게 규정된 것으로 나타나는 집?" 초월적 대상은 내재적으로 cogitatio의 대상^{cogitatum}으로서 주어진 소여일 뿐 아니라 명백한 소여로, 이것은, 진정으로 말해서 그것이 예를 들어 상상의 대상처럼 보이는 한에서 지각의 대상이 아니라 가능한 모든 대상이다. "상상 안에서 어떤 공상을 할 때, 예를 들어 기사 생 조르주가 나에게 용을 때려잡는 자로 나타날 때, 이 상상의 현상은 정확히 생 조르주를… 다시 말해 지금 이 초월성을 표상하는 것이 명백하지 않은가?"

그런데 직관적인 cogitatio만이, 예를 들어 상상적인 것만이, 그것이 볼 것을 제시하고 보이는 한에서, 우리가 그것을 상상적인 것 안에서 유지하는 한에서 모든 반박으로부터 벗어나는 것은 아니다. 비직관적인 cogitatio, 말하자면 의식이 공허하게 의도한 상징적인 것도 우리가 의도한 것을 우리 앞에 제시한다. "예를 들어, 나는 2×2=4라고 생각한다. 이때 나는 이 산술적 진술을 의심할 수 있는가?" 이것은 결국 부조리한 것으로 드러난다. 왜냐하면 그것이 초월적 대상인 한에서 즉 인식 대상인 한에서 그것도 직관적인 것과 "마찬가지로 주어진다." 따라서 모든 경우에 "지향적 대상이 거기에 존재한다는 것은 명백하다."[110]

모든 형태의 현전에 대한, 그것이 상상적인 것의 이름으로 아무리 부조리한 것일지라도 혹은 그것이 지각된 대상이든지 아니든지 간에, 특히 그것의 초월적 현전에 대한 갑작스런 긍정은 이것들을 내재적인 영역 안에 엄격히 유지하고자 하는 환원으로부터 우리를 멀리 이끈다. 이런 현상학의 근본적인 기준들의 일탈로부터 후설은 갑자기 다음의 사실을 의식한다. "여기서 중요한 것은 앞에서 언급한 소여들—집, 생 조르주, 상징적 사유, 둥근 네모—등이 진정한 의미에서 소여들이라고 주장하려는 것이 아니다. 이 모든 경우에 지각되고, 표상되고, 기술되는 것들, 또 상징적으로 표상된 것들, 이 모든 것들은 그것들이 비록 가상적이거나 심지어 부조리한 것일지라도 결국 '명증적으로 주어진다'는 것이다. 다만 여기서 중요한 것은 **여전히 큰 어려움들이 남아있다**는 사실에 주의를 환기시키는 것이다."[111]

---

110 후설, 같은 책, [72]97-98/126-127.
111 후설, 같은 책, [73]99/128(후설의 강조).

그 어려움이 무엇이든지 간에, 후설이 그 어려움을 어떻게 극복하든지 간에(명증성에 그것들을 제한하면서, 다양한 유형의 지향성들에 따라 그것을 체계적으로 이론화하면서, 전적으로 구성의 문제에 바쳐진 현상학 안에서) 보인 것인 한에서 상상적인 소여에 대한 긍정은 유적 본질 구성을 가능하게 하며 특히 우리가 관심을 가지는 cogitatio의 본질을 가능하게 한다. 이것은 이념화의 과정의 출발점으로 사용되어야 하는 cogitationes가 비록 그것들이 자신들의 실재를 회피할 때조차, 다시 말해 부재 안에서 주어질 때조차—이것은 정확히 상상적으로 존재하는 것인데—주어지는 것으로 충분하다. 바로 여기에서 왜 후설이 그렇게 세심하게 이미지의 현상학적인 타당성에 대해서 몰두하는지를 그리고 이미지 안에서 드러나는 cogitationes로부터 출발해서 환원을 만족시키는 cogitatio의 본질을 구성하는지를 이해할 수 있다.

이것은 색깔에서 증명된다. 만일 내가 느낀 것이 아니라 다만 상상한 색깔을 고려할 때, 그것은 의식의 시선 앞에 존재하는 어떤 것이다. "그럼에도 그것은 주어진다. 왜냐하면 그것이 내 눈앞에서 발견되기 때문이다." 이미지로서 색깔의 현상이 현전 안에서 발견되기 위해서, 그리고 그것을 내가 보는 것으로, 그것이 나에 의해서 체험되는 것으로 나타나기 위해서는, 마치 느껴진 색깔을 환원하듯이 그것을 환원하는 것으로 충분하며, 그것을 더는 종이 위의 이미지로서의 색깔로, 혹은 집의 이미지로서의 색깔로 간주하기를 그치고 그 자체로 간주하는 것으로 족하다. "색깔은 나타나고 색깔은 그 자체로 나타나며, 색깔은 그 자체로 기술된다sie erscheint und erscheint selbst, sie stellt sich selbst dar. 표상된 것으로서 그것을 보면서 나는 그것에 대해, 그것을 구성하는 계기들에 대해서 또 그 계기들의 관계에 대해 판단할 수 있다."[112]

예를 들어 상상된 색깔 안에서 통각된 계기들을 판단하는 것, 그것들 사이의 관계의 계기들을 판단하는 것, 어떤 것이 색깔로서 혹은 색깔이 아닌 것으로 존재하기 위한 필연적인 계기들을 판단하는 것, 결국 이미지 안의 계기들과 그들 사이의 관계들의 소여의 토대를 판단하는 것, 그리고 이 계기들의 필연적인 관계와 다른 것이 아닌 색깔의 본질을 통각하는 것, 이 모든 것은 색깔의 개별적인 본질에 대한 순수한 시각을 가지는 것이면서, 이것은 실재적 색깔과 그것의 실존에 의존하는 모든 고려의 부재에도 불구하고 존재하는 것이다. 그런데 색깔의 본질에 대해 가치가 있는 것은 모든 본질 일반에 대해 가치를 가진다. 특히 현상학에 의해 그 실재를 잃어버린, 그럼에도 계속해서 상상적 소여로서 자기 소여인 cogitationes의 본질들에 대해 가치가 있다. 이런 방식으로 상상적인, 그런데 절대적인 소여의 지반 위에서 본질 구성은 실행된다.

실존에 대한 무관심, 이념적 추상 안에서 모든 본질에 대한 순수한 파악이 그 기원을 취하는 이 단독적인 소여들의 실존에 대한 무관심은 유적 본질 구성의 후설 이론의 근본 동기이며, 본질적 방법인 한에서 현상학의 방법을 결정하는 전제이다. 이런 무관심은 '다섯 번째 강의'의 주제이기도 하다. "소리의 성질과 강도에 대한 본질, 색조와 빛의 강도에 대한 본질 등등은 지각의 지반 위에서, 상상적 표상의 지반 위에서 이념적 추상이 작동할 때와 마찬가지로

---

112 후설, 같은 책, [70]94/123.

그 자체로 주어진다. 반면 실존의 실질적이고 변형된 입장은 이와 전적으로 무관하다." 그리고 "이 예들은 눈앞에서 발견되어야 한다. 그런데 이것들은 지각된 사물의 방식으로 반드시 존재할 필요는 없다. 본질의 연구에서 지각, 상상적 표상은 본질과 같은 기획하에 있으며, 시선에 의해 같은 본질이 밝혀질 수 있으며, 각각에서 추상될 수 있으며, 그것들이 함축하는 실존적 입장과는 전적으로 무관하다." 그리고 "지반으로 사용되는 이 예들이 지각 안에서 주어질 때, **그것은 지각된 소여들에 그것들을 다른 것으로부터 구분해주는 성질, 즉 실존을 부여하는 것이 아니다.**"¹¹³ 단독적 cogitatio에 대한 지각의 경우, 그것의 실존은 이 지각에 대한 순수한 시각에서 빠져나간다는 사실은 cogitatio의 본질의 구성에서 전혀 중요하지 않으며, 전혀 장애가 아니다. 왜냐하면 이 구성은 실재적 소여에서와 마찬가지로 상상적 소여에서도 일어나기 때문이다. cogitatio의 경우에는 바로 이런 구성이 없다.

따라서 현상학의 방법과 현상학 일반은 그것의 근본적인 전제인 cogitatio의 자기 소여가 표류할 때조차 가능하다. 이 난파에서 cogitatio를 구할 수 있는 두 조건이 요청되었다. 하나는 주제의 전향이었다. 여기서 cogitatio의 보이지 않는 실재는 보는 행위에 원리상 주어지는 초월적 본질로 대체되었다. 그리고 다른 하나는, 초월적 본질 구성에 소여로 사용되는 단독적인 cogitationes는 그것들이 환원의 시선을 회피할 때조차 절대적 소여들로 머무는 것이었다. 따라서 자기 소여라는 개념의 환영적인 유지 뒤에서, 그것들

---

113 후설, 같은 책, [68]92-93/121-122, [69]93/122, [69]93/122(나의 강조).

의 이미지로서의 소여는 실재에서의 소여와 마찬가지의 가치를 가지는 것으로 정립되어야 하며, 실재의 희생은 완성된다.

인식 대상적 비실재와의 근본적인 대립에서, 그리고 특히 본질의 이념성^{idéalité}과의 근본적인 대립에서 상관자로서 나타나는 cogitatio의 실재를 후설은 모르지 않았다. 후설은 데카르트의 이 결정적인 직관을 자신의 것으로 취하면서 그것에 충만한 의미를 부여했다. 이로부터 우선 초월적 존재는, 그것이 초월론적인 삶 밖에 놓여있는 한에서 자신의 존재의 자격을 상실한다. 그리고 동시에 초월적 존재는 이 삶에 의해서 정의되고, 이 삶과 일치하는 진정한 실재의 결핍으로 드러난다. 이것에 대해서 우리는 초월성의 철학, 즉 초월적인 존재에 대한 인식과 재인식에만 한정된 철학은 죽음의 철학이라고 말할 수 있을 것이다. 후설은 물론 그의 계승자들과 달리 이 경우에 속하지 않는다. 그가 초월론적인 철학의 인도자로서 지향적 대상을 취할 때조차, 그리고 이 대상의 구성이 탐구의 진정한 주제일 때조차 그는 이 경우에 속하지 않는다. 초월적 존재는 이 초월론적인 삶과의 관계에 의해서만 존재한다. 여기서 초월적 존재는 자신의 기본적인 가능성들을 가질 수 있으며, 인식 대상의 조건은 매번 인식 작용의 조건이다. 모든 생각 가능한 존재의 근원으로, 최초의-증여로, 현상성의 본래적인 현상화로 이해되는 가장 심오한 cogitatio의 실재와의 지속적인 참조 관계가 있는데도 후설의 현상학은 이런 현상학의 궁극적인 주제가 해체되도록 내버려두었다. 1907년 cogitatio의 실재의 분석에 대한 '강의들'이 명백하게 드러내는 것은 바로 이것이다.

매번 분석은 길게 분석된 주제의 전향을 따라서 cogitatio의 실재

대신에 그것의 본질을 지향한다. 그래서 순수한 시각 안에서 분석은 cogitatio를 cogitatio로 만드는 유적인 특징들을 파악하고자 한다. 그런데 비판의 대상이 되는 것은 주제의 전향 그 자체가 아니다. 현상학은 인식의 활동이라는 의미에서 사유의 양식이다. 현상학은 봄의 형식하에서 작동하며, 필연적으로 이 형식에 내재하는 목적론과 그것의 실행의 장을 선험적으로 규정하는 법칙들과 제한들에 복종한다. 여기서 주제의 전향을 위해서 중요한 것은 cogitatio의 본질과 이 본질을 구성하는 가장 본질적인 성격, 즉 cogitatio의 실재를 만드는 것, 즉 cogitatio의 실존이 영원히 은폐되는 방식이다.

환원의 순수한 시각 안에서 후설이 제시적présentatives이든 표상적représentatives이든 상관없이 이런 소여의 지반 위에서 '단독적인' cogitationes를, 즉 이 소여들이 공통으로 가지는 것을 고려했을 때, 그는 무엇을 보았는가? 그리고 이 소여들에 공통된 동일한 것에서 그는 어떤 요소를 가장 결정적인 것으로 취했는가? 그것은 현상학자에게 그의 이념적 본질의 형식하에서 표상된re-présentée cogitatio의 실재 안에서 이 cogitatio가 대상과 관계하는 성격이다. 대상이 환원에 의해 괄호에 넣어진다고 할지라도(cogitatio의 실재를 대상화하는 보는 행위 안에서 실재적으로 보인 것을 초월하는 한에서) cogitatio를 현시의 힘으로 만드는 '…과 관계함se-rapport-à'은 모든 cogitatio에 여전히 속한다. 이로부터 '모든 의식은 무엇인가에 대한 의식'이라는, 지향성이며 초월성인 의식에 대한 유명한 정의가 세워진다. 그런데 이 '관계함'은 바로 cogitatio의 실재적 요소로, 질료와 같은 자격으로 모든 초월적인 요소들과의 차이에서, 내적이고 내재적인 요소로서 cogitatio에 속한 것이다. 바로 여기서 후설은 cogitatio에 실재적으로 속한 요소들의 내재성의 층을 시선에서 취하고, 그것의 실재를 구성하면서, 그는 초월성 이외에 다른 것을 발견하지 않는다. 다시 말해 모든 대상, 즉 우리에게 현상일 수 있는 모든 것과 관계하는 능력으로서 이 '관계함'을 발견한다.

이것은 우리가 앞서서 말한 시간의 내적 의식의 소여로서 두 번째 의미의 내재성이며, 초월론적인 삶의 최초의 대상화는 첫 번째 의미에서 초월성의 개념에 대응한다. 이제 우리는 만일 cogitatio의 내재적인 자기 안의 실재가 '무엇과 관계함'이라면, 이것은 지향성이며 초월성 그 자체라는 것이 사실이라면, 첫 번째 의미의 내재성은 첫 번째 의미의 초월성과 정확히 일치한다는 것을 발견한다.

cogitatio의 본질의 분석이 그것의 실재와 연관해서 '본질적'으로 우리에게 가져오는 것은 초월성으로서 cogitatio의 해석이다. "지향적으로 한 객관적인 존재와 관계하는" 절대적인 소여들로 환원된 체험들을 말하면서 '세 번째 강의'는 "여기서 관계함은 일종의 이 소여들의 성격이다"[114]라고 선언한다. 인식의 본질, 즉 한 대상과 관계할 가능성으로서 본질에 대한 이 강의는 같은 방식으로 다음과 같이 말한다. 즉 "초월적 대상과의 이 관계, 비록 내가 이 대상의 존재를 문제로 삼는다고 할지라도, 이 대상은 순수한 현상 안에서 파악될 수 있는 어떤 것이다. **초월적 대상과 관계함**⋯ 은 명백히 이 현상의 내적 성격이다."[115] 마찬가지로 '네 번째 강의'에서 후설은 "인식적인 체험들은—이것은 이 체험들의 본질에 고유하게

---

114 후설, 같은 책, [45]70/99(후설의 강조).
115 후설, 같은 책, [46]71/100(후설의 강조).

속하는 것인데――…으로 향함^{intentio}을 소유한다. 즉 체험들은 어떤 것으로 향하고 이러저러한 방식으로 한 대상과 관계한다. **대상과 관계함은**, 비록 이 대상이 체험의 부분을 이루지 않을 때에도 이 체험의 부분을 형성한다."¹¹⁶ 이때 주제의 전향과 cogitatio의 본질의 고려와 더불어 우리가 잃어버린 것은 cogitatio의 실재, 즉 구성하는 실재와 더불어 내재적인 실재라고 어떻게 말해야 하는가?

후설은 cogitatio의 실재를 초월성으로 생각한다. 실재 그 자체 안에서, 그리고 자신의 실재를 구성하는 '관계함'에 의해 cogitatio는 지향적으로 대상과 관계하고, 이 지향성의 초월성 안에서 이 cogitatio는 대상을 보여주고, 그것을 현시하고 그것을 보여준다. 계시는 여기서 대상의 계시이며, 나타남은, 나타나는 것^{ce qui apparaît}이 대상이라는 의미에서, 또 나타내는 자^{l'apparaissant}가 대상이라는 의미에서 대상의 나타남이다. 이 나타내는 자 안에 함축된 나타남의 양식은 대상에 고유한 나타남의 양식이며, 자신을 대상으로 만들면서 나타남이 자신을 드러내는 방식이다. 그럼 **자기 자신과 '관계하는' 나타남의 양식은 무엇인가?**

이 질문에 대한 답은 후설의 현상학 안에는 없다. 더 나아가 그 이후의 철학에서도 발견할 수 없다. 현상과 현상학에 대한 재정의 안에서만 있을 수 있는 대답 대신에 우리는 일종의 가장假裝, 더 나아가 환영을 발견한다. 상황은 다음과 같이 일어난다. 즉 자기 자신 안에서 그리고 그 자체로 관계하는 계시의 양식은 없다. 그런데 현상학적 환원 안에서 그리고 그것의 확장인 이념화 안에서 현상학

---

116 후설, 같은 책, [55]79/109.

자는 순수한 시선에서 cogitatio의 본질에 고유하게 속한 '관계함'을 보며, 이 관계가 cogitatio의 실재적 요소라는 것만을 본다. 순수한 시선인 환원 안에서 '관계함'을 보는 이 순수한 시선은 대답 없는 질문에 환상적인 대답으로 제시된다. 어떻게 '관계함'은 자기 자신 안에서 드러나는가? '관계함'을 보는 시선은 이 관계함의 고유한 계시의 자리를 탈취하고, 이 계시를 대신한다. 그런데 이 '관계함'은 cogitatio의 실재적 요소이며, cogitatio의 실재적 요소인 한에서 우리는 이 관계함이 cogitatio의 실재적 요소라는 사실만을 지지한다. 반면 사람들은 의식은 이 '관계함'이며, 순수한 초월성 이외에 다른 것이 아니라고 말할 것이다.

하이데거가 차링겐 세미나에서 그렇게 했던 것처럼, 사람들은 의식이라는 개념이 내재성의 이념, 즉 의식 '안의 존재être-dans'의 이념을 유지하는 듯이 보이지만 결국 탈자적 파열, 그리고 이 파열에 의해 규정되는 '저 밖'의 '거기'와 다른 것이 아닌 한에서 의식이라는 단어를 포기할 것을 요구할 것이다. 사람들은 후설이 "대상을 구했다"고 칭찬할 것이다. 그런데 다른 한편 사람들은 이것은 "의식의 내재성 안에 대상을 정착시키는 것"[117]이라고 한탄할 것이다. 그런데 1907년 '강의들'에서 환원에 대한 명시적인 최초의 정의로부터 그리고 내재성의 개념의 의미의 미끄러짐과 함께 지향적으로 고유하게 속한 것으로서 의식 '안의 존재'는 더는 다자인이 생각하기를 원하는 '저 밖의' '저기là'와 다른 것을 지시하지 않는다. 이 경우에 의식-존재Bewusst-sein의 존재sein와 다-자인Da-sein의 존재sein는 현

---

117 Heidegger, *Questions*(질문들) *IV*, Paris: Gallimard, 1976, p. 320.

상성 그 자체를 지시하면서, 같은 것을 지시한다.

본래적인 cogitatio 안에서 '관계함'의 자기-증여를 이 관계함을 보는 현상학자의 순수한 시각으로 대체하면서, 현상학은 그 가능성의 한계들을 그렸을 뿐 아니라 결국 현상학의 환상에 이른다. 순수한 시선은 그럼 무엇인가? 무엇인가를 보는 것은 지향적으로 어떤 것과 관계하는 것이다. 따라서 '관계함'은 현상성의 절대처럼 혹은 현상성의 알파와 오메가처럼 주어진다. 현상학적인 환원 안에서 그리고 cogitatio의 본질의 파악 안에서 이 '관계함'은 두 측면을 가진다. 환원은 cogitatio의 본질의 순수한 시선이며, '관계함'은 이 cogitatio의 본질이다. cogitatio의 본질로서, 그것의 실재로서 이 순수한 시각 안에서 사람들은 무엇을 보는가? 사람들은 '관계함' 그 자체를 본다. 따라서 원환이 완성된다. 환원 안에서 cogitatio는 그것이 존재하는 것의 기반 위에서 자신과 관계한다. 다시 말해 '자신과 관계함'으로부터 자신과 관계한다. 이 원환은 환상이고, 이 환상은 자기 자신 안에 갇히면서 이 원환이 빠트리고 있는 것, 그런데 이 원환이 전제하고 있는 것을 감춘다. 이 반성적 순환 안에서 '관계함'이 자기 자신과 관계할 때 결여하고 있는 것은 무엇인가? 자기 자신과 관계할 가능성 그 자체 이상도 이하도 아니다.

이 가능성은 현상학적이다. '관계함' 그 자체는 현상학적이다. '관계함', 그것은 현상학적으로 보는 것이다. 이 '관계함'이 그 자체 현상학의 고유한 가능성이 아니라고 말하는 것은 엄격한 의미에서 **보는 것은 자신을 보지 못한다**는 것을 의미한다. 이것은 보는 행위는 그 자신 안에서, 그 자신에 의한 현상이 아니라는 것을 의미한다. 봄일 뿐인 봄은 현상학적으로 아무것도 아닌 것이고, 그것은 아무엇도 보지 못할 것이다. 보는 것이 자기도 모르게 자기 자신 이상일 때에만 보는 것이 존재한다. 항상 여기서 작동하는 것은 자신의 힘과 다른 힘이며, 이 힘 안에서 봄은 자기-촉발이며, 그런 방식으로 자기가 보는 것을 느끼며, 자기가 보고 있다는 것을 느낀다. 그런 방식으로 우리는 "우리가 본다videmus"라고 말해서는 안 되고, 데카르트가 말한 것처럼 "우리는 우리가 보는 것을 느낀다sentimus nos videre"라고 말해야 한다. 이 자기-촉발은 본래적인 현상성이며, 자기-증여로서 본래적인 증여이며, 예를 들어 봄이 자기 자신을 주는 자기-증여이다.

다만 이 자기-증여만이 구조적으로 '관계함'에 이질적이다. 자기-증여는 그 자체로 이 '관계함'이 아니며, 절대적으로 그것의 배제이다. 자기-증여는 자기 밖에 존재하는 것이 아니라 자기 안에 존재한다―초월성이 아니라 근본적인 내재성이다. 이 근본적인 내재성의 지반 위에서만 초월성으로서의 어떤 것이 가능하다. **보는 행위가 아닌 한에서, 보는 행위 안에서 자기 자신과 관계하지 않는 한에서, 보는 행위 덕분에 계시되지 않는 한에서, 따라서 보이지 않는 한에서, 비가시적인 한에서만 보는 행위는 실행된다.** 그런데 이 보는 행위가 아님과 보인 것이 아님, 이 비가시성은 무의식이 아니며, 현상성의 부정이 아니다. 그것은 현상성의 최초의 현상화이다. 이것은 전제된 것이 아니라 비탈자적이고 반박 불가능한 정념 안의 우리의 삶이며, 이 정념만이 반박 불가능하다. 다시 말해, 자신의 정념 안에서 정감이다. 현상학의 이념을 유일하게 규정할 수 있는 현상학의 질문이 증여의 문제라면, 그리고 대상이 아니라 그것의 '어떻게'라면, 초월론적인 정감성으로서 근본적인 내재성의 주제화만이 현상학의 프로그램을 완성할 수 있을 것이다. 현상학이 처음으로 명시적으로 자신을 규정하는 이 순간에 현상학이 결정적으로 결핍하고 있는 것은 바로 이 근본적인 '어떻게'이다.

왜 현상학은 이런 결핍을 가지는가? 왜냐하면 현상학은 자신을 방법으로 생각하기 때문이다. 방법이 사유로부터 나오며, 그것의 결과들을 잘 다듬고 보증하는 일련의 절차들을 따르는 사유의 단순한 연습이라는 것은 명백하다. 이런 식으로 방법이 된 현상학은 사유가 움직이고 사유가 전제하고 사유가 자신을 맡기는 현상성만을 안다. 이 사유의 현상성은 그리스적 이해로 모든 철학이 지속되는 그런 현상성이다. 현상학의 체계적인 정교화와 명시화의 작업은 반성이 자신의 유한한 지평, 즉 '존재의 지평'의 제한을 피하는 것을 허락하지 않는다. 차라리 이런 작업은 빛의 공간과 그것의 유한성의 이중화, 즉 이 보는 행위를 보는 행위 이외에 다른 것이 아닌 반성과 마찬가지로 되돌릴 수 없이 이 지평에 갇힌다. 우리는 물론 이 반성, 즉 환원 그 자체를 거부할 수 있다. 그런데 현상학의 최초의 공식, 환원이 삶을 대신하자마자, 우리는 그것들이 작동하는 이 장에서, 초월성에서 더욱 단단히 자신을 유지한다. 현상학적 방법과 그리스적 현상성의 결정적인 연결, 그리고 그로부터 결과하는 탐구의 본질적인 제한에 대해 어떤 텍스트도 그 유명한 『존재와 시간』의 7절보다 더 잘 그 진리를 드러내지 못할 것이다.

이 책에서 문제가 되는 것은 존재자의 존재, 다시 말해 존재 일반의 의미를 탐구하는 방법을 명시화하는 것이다. 이것이 이 저작을 결정한다. 그런데 '사물들', '사물 그 자체들'이 그것들을 다루는 방식, 즉 현상학적 방법을 결정해야 한다. 그리고 현상학의 개념은 그것을 구성하는 요소들로부터 이해되어야 한다. 그 요소들은 세 부분으로 나뉘어 다뤄진다. 하나는 '현상'이고 다른 하나는 '로고스'이고 또 다른 하나는 '현상학'이다.

앞의 둘은 유사한 방식으로 다뤄지고 구성된다. 우선 '현상'과 '로고스'의 근본적인 의미가 규정되고 이것과 연관된 다른 모든 개념은 앞선 이 두 개념의 의미의 파생일 뿐임이 드러난다. 따라서 근본적인 의미만이 가치를 가진다. 이 사실은 그의 저작 안에서 비록 파생적 의미들의 분석이 실질적으로 근본적인 의미의 그것보다 훨씬 중요하다고 할지라도 후자를 결정하는 그것의 함축적인 성격들의 설명이 아주 간략하게 그리고 아주 빠르게 진행되는 것처럼 보일 때조차도 타당하다. 더 심각하게는, 우리가 그것들을 보다 자세히 살펴보면, 여기서 진정으로 문제가 되는 것은 개념적으로 혹은 현상학적으로 어떤 분석을 명시적으로 밝히는 것이 아니라 단순한 철학적인 검토일 뿐이라는 것이다. 즉 현상과 로고스가 그리스어로 무엇을 의미하는지 알고자 한다. 사실적이고 역사적인 단순한 고려가 현상학과 그것의 존재론적 지반으로 사용된다. 7절의 서문에서 "현상학이라는 이 말은 볼프 학파에서 나온 것으로 보인다. 그런데 이것은 전혀 중요하지 않다"[118]고 하이데거가 말할 때, 역사

---

[118] Heidegger, *Sein und Zeit*, p. 28, trad. franç. François Vezin, Paris: Gallimard, 1986, p. 55. 하이데거, 『존재와 시간』, 이기상 옮김, 까치, 1997(2010), p. 48. 번역은 앙리가 인용하는 것을 기본적으로 따른다. 앙리의 불어판 인용은 앙리가 밝히고 있듯이 많은 경우 변형된 것이다. Vezin의 번역의 불충분성은 다른 철학자에 의해 여러 번 지적된 바가 있다. 그런 이유로 앙리는 독일어판 쪽수에 이어서 불어판의 쪽수를 적는다. 앙리의 인용에 충실해서 [독일어판]불어판/한글판의 쪽수를 명기한다.

와 더 나아가 이 역사 가운데서 아주 제한된 한 시대에 의해 존재의 현상학에 대한 사유는 전적으로 결정된다.

현상이라는 말의 그리스어 분석은 둘로 나뉜다. 우선 이 말은 동사 파이네스타이^{φαίγεσθαί}, 즉 자기 자신을 보여주다$^{se\ montrer}$를 의미한다. 따라서 현상은 자기 자신을 보여주는 그것, 자기를 보여주는 것, 드러내는 것$^{das\ was\ sich\ zeigt,\ das\ Sichzeigende,\ das\ Offenbare}$이다.[119] 현상의 개념은 여기서 순수하게 형식적인 의미를 입는다. 그리고 현상성은 규정되지 않은 채 그대로 남아있다. 순수한 현상성 그 자체의 현상학적인 본성에 대해서는 아무것도 말해지지 않고, 여기서 중요한 것은 다만 자기 자신을 보여주는 모든 것이 현상이 되면서 자기 자신을 보여주도록, 나타나도록, 자기를 현상화하도록 허락하는 것이다.

현상이라는 말의 분석의 형식적 문장은 한순간 지속될 뿐이다. 그것은 즉각적으로 특수한 내용, 특별한 본성, 즉 현상학적 물질성을 순수한 현상성에 부여하는 물질적 해석에 의해 덮인다. 아니, 더 정확하게 말하면 그 해석 안으로 빠져든다. 이 현상학적 물질성을 따라서 현상성은 더는 비규정적 방식으로 고려되는 나타남의 단순한 사실을 지시하지 않는다. 현상이라는 말의 형식적 의미에서 물질적 의미로의 빠른 이행으로 이 개념은 현상학의 근본적인 개념이 된다. 이 부분을 좀 더 자세히 연구할 필요가 있다. 우리는 여기서 두 운동을 파악한다. 하나는 현상 즉 나타나는 것$^{ce\ qui\ apparaît,\ was}$

---

119 이 부분의 우리말 번역(하이데거, 같은 책, 49쪽)은 다음과 같다. 즉 "파이노메논은 '자신을 내보여주고 있는 그것', '스스로를 내보여주는 것', '드러나는 것'을 말한다."_옮긴이 주

sich zeigt의 고려에서 그 자체로 통각된 나타남의 행위φαίνεσθαί로의 미끄러짐이다. 그런데 이 미끄러짐은 현상학을 결정하고 구성한다. 현상학은 나타나는 것이 아니라 그것이 나타나는 방식을 주제로 삼는다. 혹은 나타남 그 자체를 주제로 삼는다. 하이데거의 텍스트 안에서 이 주제의 전향에 의해 두 번째 운동이 비밀스럽게 완성된다. 이 운동에 의해 순수한 나타남은 그것의 순수성에서 고려되고 근본적이고 물질적인 규정을 획득한다. 이제 현상학은 더 이상 나타남 일반이 아니라 나타남이 완성되는 특수한 양식이다. 이 운동 안에서 그리고 그것에 의해서 나타남은 결정적인 제한을 받는다. 나타남의 특수한 양식의 제한은 또한 현상학의 제한이고, 존재론 그 자체의 제한이다. 나타나는 것에서 나타남으로의 주제의 전향의 미끄러짐 안에서 현상학이 규정되는 바로 그 순간에 현상학은 무의식적으로 이런 제한에 복종한다. 그런데 이런 현상학적 분석이 순수하게 그리고 고유하게 현상학적이 아니라 어원론적으로 기울 때 이런 한계가 생겨난다.

그리스어 파이네스타이는 순수한 나타남을 지향하지 않는다. 모든 전제 밖에서 그것 전에 나타나는, 그것이 말해지는 장소와 언어가 말해지는 방식과 독립적으로 나타나는 그래서 이 순수한 나타남만이 우리에게 자신의 본래적이고 실재적인 성취의 양식으로, 이 성취와 다른 것은 아무것도 말하지 않는 그런 말하기의 방식으로, 나타남의 '어떻게' 안에서만, 자신의 구체적인 나타남 안에서, 즉 현상성 이외에 다른 아무것도 나타나지 않을 때, 자신의 현상성의 현상학적인 물질성 안에서만 말을 건네는 그런 순수한 나타남을 지향하지 않는다. 파이네스타이는 정확히 파이네스타이가 의미하는 나타남을 지향한다. 이것은 파이노φαίγω—빛을 가져오다, 빛 안에 놓다an den Tag bringen, in die Helle stellen—의 중간 형태로 그 어근을 파φα 혹은 포스φῶς에서 가져온다. 이것은 빛, 밝음, "다시 말해 그것은, 어떤 것 안에서 무엇인가가 드러날 수 있으며, 그 자신 안에서 가시적이 되는 것d.h. das, worin etwas offenbar, an ihm selbst sichtbar werden kann"**120**을 의미한다. 제한적이고 그리스적인 방식으로 이해된 이 나타남은 빛, 밝음을 의미하면서 모든 것을 밝히는 것을 지시한다. 그리고 이 빛 아래에서 사물은 가시적이 되고, 바로 그런 의미에서 현상이 된다. 다시 말하면 나타남은 가시성의 지평으로서, 다시 말하면 그 안에서 존재할 수 있는 모든 것들이 가시적이 되고 현상이 되는 그런 가시성으로 자신을 앞에 내어놓는다.

상식에서, 그리스에서 빌려온 이 아주 특수한 해석으로부터, 이 나타남의 개념으로부터 나타남과 나타나는 것의, 혹은 1907년 후설의 강의의 표현을 따르면 증여와 주어진 것과의 이중화가 흘러나온다. 나타나는 것은 나타남의 작업 덕분으로만, 다시 말해 나타남 안에서 그것에 의해서만 나타날 수 있다. 나타나는 것은, **밝혀진 것이 그것을 밝히는 빛과 구분되는 것과 같은 방식으로**, 나타남과 구분된다. 예를 들어 빛은 그것이 밝히는 것들이 무한히 변화할 수 있는 것과 달리 항상 동일하다. 나타나는 것은 나타남이 그 자체 차이이기 때문에—빛은 자신과 거리를 두고 저 밖에 놓인 자신과 다른 것만을 밝히기 때문에—나타남과 구분된다. 그리고 이것은 바깥 그 자체에 의해 구성된 밝게 밝혀진 공간 안에서 자신의 빛을 방출할

---

120 하이데거, 같은 책, [28]/55/49.

때만 가능하다. 그래서 밝혀진 것, 나타나는 것은 항상 저 바깥에서 거리를 가지고 유지된다. 거리를 가지고 유지되는 이런 현상은 '빛 안에서 빛나며', 이것은 하이데거에 의하면 그리스인들이 존재자 라고 부른 것이다. 나타남은 이렇게 존재자를 나타나게 하는 것이 며, 드러나는 자로 현시하는 자로 만드는 것이다. 이런 나타남은 존 재자와 구분되는 존재이다.

현상의 개념의 외연들은 빛 안에서만 가시적이 되는 현상의 근 본적인 의미와 관계한다는 것을 보여준 후에, 하이데거는 7절 A의 첫 부분에서 다음과 같이 결론 내린다. 즉 "이 현상의 개념의 파악 안에서 어떤 존재자가 지시되는지 결정되지 않은 채로 남아있는 한에서, 더 일반적으로 드러난 것이 존재자인지 존재자의 존재함 의 성질인지 그대로 질문에 열려있는 한에서, 우리가 얻은 현상의 개념은 여전히 형식적이다."[121] 그런데 현상의 개념이 개괄적이든 아니든, 빛 안에서 드러나는 현상이라는 규정은 형식적이라는 규 정만 빼고 모든 것이다. 그 개념의 설명의 복합성이 무엇이든지 간 에, 그 개념의 명시화의 다양한 형식들이 무엇이든지 간에, 이것들 은 이 개념이 처음에 전제한 것을 명시적으로 밝힌다. 즉 나타남은 빛 안에서만 가시적이 되며, 다시 말해 저 밖의 '저기^{là}'에서, 세계 안에서만 가시적이 된다는 것을 밝힌다.

현상학에 대한 근본적인 질문, 즉 존재론에 이어서 삶의 질문이 도래한다면, 그리고 삶이 현상적으로 자신을 살아있는 것으로 본 질화하는 양식이 근본적으로 세계의 빛 안에서 드러나는 모든 것

---

121 하이데거, 같은 책, [31]58/52.

으로부터 자신을 배제하는 것이라면, 이때 소위 현상의 개념에 대한 형식적인 특징화는 이미 그것의 가능성의 실현 밖에 놓일 뿐 아니라 본질적인 것 밖에 놓일 것이다. 후설이 괴팅겐의 '강의들'에서 이야기한 상황은 여기서 더더욱 악화된다. 왜냐하면 삶을 파악하고자 한 단순한 기획, 데카르트의 cogitatio의 양상 아래에서 통각된 한순간은 이제 cogitatio 앞에서조차 더는 모습을 드러내지 않기 때문이다. 탐구는 이제 한 존재 앞에서, 그리고 이 존재의 조건들 앞에서, 다시 말해 우리의 가장 고유한 존재가 다 빠져나간 그런 존재의 조건들 앞에서 전적으로 막힌다.

다른 한편, 세계를 전제하는 현상이라는 개념의 진부함—세계 안에서 나타나는 것으로서 '현상'—은 "현상학적 의미에서의 현상들"로 현상의 이런 특수성에 대한 질문은 1907년 처음 후설에 의해 공식화된 질문이며, 이어서 『존재와 시간』의 7절의 서문에서 다시 반복되는 질문이다. 1907년 '강의들'에서 환원은 이 특수성을 완성하고, 보는 행위를 근본화하고, 내재적 봄에서만 그 봄을 유지하고자 하는 결심은 이 특수성에서 진부함을 떼어낸다. 반면 『존재와 시간』의 7절은 환원을 버리고, 내재성을 던져 버리고, 자신의 대답을 칸트가 제시하는 주제론^{thématisme}에서 발견한다. 나타나는 것 안에서, 상식적인 의미의 현상 안에서, 현상학은 나타남을 주제화하며, 그것의 순수한 양태들, 예를 들어 칸트적 직관의 형식들을 주제화한다. 그리고 이 형식들은 '현상학의 현상들'인 나타남의 순수한 양태들이다. 전적으로 새로운 현상학의 장을 열 수 있었던 이 위대하고 결정적인 기획은 나타남이, 주제적으로 의도되고 우선 그 안에서 알려진 나타남이 평범한 세계의 현상의 나타남으로 밝혀지자마자 그 기획은 그 자신의 혁명적인 힘을 잃어버린다. 이어서 이 현상이 어떤 문제도 없이 나타나는 어떤 것처럼 아주 순진한 방식으로 취급되지 않기 위해서, 그것의 본질적인 한계를 탐구의 주제로 삼기 시작한다. 로고스의 개념에 바쳐진 B부분은 바로 이 한계에 집중적으로 바쳐진다.

여기서도 말을 지시하는 근본적인 의미 작용을 밝히기 위해 그것과 연관된 파생 개념들—이성(이성Vernunft과 근거Grund의 이중적 의미에서), 판단, 개념—은 한쪽으로 치워두는 게 적합할 것이다. 말은 델룬δηλοῦν의 최초의 의미에서 이해된다. 즉 말은 "우리가 말하는 것을 드러내는offenbar machen das, wovon in der Rede die Rede ist" 기능을 한다. 로고스는 따라서 "어떤 것을 보여주는 것φαίγεσθαί이며, 이것은 바로 우리가 말하는 것"이다. 그리고 로고스는 그것을 말하는 자에게 보여주는 만큼 또한 그가 말을 전달하는 자들에게 그것을 보여준다. 아리스토텔레스 방식으로 아포파나이스άπόφανσις로서 이해된 '말하기 le dire' 안에서, 말해진 것은 우리가 그것에 대해 말한 것으로부터 끌어내진다는 사실, 따라서 말을 통한 소통은 말이 말한 것 안에서 (대상) 말이 그것에 대해서 말한 것(내용)을 타자들에게 드러내고 그것에 그들의 접근을 가능하게 한다는 것, 이 모든 사실들은 "지시하면서 보여주는 것의 의미에서 현시를 가능하게 하는 것"[122]으로 말의 본질을 구성한다. 로고스가 항상 참인 것은 하이데거에 의하면 그것은 정확히 '보여주는 것'이기 때문이며, 하나의 진리는 본래적인 진리와 관계하며, 그것을 전제하기 때문이다. 로고스가 참

---

[122] 하이데거, 같은 책, [32]59/54.

인 것은 그것이 자신의 은폐에서 자신을 탈은폐할 수 있는 능력 안에서, 그리고 우리가 말하는 존재자를 은폐함이 없이 보여줄 수 있는 능력 안에서 존재자를 탈은폐하기 때문이다. 로고스가 존재자에 대해서 말하면서 그것을 탈은폐하는 한에서 로고스는 진리와 같은 것을 보여주는 특수한 양식일 뿐이다. 본래적 의미에서 진리는 아이스테시스^{αίσθησις}, "무엇인가에 대한 순수하고 단순한 지각"이다. 그것의 기능은 그것이 말하는 존재자를 보여주는 것이다. 로고스는 지각 안에서 존재자의 이 모음^{recueil}을, 즉 본래적인 의미에서 진리를 함축한다.

현상학이란 무엇이며 그것은 무엇이어야 하는가를 엄격하게 정립하기 위해서는 7절의 C에서 하는 것처럼 현상과 로고스라는 두 개의 근본적인 개념의 의미들을 비교하는 것으로 충분하다. 그런데 이 비교는 C부분의 처음에서 전체 문장과 이 작품 전체를 결정하는—그것이 의식적이든 무의식적이든 간에—핵심적인 명증성으로 우리를 인도한다. "이 두 용어 아래에서 생각된 것들의 내밀한 관계를 명백히 하기 위해서는 현상과 로고스의 해석 안에서 밝혀진 것을 구체적으로 표상하는 것으로 충분하다." 이 관계는 아주 내밀한 관계로 단순한 관계 이상으로, 본질적 동일성을 지시한다. 다시 말해 세계의 현상성으로 이해되고 그것으로 환원된 현상성의 본질적 동일성을 지시한다. 다른 한편 두 '용어들' 사이의 비대칭성이 존재한다. 하나는 현상, 아니 차라리 현상학의 대상을 지시하는 현상성이고, 다른 하나는 로고스, 현상을 다루는 방식, 어떤 대상에 적합한 인식의 양식, 과학의 유형, 다시 말해 대상의 파악에 적합한 방법이다. 그런데 로고스는 보여주기의 토대 위에서만 완성된다. 다시 말해, 순수한 현상성의 기반 위에서만 완성된다. 그런데 A, B, C가 우리에게 드러내는 것은 다음의 사실이다. 즉 모든 말과 후험적인 모든 인식, 모든 과학, 그리고 모든 방법에 함축된 현상성은 정확히 현상 일반의 현상성, 즉 그리스적 방식으로 해석된 현상성의 그것과 동일하다는 것이다. **현상성 일반의 본질은 말과 사유의 현상성**이다. 관념론, 우리의 철학의 선조들의 이 믿음에 의하면, 실재는 우리가 사유의 언어 안에서 소유할 수 있는 인식으로 환원되며, 이것은 철학의 시초에서부터 주장된 눈먼 전제이다.

C의 두 번째 단락은 부정적인 방식으로 현상학의 정의를 질문한다. 다시 말해, 현상학을 대상에 의해서가 아니라 로고스 즉 방법으로서 고려하면서 질문한다. "현상학은 그 용어가 그것의 내용을 특징짓지 않는 것처럼, 그것의 탐구의 대상을 명명하지 않는다. 그 말은 다만 드러남의 '어떻게'를 가르쳐준다. 그것을 다루는 방법만을 가르쳐 준다." 이 '어떻게'의 현상학은 무엇을 긍정하는가? 1907년 '강의들'이 말하는 것과 정확히 일치해서, 방법론적으로 실재적으로 보인 것만을, 실재적으로 주어진 것만을, 이 직접적인 소여를 초과하는 모든 것과 거리를 취하면서 C가 표현하는 것은 다음과 같다. 즉 "현상들에 '대한' 과학이란, 정확히 과학이 자신의 주장들을 명시화하는 같은 대상들을 직접적인 제시와 직접적인 명시화에 의해 파악하는 **그와 같은 방식 그 자체**를 의미한다."[123] 모든 초월적인 구성의 거부로서 후설의 방법적인 전제들을 다시 취하는 것—"근원으로부터 나오지 않는 모든 규정을 금지하는 것"—

---

[123] 하이데거, 같은 책, [35]62/57.

은 단순한 반복으로, 즉 그 자체 명백한 것으로서 "이것은 그 근본에서 '기술記述 현상학'이라는 동어반복적인 표현과 같은 의미를 가진다."

어떤 조건에서 '기술 현상학'은 동어반복적^{tautologique}인가? 현상학의 개념이 순수하게 방법적인 의미에서 취해졌을 때에만 기술은 명증성의 도래를 지시하며, 현상학뿐 아니라 모든 과학적 탐구의 사유의 과정 안에서 '직접적인 제시'를 지시한다. 현상학의 개념이 로고스와 관계할 뿐 아니라 현상과 관계하는 것이 사실이라면, 그리고 로고스 그 자체가 현상성 아래에서만 가능하다면, 현상학의 개념은 순수하게 방법론적인 의미에서 취급될 수 없다. 따라서 만일 현상학의 로고스가, 의존하고 그리고 전적으로 로고스를 결정하는 어떤 현상을 함축한다면, 이때 '현상학적 기술'은 두 번째 조건에서만 동어반복적이다. 즉 로고스와 현상 안에 함축된 현상성의 본질이 다만 같은 것이라는 조건에서만, 사유가 움직이는 나타남이 모든 생각 가능한 나타남을 지시하고 모든 나타남의 '어떻게'를 지시하는 조건에서만 동어반복적이다. 사유 안에서 사유에 의해 우리가 경험하는 모든 것이 가능한 모든 경험을 결정한다. 아주 단순하고 아무런 전제도 없기를 요구하는 이 분석은, 다시 한 번 현상학이라는 말을 구성하는 요소들로부터 출발해서 직접적인 제시로 나아간다. 그리고 상상할 수 없을 정도로 우리를 제한하는 어떤 전제를 우리 앞에 들이민다. 이 전제는 현상학이라는 말을 구성하는 요소들을 나타남으로 만드는 것으로, 나타남 그 자체는 말과 사유의 로고스 안에서 지배적이며, 로고스와 혼동된다.

이 유일한 전제를 유지할 때에도 C부분은 모순을 피하지 못한다. 현상학은 "탐구의 대상을 명명하지 않는다"라고, 그럼에도 현상학은 기술의 방식을 다룬다고 선언한 후에, 두 번째 단락에서 "기술 그 자체의 성격을 가진 로고스의 이 특별한 의미는 기술해야 할 사물의 '본성nature'[124]으로부터 출발해서만, 다시 말해 사물의 과학적인 규정을 위해 사물을 현상으로 제시하는 데에서만 확정될 수 있다"고 덧붙인다. 이제 대상, 즉 현상이 결정적이다. 이것이 그것의 고유한 현상성 안에서 그리고 그것에 의해서, 그 안에서 직접적으로 자신을 드러내며, 직접적인 제시를 유지하는 방법을 가능하게 한다. 이것은 결국 다시 돌아가서, 나타남이 자신의 권리를 다시 취하고, 나타남이 방법으로서 이해된 현상학이 나타남에 적용해야 할 적용 방식을 명령하는 것을 의미하는가?

그런데 어떤 나타남이 현상학에 방법을 명령하는가? 다시 말해 어떤 나타남이 현상학의 로고스를 결정하는가? 로고스 안에 머무는 나타남 그 자체가 그것이 말하는 것을 나타나게 한다. 즉 지각된 사물의 나타남, 세계 내 존재자의 나타남. 이것은 순수하고 단순하게 일상적인 지각에서 빌려 온 현상에 대한 가장 피상적인 개념으로 이것은 로고스와 현상학을 전체적으로 규정하는 현상성에서 지반으로 사용된다. 텍스트는 덧붙인다. "형식적인 관점에서, 현상의 형식적이고 일상적인 개념의 의미는 그 자신 안에서 나타나는 존재자의 모든 나타남을 현상학이라고 부르는 것을 허락한다."

여기서 현상과 이것을 그것의 진리 안에서 발견하는 기술의 동일성이 명백해진다. 여기서 우리는 더 이상 이 둘을 구분할 수 없

---

124 독일어 'Sachheit'에 해당된다. 우리말 번역은 '사태성'이다._옮긴이 주

게 된다. 그 자신 안에서 나타나는 존재자의 나타남이 방법을 규정하고 결정하며, 가능한 모든 유용성을 밝힌다. '현상학'은 가장 일상적인 경험 이상을 지시하지 않는다. 모든 것의 현상학, 그것이 무엇이든지 간에 "존재자의 모든 나타남을 현상학이라고 부르는 것"이 허락된다. 세 번째로 현상학에 대한 세계적 정의의 통속성에 의존하면서, 7절은 현상학의 현상의 특수성과 동시에 이런 현상학의 고유성 혹은 아주 간단히 이것의 존재 이유의 특수성에 대해 질문한다. "현상의 형식적인 개념은 무엇과의 관계에 의해 현상학적인 개념으로 탈형식화되며, 어떻게 이 현상학적인 개념은 통속적인 개념과 구분되는가? 현상학이 보여주어야 하는 것은 무엇인가?"

결국 그것은 자기 자신을 보여주는 것이다. 나타남의 주제화가 여기서 후설보다 더 체계적이고 더 자유로운 형태를 취한다는 것, 더 나아가 진리의 핵심에 은폐를 놓음으로써 하이데거가 현상학에 하나의 동기를 부여할 수 있다고 생각한 것─왜냐하면 만일 "어떤 것이 우선 그리고 자주 자신을 드러내지 않는"다면, 보여줄 어떤 것이 있게 되고 명시화의 과정은 필연적이기 때문에─그것은 공통된 전제의 어떤 것도 상처 내지 않는다. 즉 현상과 로고스라는 그들의 그리스적 전이해의 기반 위에서─그리고 항상 이 해석의 토대에서─본질적 동일성, 다시 말해 현상학의 대상과 그것의 방법의 동일성을 전혀 손상시키지 않는다. 따라서 우리는 현재의 우리의 탐구를 이끄는 아주 중요한 질문으로 보내진다.

현상학의 대상과 방법의 동일성은 명백해 보인다. 그리고 이것에 대한 몇몇 이유들은 7절에서 드러난다. 만일 현상학의 대상이 나타남이며, "어떤 것이 본질적으로 나타나는 것과 하나가 되게 하는 것"이라면, 어떤 방법이 여기에 적합한가? 나타남에 의존하고 전적으로 나타남에 자신을 맡기는 방법이 아니라면, 어떤 방법이 여기에 적합한가? 방법은 항상 대상에 접근하는 수단으로, 이 수단이 최고의 것이며, 혹은 보다 근본적으로 유일한 것인 한에서, 대상에 접근하는 수단이다. 나타남이 아니면, 그것 안에서 그것에 의해서 대상이 우리에게 나타나는 것이 아니라면, 무엇이 우리가 대상에 접근하는 것을 가능하게 하는가? 접근, 접근의 방법, 혹은 방법 그 자체, 그것은 현상에 접근하는 것이 문제인 현상의 현상성 그 자체이다. 이제, 만일 현상학의 대상이 이런저런 것으로 결정된 현상이 아니라 현상성 그 자체라면, 그것 없이는 어떤 특수한 현상도 존재하지 않는 그런 현상성 자체라면, 현상에의 접근의 길은 이 현상성과 전혀 다르지 않을 것이며, 이것은 우리에게 주어지는 자신의 실질적인 현상화 안의 순수한 현상성이며, 이것이 우리를 현상성으로 이끄는 길을 내며, 현상성이 이 길이며, 이 접근이며 방법이다. 현상에 접근하는 길은 현상 그 자체이며, 그것의 현상성이다. 따라서 현상학의 대상과 그것의 방법은 같다. 왜냐하면 전자, 나타남이 후자가 따를 뿐인 길을 구성하기 때문이며, 나타남은 그 자체로 '길'이기 때문이다.

그런데 이 현상학의 대상과 그 방법의 동일성은 형식주의의 포기 안에서 표면상 가장 결정적인 직관들이 근본적인 불확실성으로 머물게 되고, 현상학이 물질적이 되자마자, 그리고 엄격하게 현상학적으로 이 순수한 현상성의 현상이 존재하는지 말하고자 하자마자, 자신의 명증성을 잃어버린다. 따라서 7절에 대한 우리의 비판이 보여준 것처럼, 하이데거의 개념은 형식적인 것과 동떨어져서 어떤 전제에서, 그것에 특별한 의미를 부여하는 한 전제에서 구성된다. 이 전제는 물질적 전제이며, 이것을 따라서 '현상'은 빛 안에서 자신을 드러낸다. 같은 방식으로 로고스가 자신을 현시하고 완성하는 한에서, 로고스를 결정하는 이 전제는 '드러내면서 보여주는 것'이며, 파이네스타이의 의미에서 현상을 함축한다. 현상과 로고스를 동일시하는 것은 이제 나타남의 결정되지 않은 개념이 아니라 현상 안에서 그리고 로고스에서 두 번 인용된 가시성이다.

반대로 삶, 혹은 모든 가능한 나타남과 모든 현상의 토대인 자기-나타남의 정념적인 직접성에서 나오는 본래적인 나타남은 원리적으로 가시적인 것의 영역을 회피한다. 그리고 만일 본래적인 나타남으로서 이 초월론적인 삶이 현상학의 대상을 규정한다면, 이때 현상학의 대상과 방법의 일치는 갑작스럽게 단절되며, 근본적인 이질성에 자리를 양보하고, 초월론적인 삶은 우선 심연으로서 사유에서 제시된다. 로고스는 그가 말한 것 안에서 삶을 보여주면서 현상성의 본질을 말해야 한다. 다시 말해 현상성의 본래적인 본질이 절대적으로 모든 가능한 보여주기를 그 자신으로부터 배제한다면, 로고스는 이제 더 이상 현상성에 의존하거나 현상성을 자신의 고유한 보여주기로서 로고스 안에 간직하는 것이 아니라, 반대로 삶의 현상성과 전적으로 구분된다.

이로부터 방법은 하나의 의미를 재발견하는 것과 동시에 방법으로서의 현상학은 자신의 권리를 재발견한다. 현상학은 이제 무용한 중복 안에서 직접적인 현상과 존재자의 나타남을 반복하는데 한정되지 않으며, 현상학은 결국 현상에 접근하는 것을 가능하게 하는 이 나타남을 거기에 이르게 하기 위해 좇는 방법과 동일화하는 유감스런 동어반복이 아니다. 이것과 반대로 현상학의 대상과 그것의 방법은 이제 현상학적으로 서로 화해할 수 없는 두 본질로서—한편으로 비탈자적이고 정념적인 삶의 계시와 다른 한편으로 로고스 안에서, 그것에 의해 전제되는 보여주기로—서로 대립한다. 이 두 항 사이의 대립은 아주 중요해서, 삶이 그 자체 보여주기와 전적으로 낯선 것일 때, 말의 보여주기 안에서 삶을 드러내면서 삶을 말하는 것은 아주 간단히 말해서 불가능해진다. 삶 안에 거주하는 로고스가 쓸데없이 자신의 빛을 여기서 문제가 되는 현상의 빛에서 빌려 올 때, 보여주는 방법은, 그것이 비가시적인 것을 보여주어야 할 경우 난세에 부딪친다. **어떻게 정감성의 철학은 가능한가?**

현상학의 방법은 전적으로 이 난제 위에서 구성된다. 1907년 후설의 '강의들'에서 최초의 연구와 최초의 공식은 현상학을 다루는 양식—명시화—과 현상학이 다뤄야 하는 것 사이의 연결, 즉 삶의 순수하고 본래적인 현상성을 세우는 것을 가능하게 하는 놀라운 작업을 보여준다. 이 난제를 해결하기 위한 주제화가 사실 점진적으로 자신의 무능력에 대한 고백으로 드러날 때, 이것은 시선이 주제화가 향하는 것 앞에서 자신을 유지하지 못하기 때문이다. 시선의 유지는 사실 대상의 변경, 즉 대상일 수 있는 것의 전혀 대상일 수 없는 것으로의 대체를 함축한다. 이제 우리는 차례차례 이 대체와 그 조건들을 살펴볼 것이다. 1) cogitatio를 환원의 '순수한 시각' 아래에서 그것의 명시화의 과정으로 해소하는 것, 2) 주제의 전향, cogitatio의 유적 본질에 의해 cogitatio의 잃어버린 실재를 대체하는 것, 3) 초월성에 의해 내재성을 대체하는 것, 4) 존재의 법칙이며, 이 존재에 접근의 수단인, 이 경우 순수한 시각을 'cogitationes의 영역' 너머로 확장하는 초월성을 현상학적이고 존재론적으로 이중적으로 승진시키는 것, 5) 초월적 본질을 그것의 방법인 로고스와의 완벽한 정합성 안에서, 다시 말해 초월직인 것과 로고스와의 동일성 안에서 구성하는 이론화, 6) 현상학의 근본적인 구분들을 뒤흔들면서 구성의 지반으로 사용되는 상상적인 것, 즉 '이미지 안에서' 단독적인 cogitationes를 존재론적으로 정당화하는 것, 7) cogitatio의 실재 그 자체를 초월성으로 즉 '…에 대한 관계'로 환원하고자 하는 것. 만일 마지막 두 개의 고찰이 비판적으로 드러난다면, 나머지 앞의 5개는 그 내재성이 있는데도 절대적인 주체성의 이론적 인식의 가능성을 설립하지 못하지 않는가? 여기에 무엇을 더 덧붙일 것이 있는가?

방법이 드러내야 할 것과 원리상 비정합적인 이 현상학적 방법의 기초는 후설에서 그의 이론의 명시적 전제와의 전적인 대립 안에서 무의식적인 것으로 남는다. "데카르트는, 우리가 기억하는 것처럼, cogitatio의 명증성을 세운 후에, …다음과 같이 묻는다. 즉 이 근본적인 소여들을 나에게 보증하는 것은 무엇인가? 그것은 명석판명한 지각이다. 우리는 이것으로부터 출발할 수 있다…."[125] 후설이 처음부터 초월론적인 삶을 '자기 소여'로 대체하면서 자신의 문제를 다시 제기하고, 그와 동일한 대상들의 긴 나열과 이론적 정당화를 위한 복잡한 과정을 다시 정교화하는 것은 cogitatio가 스

---

125 후설, 『현상학의 이념』, [49]74/103.

스로 주어지는 대신에 이 명증성을 회피하기 때문이다. 마치 어떤 힘이 뒤에서 현상학적인 cogitatio를 밀고, 그것이 있는데도 아주 이상한 방식에서 현상학적 cogitatio를 인도하는 것처럼 일어난다. 최초의 전제가 무너진 뒤에 그 폐허 위에 벽돌을 하나하나 올리면서 방법론적인 일관성을 구성하려는 집착은 우리가 읽는 이 책의 진리들 중 가장 놀라운 것이다. 물질 현상학의 과제는 따라서 역사적 현상학의 진행을 인도했던 감춰진 동기를 밝히는 것 외에 다른 동기를 가지지 않는가? 역사적인 현상학이 자발적으로 일종의 선견지명에 의해서 한 것은 물질 현상학을 다만 일종의 완성된 현상학의 근본적인 자기-이해로 주제적으로 파악한 것인가?

이것은 현상학의 주제의 전향의 이유를 파악하고자 할 뿐 아니라 역사적인 현상학이 파악하지 못한, 그럼에도 이것의 뿌리가 놓여 있는 현상성의 본래적인 영역을 파악하고자 하는 현재의 우리의 탐구의 비판이 의도하는 것이 전혀 아니다. 여기서 문제가 되는 것은 후설의 텍스트의 전적인 이해에 이르는 것이 아니라 그 텍스트의 본질적인 결핍을 파악하는 것이다. 이 결핍의 파악만이 이 텍스트에 대한 이해를 가능하게 할 것이다. 우리의 앞선 인용들 중의 하나—"…모든 체험 일반은, 그것이 **완성되는 바로 그 순간에**, 시각의 대상이 될 수 있고 파악될 수 있다"—에서도 그 공백은 명시적으로 드러난다. 물질 현상학은 이 '체험'의 완성의 본래적인 양식을 의도하며, 그것의 대상은 전적으로 방법과 구분된다. 비록 그 방법이 그와 같은 대상을 아는 것을 우리에게 허락하는 것과 다른 목적을 가지지 않는다고 할지라도 말이다.

절대적인 초월론적 삶은—우리의 것이고, 우리들 각자의 것인

이 삶은—자신의 정념적인 직접성 안에서 어떤 종류의 시선, 모든 가능한 지식, 우리가 인식, 말, 로고스, 즉 주체에서 개념을 획득하는 유일한 수단이라고 부르는 모든 것을 회피하면서, 이 접근 불가능한 삶의 결핍으로 인해 결국 이 시선 앞에 한 대체물, 자신을 대상적으로 대표하는 것, 삶이 아니면서 그것과 같은 가치를 가지는 것, 인식 대상적 본질을 놓는 데 있다. 이 인식 대상적 본질은 '대표 représentant', 즉 절대적인 삶의 표상과 다른 것이 아니다.

의심의 여지 없이 이런 표-상 re-présentation 은 어떤 의미에서 제시 présentation 이다. 이것은 정말로 후설이 말하는 사물이 그 자신의 실재 안에서 사물 '그 자체'에 이르는 것이 가능한 본질 직관의 순수한 시각 안에서 우리가 보는 삶의 본질이다. 그런데 이 초월론적인 삶의 본질은 삶 그 자체의 본질이 아니며, 이 본질의 표상은 삶의 제시가 아니다. 그 반대로 본질은 여기서 시선 앞에 놓인 삶의 실체를 구성하는 성격들 각각의 전시일 뿐이다. 이런 방식으로 이 표-상 안에서 이 성격들 각각은 결정적인 변형을 겪는다. 이런 변형은 예를 들어 다음의 진술들에서도 마찬가지이다. '모든 초월성의 배제', '초월성 안에서가 아니라 초월론적인 정감성 안에서 자신의 현상학적인 실행성을 발견하는 것으로서 자기-증여', '정감성', '정념' 그 자체 등. 어쨌든 각각의 성격은 더 이상 유명론적으로 '같은 것'이 아니다. 단지 유명론적인 통일성의 가능성이 문제가 되는 경우 그 구체적인 내용은 매번 다르게 드러난다.

인식 대상적 본질의 표-상 안에서 '정념'은 초월적 소여이다. 이것 위에서 우리는 자신과 다른 드러내는 힘에 의해 드러나는, 정확히 본질적 직관의 초월성에 의해 드러나는 무엇인가를 반성하거나 추론할 수 있다. 본질 직관 안에서 정념은 외재성의 빛 안에서 현상이 되는 모든 것과, 그리스적 현상과 유사한, 무차별적이고 무감각적인 외적 내용이다. 마치 자기 자신 안에, 자신의 실재적인 삶 안에서, 정념은 전혀 그와 같은 것이 아니며, 그것은 자신의 고유한 실재를 내려놓는다는 조건에서 가시적인 것의 가상만을 꿈꾸며, 다만 비실재의 형식하에서만 자신을 제시할 뿐이다. cogitatio의 인식 대상적 본질 안에서 정념은 공허한 의미만을 가진다. 게다가 여기서 박탈된 이 정념, 이 고유한 실재는 바로 cogitatio의 가장 본질적인 현상학의 성격, 즉 정념이 스스로 계시를 완성한다는 사실이다. 그리고 이것은 자기 자신에 대해서뿐 아니라 존재하는 모든 것에서 사실이다.

두 개의 난제가 제시된다. 1) 정념이 이 능력과, 즉 삶의 직접적인 시련과 다른 것이 아닐 때, 누가 우리에게 정념을 죽은, 다시 말해 스스로 느껴지는 능력을 상실한 인식 대상적 내용으로 부르도록 허락하는가? 2) 삶의 본질적인 성격, 자신의 살아있는 정감성의 실행 안에서만 현상화되는 이 시련이 어떻게 초월적인 본질로서 이 본질의 인식 대상적 성격의 형식 아래에서 제시될 수 있는가?

표-상 일반의 문제와 삶의 표-상의 문제가 단순히 동일화될 때, 이것은 난제를 구성한다. 표-상의 이념에는 두 전제가 걸려있다. 하나는, 무엇 앞에 도래하는 측면에서 자신을 완성하는 제시이다. 여기서 '저-밖'의 빛 안으로의 이 도래는 제시présentation 그 자체, 즉 현시manifestation를 구성한다. 표상은 그리스적 현상성의 기입에 속한다. 그리고 자신의 방식으로 그것을 표현한다. 두 번째 전제, 그것은 대개 함축적인데, 그와 같은 표-상 안에 제시된 내용은 말하자면 두 번 제시된다. 그것은 이미 다른 곳에서 다른 형태로 실존했던 한 존재의 존재에로의 도래이기 때문이다. 두 번째 제시는 동일한 것을, 예를 들어 한번 돌아간 같은 음식을 다시 한 번 취하는 것을 말하지 않는다. 반대로 두 번째 제시에서 표상의 내용은 근본적인 변형을 겪는다. 그 내용은 최초의 제시 안에 포함되었던, 그런데 이제 더 이상 존재하지 않는 어떤 실재의 더블^{double}로서 비실재의 자격으로 거기에 존재할 뿐이다. 우리가 본 것처럼. 즉각적으로 어디서나 지향성의 상호관계의 상관자인 인식 대상을 비실재로 지시하는 것은 후설 현상학의 가장 두드러진 특징이며, 드러내는 힘이 지향성과 혼동되는 시간 그 자체 안에서 긍정되는 것 이상으로 중요한 입장이다. 나타남이 초월성에 맡겨질 때, 그리고 현상학적인 전제가 나타남 위에 존재의 토대를 놓을 때 초월적 존재가 원리상 비실재에 의해 타격받는다는 사실은, 그 이론의 자가당착 안에서 거꾸로 삶의 직관의 꺾을 수 없는 힘을 인증한다.

게다가 만일 인식 대상적 상관자가 초월성 안에서 비실재 그 자체이며, 그것은 삶 밖에 놓이며, 그것은 다시 삶으로 흘러간다면, 그리고 실재 전체를 삶 안에 모은다면, 우리는 여기서 거대한 철학적 기여를 발견한다. 왜냐하면 삶이 실재적으로 말해지는 것은 특별한 존재론적 영역을 구성하는 특별한 실재로서가 아니라 반대로 모든 가능한 실재, 자연, 우주, 타인, 신과 같은 절대의 실재 그 자체가 삶에 자리함으로써만 자신의 실질성^{effectivité}을 얻을 수 있기 때문이다. 그런데 이런 진술은 명확하게 규정된 현상학적인 지반 없이도 일어날 수 있는가?

우리는 또한 표상의 난제가 여전히 지속한다는 것을 안다. 인식 대상적 비실재는 표-상 안에서 제시된 존재에서 그것의 실재를 제거한다. 그런데 어디에서 이 실재는 지속하는가? 그것은 어떻게 존재하며, 어떻게 그것의 최초의 제시는 자신을 현상화하는가? 왜 두 번째 것은 비실재의 제시일 뿐인가? 표상이 실재를 전혀 드러내지 않을 때, 우리는 어떻게 표상이 표상하는 실재를 알아차릴 수 있는가? 마치 같은 본래적 실재가 우리에게 두 번 제시되는 것으로, 그리고 두 번째에서 실재는 그 자체로 제시되지 않고 다만 더블의 형식하에서 나타나는 그런 방식으로 표상은 이미 자신 안에 본래적 실재를 소유하는 것처럼 드러나지 않는가? 이 모든 질문은 철학의 시작 이래로 철학을 사로잡은 것으로 다음과 같이 우리의 분석의 용어 안에서 공식화할 수 있을 것이다. 즉 **어떻게 cogitatio에 대한 순수한 시각을 획득할 수 있는가? 어떻게 현상학적인 방법이 가능한가?**

우리는 후설이 방법의 문제를 해결하면서 제시한 놀라운, 전혀 생각해보지 못한 해결책이 난제를 이동시킨 것뿐이고 우리를 궁극적인 질문으로 보냈을 뿐이라는 것을 안다. 만일 우리가 그의 인식 대상적 제시 안에서 그 본질이 cogitatio의 본질인지 아닌지를 알 수 있는 어떤 실마리도 발견할 수 없다면, 또 만일 어떤 실재적인 속성들 중의 어떤 것도—지향성의 부재, 내재적 증여—이상적인 의미 작용의 이름으로 순수한 시각에 제시되는 것 안에서 알려질 수 없다면, 또 만일 실재의 속성들이 드러나는 초월성 안에 어떤 정념적인 삶과 같은 것이 전혀 없다면, 출발해야 할 곳은 이 정념적인 삶이며, 이때 방법의 질서는 전복되어야 하지 않는가? 왜냐하면 만일 삶의 본질에 대한 최초의 지식이 이미 삶으로 향하는 보는 행위 안에 포함되어 있지 않다면, 우리는 어떤 삶의 개념도 가질 수 없기 때문이다.

이 최초의 삶le vivre의 지식, 이것은 삶, 즉 삶의 운동 그 자체이며, 그것은 자신의 삶 안에서 그것에 의해서, 자신의 정념적 자기-계시의 현상학적인 실행 안에서 삶을 가져온다.[126] 실재적 체험의 각각의 실재적 속성이 본래적으로 자신을 드러내기 때문에, 그리고 그 자신 안에 그것을 그것인 바의 것으로 만드는 최초의 지식을 지니기 때문에, 이 지식의 근저에서만, 이것을 전제하면서만 시선은 태어날 수 있다. 이렇게 태어난 시선은 비로소 이 지식의 내용, 내재성, 정념, 그리고 이 체험에 고유한 양태를 따른 이것들의 규정을 자신 앞에 던질 수 있다. 그리고 이로부터만 시선은 이것들을 cogitatio의 인식 대상적 본질을 구성하는 비실재적 구성요소로서 자신 앞에서 파악할 수 있다. 그래서 현상학을 창설하는 근본적인 명제는 다음과 같다. 즉 "모든 실재적 체험은 그것이 완성되는 동안 시각의 대상이 될 수 있으며 순수한 파악이 될 수 있다." 여기서 "그것이 완성되는 동안pendant qu'il s'accomplit"[127]은 사후적으로après coup 시선 앞에 놓일 수 있는 것의 본래적인 자기-계시를 지시한다. 그

---

126 이 문장 안에서 '삶'은 모두 'le vivre'로 적혀있다. 앙리는 한순간도 쉬지 않는 삶의 운동, 삶의 실행(l'effectuation), 실천성, 작동성을 강조하기 위해, 삶(la vie)을 삶(le vivre)으로 표현한다. 우리말의 삶(살기)은 이 삶의 운동성, 실행성을 그 자체 가지고 있기에 따로 '살기'로 옮기지 않고 '삶' 혹은 '삶의 운동', 혹은 '삶의 실행'으로 옮긴다. 이 '삶(le vivre)'의, 삶의 본질의 최초의 지식은 앙리가 공식처럼 자주 말하듯 "le vivre, c'est s'éprouver soi-même(삶, 그것은 자기 자신을 스스로 느끼고 견디는 것)", 즉 삶의 정념적 자기-계시를 의미한다._옮긴이 주
127 후설의 이 문장(『현상학의 이념』, [31]54/85)은 이 장에서 여러 번 반복된 것(4번)으로, 앞에서 "au moment même qu'il s'accomplit(그것이 완성되는 바로 그 순간에)"라고 옮겨졌으며, 후설의 언어로 "indem es Vollzogen wird"에 해당한다. 참고로 우리말 번역은 "그것이 수행되는 동안"이라고 되어있다._옮긴이 주

런데 **인식 대상적 본질의 측면에서 삶의 부재 혹은 잃어버린 실재를 우리로 하여금 알아차리게 하는 것은 순수한 시각**^la vue pur**이 아니라, 봄**^voir**에게 봄이 볼 수 있고 알 수 있는 cogitatio의 모든 것을—봄이 그것을 할 수 있는 한에서—주는 cogitatio 안에서 이 삶의 내재적인 계시이다.**

현상학적인 방법은 자기-대상화^auto-objectivation의 형식하에서 절대적인 주체성의 초월론적인 삶의 자기-명시화이다. 대상화^Ob-jectivation는 여기서 근대 사유에서 생각하는 것과 대립된 의미에서 이해되어야 한다. 왜냐하면 여기서 현상성을 창출하는 것은 대상화 그 자체이기 때문이다. 그런데 삶의 현상학에 토대를 제공하는 것은 저 밖의 가시성에서의 도래가 아니라, 자신의 내재적 삶의 실행^vivre에서, 바로 그 순간에 계시된다. 그래서 이 삶의 실행의 성격들을 일관된 전체성 안에 정돈하기 위해 "인식"에 의해서, 그리고 순수한 시각의 보는 활동이나 직접적인 보여줌^monstration에서 이 삶의 실행을 파악하고자 하는 기획은 사후적으로만 가능하다. 나는 나의 삶을 표상할 수 있으며, 이 기본적인 가능성은 나의 삶 안에 포함된다. 그런데 이런 가능성은 가능성으로 남아있어야 한다. 역설적이게도 이 가능성은 표상 안에 자리하지 않는다. 그것은 표상에 토대를 제공하는 것 안에, 모든 체험이 '완성되는' 삶의 최초의-계시 안에 자리한다. 체험이 완성되는 '동안', 체험된 것의 토대에서 우리는 그것을 표-상하려고 노력할 수 있다. 여기서 인식 대상적 내용은 체험된 것의 표-상일 뿐이며, 최상의 사실성^factualité으로서가 아니라 피할 수 없는 현상학적이고 존재론적인 전제로서 전제하는 것일 뿐이다.

주제의 전향은 우리를 길 잃게 한다. 사실 그것은 우리가 '인식'

이라고 부르는 것 안에서, 다시 말해 보는 행위 안에서 삶에 접근하는 길을 열어준다. 그런데 cogitatio의 초월적 본질은 순수하게, 그리고 단순히 cogitatio의 자리를 대신하지 않는다. cogitatio는, 비록 그것의 있는 바의 것이 본질의 형식으로 시각에 제시된다고 할지라도, 보이지 않는 그것의 정념의 최초의-계시 안에 '존재'해야 한다. 보인 것만이 삶에서 빌려 온 것이 아니라 보는 행위 그 자체도 삶의 한 양태일 뿐이다. 자기-촉발 없이는 어떤 것도 보일 수 없다.

절대적인 주체성의 초월론적인 삶의 표상 안의 삶의 운동에서 빌려 온 보인 것은 보는 행위의 삶의 운동과 같은 질서를 가지지 않는다. 본질 직관의 살아있는 봄이 현상학자의 삶의 현실태인 한에서, 즉 최상의 수준의 사실성인 한에서, 사유의—지각, 상상, 판단 등등의—인식 대상적 본질이 자신의 근거를 가지는 이 삶의 운동은, 후설이 그렇게 생각한 것처럼 상상적인 것일 뿐이다. 그런데 여기서 상상된 것은 '빌려 온 것'일 뿐이다. 즉 자신의 존재의 기본적인 가능성, 현상학적이고 존재론적인 자신의 구조를 삶 안에서 발견한 것일 뿐이다. 대체는 그것이 대체한 것의 조건 아래에서만 존재한다.

모든 방법에는 그것에 고유하게 속한 보여주기가 있다. 그리고 처음의 방법은 이것 이외에 다른 것이 아니다. 자기-대상화로서 초월론적인 삶의 자기-명시화, 이것은 현상학의 로고스이다. 이제 이 로고스가 본래의 현상이라고 믿는 것, 적어도 이것이 현상의 질서와 같다고 믿는 것은 역사적인 현상학이 빠진 환상이며, 서양철학의 가장 습관적인 편견을 자기도 모르게 취한 환상이다. 여기서 우리가 서양철학이라고 부르는 것은 아주 모호하게 나타날 것이다. 반면 내가 '서양철학'이라고 부르는 것은 로고스가 세계의 현상성이며 이것에 의존하는 철학을 지시한다. 우리의 사유 방식을 명령하는, 다시 말해 유사-대답들(무한히 반복되는 '…이 있다$^{\text{il y a}}$')의 행렬을 동반하는 문제들의 정립을 명령하는 이런 철학 앞에서 이제 우리는 다음과 같이 말해야 한다.

1) 모든 보는 행위와 모든 가능한 보여주기가 던져지는 로고스와 탈자적 현상성의 혼동은 탈자적 현상성을 현상성의 본질로 환원하는 데에서 치명적일 뿐 아니라 삶에서 본래적인 현상화를 은폐한다고 말하는 것으로 충분하지 않다. 우리는 여기에 또 덧붙여야 한다.

2) 만일 드러나면서 보여주는 것으로 전제된 현시—이 경우, 사유의 인식 대상적 본질을 드러내는 보여주기—가 보여주기에서뿐 아니라 보는 행위에서 cogitatio의 '완성', 즉 삶의 최초의 계시를 함축한다면, 로고스의 본질 그 자체가 말하자면 도착적임이 드러난다고 말해야 한다.

그런데 방법으로서 로고스에서 참인 것은 가능한 모든 로고스, 즉 과학적인 언어와 마찬가지로 일상어의 로고스에서도 참이다. 따라서 말이 어떤 것에 대해서 말한 것을 말하는 것, 즉 보여주는 것에서 고갈되지 않는 한에서, 아니 차라리 이 '보여주기$^{\text{faire-voir}}$'가 그 자체 모든 보여주기를 제거하는 한에서, 그래서 그것이 더 이상 초월성이 아니고 내재성인 한에서, 언어 일반에 대한 철학은 전적으로 다시 써져야 한다.

모든 말^{Parole}은 삶의 말이다. 이 말에서 드러나는 것, 현시되는 것, 그것은 삶 그 자체이며, 말하기le Dire의 절대적인 주체성의 정념적인 자기-계시이다. 말이 말하는 것, '그것'은 말 자체이며, 그것은 정념적인 규정이며, 각각의 삶의 형식은 바로 이 정념적인 규정의 자기-계시이다. 말이 그것을 말하는 것은 말 그 자체로부터이며, 말이 그 자체인 이 규정으로부터이다. 말은 말이 그것에 대해 말한 것과 다른 것으로부터 그것을 말하지 않는다. 바로 여기에 삶/생명의 말la Parole de la Vie[128]이 의미하는 것이 있다. 즉 말이 말한 것 안에서 말이 그것에 대해 말한 것을 드러내면서 보여주는 것을 의미한다. '보여주기', 다시 말해 계시, 삶의 정념적 자기-계시 안에서 이런 방식으로 모든 것이 생각할 수 있는 모든 보는 행위에 앞서서, 모든 가능한 세계 밖에서 우리 안에 도래한다. '말이 말하는 것 안에서en ce qu'elle dit', 즉 정념적인 살 안에서, '말이 그것에 대해서 말한 것', 즉 이 고유한 살, 고통, 통증에 대해서 말하는 것은 모호한 것으로 자신에게는 명석한 것이다. 다시 말해 이 고유한 살, '모호한obscure' 것으로서 '명석함clair'[129] 그 자체, 다시 말해 자기의 정감성 안에서 그것에 의해 고통으로서 자기에서 드러난 살이다. 언어는 실재적 삶의 언어이다.

바로 이런 의미에서 로고스는 참일 수 있고 언제나 참이다. 이것

---

128 우리말의 관용적 표현의 한계는 같은 단어 'vie'에 대해서 '삶/생명의 말'이라는 이중적 표현을 피할 수 없게 한다. 이 생명이 영원한 정신적 삶을 말하는 한에서 이 '생명의 말'이 '삶의 말'임에는 그 근본에서 아무런 차이가 없다._옮긴이 주
129 데카르트, 『원리들』I, p.46 참조. "예를 들어 누군가 아주 심각한 통증을 느낄 때, 그가 이 고통에 대해서 가지는 인식은 그의 입장에서 명석하다… 비록 그가 자신 안에서 혼동된 감정 혹은 사유 이외에는 아무것도 명석하게 통각하지 않는다고 할지라도 말이다."

은 로고스가 지각 안에서, 지각과 관계하면서, 지각 안에서 자신의 보여주기 안에 모든 봄이 움직이는 세계의 공간을 지니고 존재자의 탈자적 발견을 전제하기 때문이 아니라 진리의 본래적 본질이 삶이기 때문이며, 로고스는 삶과 다른 것이 아니기 때문이다. 세계 안에 도래하는 동사는 그리스의 로고스, 즉 **세계 안의 도래 그 자체**가 아니다. 세계 안에 도래하는 것은 삶을 회피하며, 그것은 감춰진 삶이다. 지각의 진리에 근거한 로고스의 그리스적 이해는 중세를 거쳐서 서양철학 전체를 규정한다. 따라서 야코프 뵈메Jakob Böhme[130]는 신적인 지혜를 그것의 최초의 현시와 동일한 신적 본질의 최초의 대상화라고 해석하고 같은 방식으로 세계의 실존은 절대의 실존으로부터 합법화된다고 생각했다. 우리가 아는 것처럼 야코프 뵈메의 교육은 독일 관념론과 그것을 거쳐서 그의 가장 자율적이며 가장 새로운 영역인 언어철학의 전개 안에서까지 현대 철학을 지배한다. 이런 직관들은 전적으로 다시 물어져야 한다. 만일 로고스의 본질이 삶 안에 자리한다면, 코제브에 의해 10년간 파리의 '사유의 지배자들'[131]에게 전달된 헤겔의 개념화를 따라서 언어는 그것의 이념적인 형식 아래에서 제거되고 동시에 보존되는 실재의 살인자와 동일화될 수 없다. 본래적인 말하기le dire originel는 차라리 그것의 꺾을 수 없는 견고한 실증성positivité 안에서 삶의 현상학적인 충만성이다.

---

130 야코프 뵈메(1575-1624)는 독일 신지학자 중의 하나이며, 신비주의의 대표자들 중의 하나이다._옮긴이 주
131 Mikkel Borche-Jacobsen, *Lacan le maître absolu*(라캉, 절대적인 스승), Flammarion, 1990 참조.

만일 로고스의 본질이 삶 안에 자리한다면, 현상학의 대상, 즉 이 삶과 그것의 방법, 즉 이 로고스는 이 글에서 쉬지 않고 주장해 온 이 둘의 근본적인 분리와 반대로, 동일하지 않은가? 순수한 봄의 시선 앞에서 cogitatio의 사라짐이 이 분리를 의미하지 않는다면 무엇이겠는가? 그리고 주제의 전향과 cogitatio를 인식 대상적 본질로 대체하는 이유가 cogitatio의 내재적인 현상화 안에서 cogitatio가 보여주는 로고스에 환원 불가능하며 이것을 회피하기 때문이 아니라면 무엇이겠는가?

그런데 cogitatio가 회피하는 로고스는 어떤 로고스인가? 그것은 보여주는 것으로서 그리스적 로고스이지, cogitatio 그 자체인 삶의 본래적인 로고스가 아니다. 그것의 본래적인 자리에서 로고스는 순수한 현상성과 동일하며, 그것에 의존한다. 나타남의 행위 안에서 나타남은 자신을 이끌며, 그것은 길$^{la Voie}$이다. 달리 말하면, **모든 나타남은 근본적인 의미에서 자기-나타남이다.** 로고스와 현상의 궁극적인 동일성은 어떤 경우에도 형식적으로 사유될 수 없다. 물질 현상학만이 현상성의 현상학적인 물질성 안에서, 현상학적인 실행의 '어떻게' 안에서 현상학적 물질성이 드러나는 방식, 즉 말하기의 본성과 로고스 그 자체의 본질을 알아차릴 수 있다. 이때 중요한 것은 여기저기에서 공통된 본질의 현전을 밝히는 것이 아니라 이 본질의 내적 본성 안으로 침투하는 것이다. 삶이 최초의-계시이고 이런 방식으로 길이 삶을 이끌고, 진리$^{la Vérité}$와 길$^{la Voie}$이 떨어질 수 없는 것은 삶의 정념의 저항할 수 없는 내적 폭발^{implosion} 안에서 자기에 부딪쳐 으깨지는 것이다.

만일 우리가 이미 보여준 것처럼 파이노메논^{φαινόμενον}이 형식적 개념이 아니라 그 역시 '물질적'이라면, 그런데 현상이 탈자적인 가시화의 구체적인 현상성과 관계하는 한에서, 로고스를 현상으로 환원하는 것은 결국 '그리스적' 전제 안에서 같은 방식과 같은 권리로부터 설립되지 않는가? 이때 이 현상화의 구체적인 성격, 그것의 자율성의 주장, 자기에 의한 나타남의 주장은 여기서 환상으로 드러난다. 로고스와 현상의 상호성은 그들의 궁극적인 토대를 구성하도록 하는 것, 그리고 그들에게 자기를 현시하도록 하는 것, 결국 실질적으로 '현상'과 '로고스'이도록 하는 것을 지속적으로 은폐한다. 이 환상은 우리에게 현상학적인 방법에서 발견된다. 그것의 최초의 공식으로부터 현상학적인 방법은 난제 안으로 밀려 들어간다. 왜냐하면 그것의 원리, 즉 보여주기와 원리들 중의 원리, 즉 순수한 시각의 명증성 안에서 보여주기는 근본적인 실패와 직면하기 때문이다. 즉 보고 있음 그 자체를 보여주지 못하는 근본적인 무능에 부딪친다. 그 실패가 '근본적'이라고 말하는 것은 이 실패가 처음에 일어나며, 원리, 즉 **보는 것은 절대로 자신에게 보이지 않기**' 때문이다. 이 원리에 자신을 맞추고, 일치해서 그것을 자신의 토대로 만드는 대신에, 이제 로고스는 본래적 현상과 낯선 것이 되며, 현상이 원리상 이 원리를 회피하도록 내버려둔다. 대상과 현상학의 방법이 근본적으로 대립하는 것은 바로 이런 의미에서이다.

결국 방법은 두 방향으로 연장된다. 둘은 모두 나타남으로 보내지고 모두 그것을 전제한다. 나타남의 이중성la duplicité de l'apparaître은 우리가 일반적으로 부여하는, 또 후설적인 규정 안에서 방법의 개념이 의미를 가지는 것을 허락한다. 이 의미는 한편으로 직접적인 제시로부터 순수한 봄 안에서 보여-줌faire-voir의 의미를 가지게 하며, 다른 한편 길$^{la Voie}$의 의미를 가지게 한다. 그런데 로고스의 기원을 파이노메논에 놓는 것은 삶/생명의 말$^{Parole de la Vie}$과 어떤 유사성도 제공하지 않는다. 삶은 로고스의 토대를 제공하며, 그것을 가능하게 한다. 따라서 로고스는 삶 안에서 정념이라 불리는 가장 본질적인 '봄이 아닌 것$^{ce non-voir}$'의 토대 위에서 살아있는 것만을 본다. 그래서 진리 안에 거주하는 은폐는 환상적 자립성과 세계의 현상성을 가진 철학적 실체의 이름으로 실체화된 형식적인 부정이 아니며, 또 우리가 무의식이라고 부르는 현상학적인 무도 아니다. 그것은 환원 불가능한 실증성 안에서 삶/생명$^{la Vie}$의 최초의–계시, 즉 현상학적인 대상$^{l'Objet}$이다.

방법과 인식과 과학의 보는 행위, 혹은 그리스적 로고스의 이 봄이 언제나 자신 안에 자신의 근본적인 반–본질$^{anti-essence}$로서 삶의 정념적 충만성을 동반한다는 사실은 이런 봄이 삶을 절대로 보지 못한다는 사실을 부정하지 못한다. 봄이 자신의 봄에서 유지되고 그가 보는 것을 보고 그것으로 향하는 한에서 봄은 그 자신이 몸담고 있는 비가시적인 cogitatio를 대상적이고 객관적인 등가물로, 즉 방법이 정교하게 산출하는 자신의 가능성의 고유한 조건으로서 구성의 인식 대상적 본질로 대체한다. 이 대체의 조건이 일단 완성되면(그 조건 안에서 대체된 cogitatio의 유지, 'cogitatio의 완성'), 후설이 본능적으로 따른 이 우회로, 그리고 그것을 따라서 그가 하나하나 세운 이정표들은 다만 우리의 의혹을 흔들어 깨워, 이 현상학과 '직접적인 나타남'에 의해 나아갈 수 있는 현상학의 능력에 대한 의심만을 측정하게 하는가?

혹은 삶은 본래 비가시적인 것 안에서 유지된다면, 우리가 절대로 그것의 실재 그 자체에 도달하지 못하는 이 쓰디쓴 운명은 사실 모든 시선의 운명이 아닌가? 또 그 운명이 어쩔 수 없이 취해야 하는 우회들, 즉 주제의 전향과 표상은 이 사물들이 삶의 사물들인 한에서 사물의 본성 그 자체에 의해 명령되지 않는가?

처음으로 사람들이 마른 가죽들과 곡식과 소금이 담긴 자루들을 들고 천천히 다른 사람들에게로 나아갔을 때, 그들은 눈을 껌뻑여야 했다. 왜냐하면 그들은 우리가 절대로 볼 수 없는 것을 봐야 할 필요가 있었기 때문이다. 다시 말해, 상품들 안에 포함된 노동, 즉 **살아있는 노동**, 이 눈에 보이지 않는 실천, 노력, 각자의 고통을 볼 수 없었기에 그들은 시선 앞에 그들이 이 고통, 이 노력의 등가라고 상상하는 것, 즉 그들의 표상을 놓았다. 즉 노동 시간, 노동의 난이도, 노동의 질적 등급 등등 우리가 나중에 **노동의 인식 대상적 본질**이라고 부르는 것, 즉 초월적 본질로서 cogitatio의 특수한 본질과 같은 것을 놓았다. 경제적인 실재 전체[132]는 우리가 항상 그것들을 평가할 수 있어야 하고 셀 수 있어야 하는 한에서 객관적이고 이념적인 비실재의 등가물들의 합일 뿐이며, 이것이 그들의 삶을 대체했다. 현상학의 방법은 그림자만을, 우리가 그것이 무엇인지 알 수 없는 불필요하고 무능한 자폐증만을 보도록 타고난 자기로의 불가능한 회귀가 아니다. 그것의 절차의 내적 지성은 세계의 지성이다.

---

132 Michel Henry, *Marx, I. Une philosophie de la réalité*(실재의 철학), *II. Une philosophie de l'économie*(경제의 철학), Paris: Gallimard, 1976 참조.

III.

공정념

1. 후설의 『다섯 번째 데카르트적 성찰』에 대한 반성

후설의 『다섯 번째 데카르트적 성찰』에서 타인에 대한 경험에 대한 분석은 그 분석 전체를 지배하는 3개의 전제로부터 시작한다.

첫 번째 전제는 내가 타자에 대한 경험을 가질 때에만 타자는 나에게 존재한다는 것이다. 그리고 그것이 어떤 형식이든, 혹은 그것이 어떤 모습이든, 타자가 나에게 주어진다면, 그리고 내가 나의 고유한 삶 안에서 그를 발견한다면, 어떤 방식을 통해 그는 내 안에 존재한다. 그렇지 않을 경우, 타자는 에피쿠로스들이 말하는 죽음과 같을 것이다. 즉 내가 죽음과 어떤 접촉도 가질 수 없는 것처럼 타자와 어떤 접촉도 가질 수 없을 것이다. 그런데 나는 적어도 죽음에 대한 이념을 가진다. 그리고 이것은 사실 에피쿠로스들의 모순적인 진술[133]을 가능하게 하는 것이다. 타자가 문제가 되는 경우, 사정은 이와 같지 않다. 내가 타자와 어떤 접촉도 가지지 않는다면, 나는 그에 대한 이념조차도 가지지 못할 것이다. 타자는 나의 경험 안으로 들어온다는 사실, 그리고 필연적으로 나의 경험 안으로 들어와야 한다는 사실은 후설 분석의 첫 번째 전제로 "이 경험들(다인에 대한 경험들)은 정확히 나의 현상학적인 영역의 초월론적인 사실들"[134]이라는 진술에서 명시적으로 드러난다.

어떻게 타자는 나의 경험 안으로 들어오는가? 타자는 어떻게 나에게 주어지는가? 이것은 현상학적인 질문이다. 왜냐하면 현상학은 대상에 대해서 질문하지 않고 그것의 증여의 방식, '어떻게 안에서의 대상들'을 질문하기 때문이다. 후설에 따르면 타자는 나에게 지향성 안에서, 그것에 의해서 주어진다. 타자가 나의 경험 안으로 들어온다는 것은 다음의 사실을 의미한다. 즉 지향성이 던져지는 이 최초의 바깥Dehors primodial에서, 지향성이 다다른 이 빛 안에서 그것이 보기를 원하는 것을 본다는 것을 의미한다. 이것은 후설의 철

---

133 "네가 있으면 죽음은 없고, 죽음이 있으면 너는 없다."_옮긴이 주
134 Husserl, *Méditation cartésienne*, trad. G. Peiffer, E. Lévinas, Paris: Vrin, 1947. 우리는 이 번역에 어떤 변형도 가하지 않고 매번 절의 번호를 기입하면서 그대로 인용한다. 인용된 문장들은 42절에 해당된다. 독일어판(Husserliana, Bd I)과는 세세한 부분에서 차이가 있다는 것을 안다. 하지만 위에 인용하는 문장들은 두 판본이 정확히 일치한다.
[후설, 『데카르트적 성찰』, 이종훈 옮김, 한길사, 2002. 번역서의 '일러두기'에서 옮긴이가 잘 밝히고 있는 것처럼, 후설의 이 저서는 두 판본이 존재한다. 하나는 레비나스와 파이퍼가 번역한 1929년 '파리 강연 판본'이고, 다른 하나는 파리보다 더 늦게 독일에서 수정과 보완을 거쳐 나온 1950년 '독일어 판본'이다. 이런 이유에서 앙리는 두 판본의 차이를 말한 것이다. 인용된 후설의 문장들은 앙리가 인용하는 1929년 강연 불어판을 기본적으로 따른다. 앙리가 인용문 아래에 따로 '각주'를 달지 않고 문장 안에 '절'을 표시했듯이, 우리도 따로 각주를 붙이지 않는다._옮긴이 주]

학적 문제의 두 번째 전제이다. 이 두 번째 전제는 그것이 무엇이든지 간에 모든 경험의 형식과 연관된 절대적으로 일반적인 전제를 타자 경험에 적용하는 것일 뿐이다. 이런 방식으로 그것이 무엇이든지 간에 모든 존재는 존재하며, 경험될 수 있는 존재가 된다. "어쨌든 다음을 절대적인 진리로서 받아들여야 한다. 즉 내가 한 존재의 '본질'과 '실재적 실존'을 가질 수 있는 것은 나의 지향적 삶 안에서, 그것에 의해서만 존재하고 존재할 수 있으며, 그때에만 그것은 의미를 가진다."(43절) 이것은 타인에 대한 경험에도 그대로 적용된다. "우선 나에 대해서 타자들의 실존이 구성되고, 그것의 정당화된 내용 안에서 설명되는, 다시 말해 직관들을 '충족시키는' 내용 안에서 설명되는 명시적이며 함축적인 지향성의 구조를 체계적으로 밝히는 것에서 시작해야 한다."(43절) 그리고 이어서 "어떻게, 어떤 지향성들에서, 어떤 종합에서, 어떤 동기들에서, 타아l'alter ego의 의미가 내 안에서 구성되고, 타인의 일치하는 다양한 경험의 범주 아래에서 타아의 의미가 '존재자'로서, 그 자신의 방식으로 나에게 '그 자체로lui-même' 제시되는 것으로 긍정되고 정당화되는지를 보여주어야 한다."(42절 나의 강조)

타아가 지향성에서, 그것에 의해서 주어지는 한에서, 다시 말해 타아가 '존재자'로서, '그-자신lui-même'으로 나에게 제시되는 것으로 주어지는 한에서, 이 그-자신은 절대로 그것이 자신 안에, 그 자체로 존재하는 것처럼 그-자신으로 존재하지 않는다. 그것은 그 자신에 대응하는 어떤 것이며, **그로서(그처럼)**comme lui 파악되어야 하는 것이며, 어쨌든 실재적으로 그임이 없이, 그임의 의미를 받는 것이다—그것은 타자가 아닌 어떤 것, 타자로서 의도된 것이다. 다시 말해, 실재적 타자가 아니라 사유된 것으로서의 타자, 사유된-타자, 타자에 대한 인식 대상^{noème}으로서, 다시 말해 인식 대상으로서의 타자, 의미로 환원된 타자, 타자임의 의미에서 '…로서(처럼) comme'의 양태 위의 타자, '…로서(처럼)^{als}', 유사-타자$^{quasi-autre}$로서 존재한다. 43절은 "타인에 대한 경험의 구성 이론의 초월론적인 인도의 끈으로서 타자의 존재-인식 대상적인 제시의 양식"이라는 제목을 달고 우리가 지금 논평하고 있는 문장에 이어 나온다. 그것이 초월론적인 이유는, 그것이 타인에 대한 경험의 가능성을 규정하기 때문이고, 타인에 대한 경험은 이 구성 안에 자리하기 때문이다. 그래서 타인에 대한 경험에서 우리에게 주어지는 것은 구성된 것이고, 그런 의미에서 있는 것으로 파악된 것이고, 실존 그 자체가 문제가 되는 경우 그 실존은 환원된 실존이다.

사람들은 여기서 문제가 되는 것은 타인, 결국 나의 것이 아닌 경험으로, 그것은 그 자체로 나에게 주어지지 않으며, 실존하는 것으로서, 더 정확히 말하면 타인의 실존으로서 의도된 것일 뿐이라고 말할 것이다. 그런데 사실은 그렇지 않다. 현상학의 전제가 처음부터 이 실존, 이 본질을 인식 대상적 비실재로 내던지는 것은 이 전제가 타인에 대한 경험의 문제에, 타자의 실존과 본질에 적용되기 때문이 아니라, 그 전제가 지향성 안에서 유지되는 한에서 그 전제 그 자체 안에서 적용되기 때문이다. 앞서 인용한 텍스트를 상기하자. "내가 한 존재의 '본질'과 '실재적 실존'을 가질 수 있는 것은 나의 지향적 삶 안에서 그리고 그것에 의해서만 존재하고 존재할 수 있을 때, 그때에만 그것은 의미를 가진다." 이 전제의 보편적 성격은 타자의 존재뿐 아니라 모든 가능한 존재 일반, 특히 타자 경험에 개입하는 자아 그 자체의 존재와 연관된다는 사실에 우리는 어리둥절하지 않을 수 없다.

게다가 후설은 타인의 문제를 처음에는 '특수한 문제'로 제시했다. 타자를 구성하는 초월론적인 이론은 사실 객관적인 세계에 대한 초월론적인 이론의 한 부속^{pièce}일 뿐이기 때문이며, 또 나에 대해서처럼 타자에 대해서 무엇이 지각될 수 있고 실존할 수 있는 가능성은 객관적 자연으로서 '자연'의 의미 그 자체에 속하기 때문이다. 그래서 같은 세계를 지각하는 타아들로서 다수의 자아의 구성은 필연적으로 이 세계의 객관성을 앞서며 그것을 가능하게 한다. 타자에 대한 초월론적인 경험과 객관적인 세계의 경험의 비밀스런 동질성은, 이 두 경험이 서로에 대해 구성적인 한에서, 궁극적으로 그것들을 각각의 관점에 놓는 것을 가능하게 한다. 타자는 객관적인 자연의 구성 안에서 우선 나에게 주어지며, 타자는 그 구성에 앞서며 그것을 설립한다. 그런데 이 앞섬은 아주 빨리 환상임이 드러나고 전복된다. 다시 말해, 타자의 자아가 접근 가능하고 경험되어질 수 있기 위해서는 객관적인 세계가 아니더라도, 적어도 세계와 같은 어떤 것이 모든 것에 앞서서 이미 최초의 영역으로서 열려져 있어야 한다는 사실이 지적되자마자, 이 앞섬은 전복된다. 결국 타자가 나타나는 것은 나의 최초의 세계 안에서이고, 이 세계의 내면성 안에서이다. 이것은 타자가 필연적으로 주어지는 것은 지향성에서라는 것을 의미하며, 이것은 가장 오래된 형식이다.

우리는 방금 위에서 후설의 세 번째 전제를 공식화했다. 그것은 두 번째 것의—지향적 증여의—보편화 안에서 나타난다. 다시 말해 나의 고유한 경험 안에 타자의 기입, 즉 내 안의 타자의 출현은 지향적 상관자의 자격으로서 인식 대상적 출현이라는 것을 긍정하면서, 두 번째 전제를 첫 번째 것으로 구겨 넣는 데에서 나타난다. 여기서 타자가 필연적으로 내 안에 주어진다는 것은 내 밖에, 즉 초월적인 어떤 것으로 나에게 주어진다는 것을 의미한다. 이 세 번째 전제, 즉 나의 고유한 경험 안에서 지향적 증여를 내 안의 증여로 덮어씌우는 것은 타인에 대한 후설의 모든 분석에서, 아마도 그의 전 철학에서 결정적이되 사유되지impensée 않은 것이다.

　한순간 이 전제 밖에 우리를 놓아보자. 그리고 각자가 자신 안에서 타자를 느끼는 것이 무엇인지 물어보자. 욕망, 그것이 타자에서 어떤 응답을 찾으러 가는 것이든 아니든 간에, 그것의 상호성 앞에서 일어나는 감동―현전과 부재에 대한 감정, 고독, 사랑, 미움, 원한, 권태, 용서, 열광, 슬픔, 기쁨, 경이 등―은 타자와 함께하는 삶, 타자와 함께 느끼는 정념으로서 삶의 구체적인 양태들이다. 후설의『다섯 번째 데카르트적 성찰』은 이 모든 것에 대해서 말하는가? 한마디도 언급하지 않는다. 이 모든 것은 그에게 경험적인 내용들일 뿐이다. 초월론적인 기획 아래 놓여있는 철학은 이것을 전혀 고려할 필요가 없는가? 그런데 어떻게 경험을 가능하게 하는 것이 그것의 실질적인 내용에, 더 나아가 항상 어디서나 이런 내용을 구성하는 것에 무관심할 수 있는가? 가능성은 실재를 의미한다. 경험의 초월론적인 가능성은 현상과 생각 가능한 모든 현상의 현상화의 본래적인 현상화이며, 그것의 실재, 즉 현상을 전적으로 규정하는 것이다. 어떻게 그 자체 비정감적인 조건이 그 자신 안에서, 그 자신에 의해서 필연적으로 정감적으로 드러나는 것의 조건일 수 있는가?

타인에 대한 경험에 던져진 후설의 시선이 이 경험의 본질을 회피한다면, 이것은 단순히 통찰력의 부족이 아니다. 어떤 시선이 전체^Tout로서의 존재를 본질적인 구분의 빛에서 분할하는 이 시선보다 더 통찰력이 있는가? 이런 본질적인 구분은 오늘날 철학의 본질적인 획득이며, 종합, 원초적 종합, 연합, 시간화 등의 정밀한 분석들이 제시하는 구분의 활동이다. 그런데 이런 획득은 후설의 『다섯 번째 데카르트적 성찰』의 철학적 문제 안으로 던져지고, 상호 정념적인 구체적인 삶의 실체는 후설의 이 철저히 무장한 시선을 회피한다. 그것은 그 시선이 지향적 시선이기 때문일 것이고, 그것이 다만 하나의 시선^un regard일 뿐이기 때문이다.

우리를 그 시선 안에 놓아보자. 만일 타자 경험이 지향적 질서라면, 여기서 문제가 되는 것은 어떤 종류의 지향성들이 우리를 타자에의 접근을 가능하게 하는가이다. 이 지향성들의 한계를 정하기 위해 후설은 그것들을 모두 괄호 안에 넣는다. 나의 경험으로부터 시작해서, 그는 타아의 경험, 다시 말해 다른 자아와 관계되는 모든 경험, 그것을 함축하는 모든 것을 제거한다. 남는 것은 "자아로서 나에게 종적으로 고유한 것이다^Das mir als ego spezifisch Eigene."(44절) 여기서 문제가 되는 것은 "나에게 고유한 것을 초월론적인 나의 경험의 지평 안에 한정 짓는 것이다." 인용된 두 인용문에서 이미 우리는 후설의 분석이 드러내는 범상치 않은 난점들을 발견한다.

만일 고유한 것^le propre이 진정으로 나에게, 자아에게 고유한 것이라면, 자아의 유일한 본성만이 자아에게 고유한 것을 말할 수 있고 정의할 수 있을 것이다. 자아에 고유한 것으로서 고유성은 자아 그 자체가 아닌가? 그런데 후설은 이미 이 장의 처음의 분석들에서 이런 주장을 반박했으며, 이 분석들이 유아론에 이르렀을 때, 그는 다시 한 번 이런 주장을 심하게 반박한다. 유아론을 회피하기 위해서 자아 그 자체 안에, 자아에 고유한 경험 옆에 타자 경험이 또한 있어야 하지 않는가? 따라서 후설은 비록 자아가 자신에게 고유한 것, 즉 자아에게 고유한 것과 다른 것이 아니라고 할지라도, 자아와 그것에 고유한 것을 분리한다. 어쨌든 자아^{Ego}/그것에 고유한 것$^{ce\ qui\ lui\ est\ propre}$의 분리, 즉 유아론의 거부에 필수적인 이 둘의 분리와 동시에 고유한 것을 정의하기 위해 본질적인 그들의 연결은 하나의 뚜렷한 철학적 문제의 주제를 형성했을 것이다.

두 번째 난점은 위에 인용한 두 번째 것—나에게 고유한 것을 초월론적인 나의 경험의 지평들 안에 한정하는 것—과 함께 나타난다. 이제 고유한 존재가 이해되고 파악되는 것은 한 지평 안에서이다. 사람들은 모든 것이 반성의 지평에서 주어지는 초월론적인 반성으로 완성되는 현상학적인 명시화에서 이것은 필수적이라고 말할 것이다. 그런데 고유한 것이 그것이 전개되는 지평 안에서 현상학적인 반성에 주어진다는 사실은, 고유한 것이 그 자체로 이런 지평 안에서 주어지는지 아닌지의 질문을 해결함이 없이 그것을 그대로 남겨놓는다. 이런 불확실성은 그것이 자아하고만 관계되는 것이 아니라 그것에 고유한 것과 관계할 때 더 심각해진다. 수수께끼 같은 '나의 자아에서 나에게 고유한 것으로의 이행' 안에 연결된 두 용어들 중의 하나가 다른 것을 자신으로 환원하지 않으면서 다른 것에 근거를 부여해야 한다. 우리가 어떻게 하나가 다른 것의 근거를 제공하는지 모르는 채, 또 어떻게 하나가 다른 것의 근거를 제공하면서 그것을 자신으로 환원하지 않는지 모르는 채 말이다.

그런데 역설적이게도, 자아에 고유한 것의 명시화는 자아로부터 시작하지 않는다. 그것은 세계에 의해서 시작한다. 44절 중간에서 한 직관이 분석을 촉진한다. 추상에 의해 내가 나의 경험의 지평으로부터 나에게 낯선 모든 것을 분리한다면 이 지평, 즉 세계의 초월론적인 현상만이 지속한다. 따라서 이 지평 안에서 다른 것들과 관계하는 것으로부터 유래하는 모든 것을 제거하면서, 예를 들어 동물들에게 그들의 살아있는 존재의 특성을 부여하는 모든 것, 인간에게 그들의 인격의 특성을 부여하는 모든 것, 사물들에서 그들의 모든 규정, 그리고 이것들이 누군가에게 그들의 실존으로부터 불러일으키는 '분위기'까지 모두 제거하면서 추상으로부터 결과하는 새로운 측면 아래서 정교하게 이 세계를 기술하는 것이 적절할 것이다. 이로부터 객관적인 자연과 다른 '나에게 속한 자연'과 더불어 '나의 고유한 영역Eigenheitsphäre'이 밝혀지고, 이 영역은 모든 것과 다른 나의 유기적 신체를 포함한다. 이 자신에게 고유한 영역으로 환원된 자연 안에서, 다른 것들은 사물들이고, 나는 객관적인 한 현상으로 유기체와 영혼, 즉 심리-물리적인 단일체로서 '인간'이다. 따라서 나에게 고유한 것에 일치하는 방식으로 환원된 시-공간적인 형식은 이 세계 안에 지속하며, 나의 삶은 이 '세계'의 경험으로, 즉 나에게 낯선 것에 대한 가능한 경험으로 남는다.

여기서 중요한 것은 타자에 대한 경험이 바로 이 나의 고유한 영역으로부터, 그리고 그것에 속한 요소들로부터 구성된다는 것이다. 그런데 이 요소들은 더는 타자들의 신체가 아니라 나의 신체, 나의 '나는 할 수 있다Je Peux'가, 즉 나의 자아가 중요한 것이 되자마자 자신의 본래의 지위를 잃어버리는 세계적 요소들이다. 그들의 존재와 그들의 이해의 토대로 사용되는 나타남이 나에게 속한 세계인 이 최초의 세계 안에 나타나는 한에서 그것들은 상실된 것들이다. 달리 말하면 어디서나 언제나 구성된 실재들만이 중요하다.

45절에서 후설은 마치 우리의 질문을 들은 듯이 "일관된 방식으로 환원된 세계의 현상 안에서, 순수하게 나에게 고유한 것으로 환원된 나-인간과 초월론적인 나, 자아와의 관계는 무엇인가?"라고 묻는다. 이제 자신의 고유한 영역으로 환원된 객관적인 나의 자아의 영역과 연관된 초월론적인 자아로의 회귀는 고유한 것에 대한 질문의 변경, 즉 환원된 객관적인 이 영역에서 자아 그 자체로의 질문의 변경을 가져온다. 이제 자아 그 자체가 초월론적인 것으로서 자아에 고유한 것을 규정하고, 자아의 고유한 존재는 고유한 것의 존재로서 기능한다. 그런데 고유한 것에 대한 질문의 변경의 의미는, 초월론적인 자아 그 자체가 우리를 어디서나 구성된 요소들의 현전 앞에 놓는 자기-구성의 과정이 의존하는 자기-명시화의 과정에 자신의 자리를 양보하자마자, 즉각적으로 상실된다. 자아에게 고유한 것에서 우리가 읽어내야 하는 자아의 고유한 영역의 초월론적인 영역은 나-인간에 속한 영역과 같은 구조를 가진 것으로, 즉 세계의 구조로서 드러난다.

더 나아가 자기에 대한 반성 안에서 초월론적인 환원이 설립한 초월론적인 자아에 대한 자기-명시화를 인도하는 모델은 결국 46절에서 일반적인 스타일을 불러내면서 시작하는 대상에 대한 지각적인 경험이다. 다시 말해 한 대상이 분리되고 주의에 의해서 주목될 때, 그 대상에 대한 경험은 일련의 동일화하는 종합에 속한 대상 규정들을 명시화하는 연속된 과정을 좇는다. "이 진리들을 적용하자"고, 다시 말해 이 진리들을 초월론적인 자아에 적용하자고 후설은 말한다. **사물들에 대한 외적 지각의 구조를 절대적인 주체성의 즉각적인 자기-계시의 구조와, 삶의 내적인 본질과 동일화하자**고 말한다. 초월론적인 자아가 자기 자신에게 주어진 것으로 혹은 후설이 지적하듯이, 명시적인 파악 전에 이미 언제나 자신에게 주어진 것으로 발견된다면, 이것은 "아직 발견되지 않은 내적 속성들의 무한히 열린 지평과 더불어"(46절) 발견된다. 명시적 파악에 앞서는 증여를 근본적인 방식으로 문제 제기하는 대신에, 그리고 이런 증여가, 파악이 우리에게 밝혀주는 이 지평의 탈자 안에 존재하는지 그렇지 않은지 묻는 대신에, 텍스트는 한편으로 자아의 계시는 이 파악 안에서 획득되고 결과적으로 지평에서, 즉 자기 명시화의 과정에서 획득된다고 주장하며, 다른 한편 자아의 존재로서 드러나는 것은 바로 고유한 것이라고 확언한다. "나에게 고유한 것은 단지 명시화에 의해서만 드러나며, 이 명시화의 작업 안에서, 그리고 그것에 의해서만 자신의 본래의 의미를 획득한다. 나에게 고유한 것은 나-자신으로, 필증적인 방식으로 지각되고, 주어진 나-자신으로, 나의 '나는 존재한다je suis'로 향하는 명시적인 경험의 시선 안에서만 본래적으로 드러나며, 자기의 본래적인 경험의 연속적이고 일관된 종합 속에서 보존된다."(46절)

지각의 모델에서 완성되는 초월론적인 자아의 자기-명시화는 본질적인 한계들과 연관된다. 이 한계들은 후설이 말하지 않은 것으로, 자기-명시화 그 자체의 과정 안에 자리할 뿐 아니라, 자아의 시간성과 관계한다. 자아의 시간화가 나의 구체적인 자아의 지각에 주어진다고 할지라도, 그것의 "명시화는 나의 고유한 본질에 대응하는 계기들에 대한 지각이 아닌 의식의 활동에 의해서 대부분 실행된다."(46절) 여기서 문제가 되는 것은 기억, 잠재성이고, 이런 방식으로 자아의 존재—고유한 것?—의 대부분은 엄격한 의미에 서[135] 지각을 회피한다. 절대적인 명증성을 가지고 나타나는 것은 명시화의 이 양식 안에서 주어진 것의 조건에서 도래하는 내용들이라기보다는 자아의 자기-명시화의 과정의 완성의 양식을 지배하는 구조적 형식들이다.

그런데 지향적 대상을 고려하기 위해—이것은 나의 고유한 영역의 전적으로 구체적인 존재 안에 또한 기입되어 있는 것인데—그것을 고유한 것으로 근본적으로 환원하자마자, 초월론적 자아의 명시화라는 문제는 자아가 가진 가장 고유한 것에서, 다시 말해 무엇보다도 우선 자아$^{l'Ego}$를 하나의 자아$^{un\ ego}$이게 하는 것으로부터 다시 한 번 등을 돌리게 된다. 이때 타인에 대한 경험의 문제는 『다섯 번째 데카르트적 성찰』 안에서 새로운 옷을 입고 제시된다. 여기서 중요한 것은 이제 어떻게 나에게 속한 이 이 지향적 대상이 '구성적인 나의 종합들의 교차점' 이상일 수 있는가를 아는 것이다. 다시 말해 나의 고유한 존재에 환원 불가능한 어떤 것, 즉 실재적으로 나와 다르고 자아와의 관계에서 초월적인 어떤 것인가를 아는 것이다.

우리는 이미 앞서 우리가 말한 전제들로부터 공식화된 이 질문에 대한 후설의 대답을 안다. 이 복잡한 대답들 중에 몇몇 지점들

---

135 자신의 명시화의 과정 속에서 자아의 존재는 '대부분(im weitem Ausmasse)'이 아니라 전적으로 지각의 행위를 회피한다고 하는 점에서, 또 지각을 회피하는 이 내용을 공허하고 초월적인 구조로 대체한다는 점에서, 바로 그런 이유들에서 '엄격한 의미에서' 지각을 회피한다. 이 점에 대해서는 앞선 우리의 연구 '현상학적인 방법'을 참조할 수 있을 것이다.

로 돌아가 보자. 후설이 따르기로 작정한 '최초의 인도의 끈'은 타자$^{l'autre}$와 다른 나$^{l'autre\ moi}$라는 말의 의미 자체에서 빌려 온 것이다. "타자^{Alter}는 타아$^{alter\ ego}$를 의미한다"고 후설은 말한다. **따라서 개별적인 내$^{un\ Moi}$가 무엇인지 본래적으로 아는 나$^{le\ Moi}$는 본래적인 자아$^{l'Ego\ originel}$이다. 다만 내가 이 본래적인 나의 구체적인 나-자신인 한에서, 그리고 내가 구체적인 나 안에서, 즉 나에게 이 구체적인 내가 무엇인지를 말하는 근본적인 자기성 안에서 이 본래적인 나의 경험을 가지는 한에서 말이다.** 내가 타자에 대해서 가질 수 있는 모든 경험 안에서 타자에게 그 의미를 주는 것은 결국 이 본래적인 나$^{ce\ Moi\ originel}$이다. 후설의 분석을 다시 취하자. "타자^{Alter}는 타아$^{alter\ ego}$를 의미한다. 그리고 여기 함축된 자아^{ego}는 나-자신$^{moi-même}$이다…." 즉각적으로 이어지는 진술은 바로 앞에서 우리가 인정한 그 의미를 부인한다. 아니, 그 의미를 전적으로 변형하고, 그것의 합법성과 동시에 그것의 진정한 지성체의 힘을 끌어냈던 본래적 장소 밖으로 이동시킨다. "…그것은 원초적으로 나에게 속하는 나의 영역 안에서, 유일한 방식에 의해서, 심리-물리적인 단일체로서(원초적 인간으로서) 구성된 나-자신이다…."(50절) 내가 타인에 대해서 가지는 경험 안에서 타인을 구성하는 것이 초월론적인 자아라고 할지라도, 이 구성 안에서 실질적으로 작동하는 자아, 이 구성을 가능하게 하는 자아, 우리가 '작동적인^{opératoire}' 자아라고 부르는 것, 이것은 구성된 자아로, 나에게 원초적으로 속한 나의 영역 안에서 나타나는 자아이며, 이 영역 안에서, 즉 세계 안에서, 이 유기체 안에서 나타나는 자아이다. 그런데 타자의 의미를 구성된 나의 자아의 자아성에 의존하게 하는 이 역설적인 상황의 이유는—구성된 자아는 자신의 자아성의 고유한 의미와 나임을 이 자아를 그 자체로 구성하는, 즉 이차적인 이 자아에 그 의미를 부여하는 본래적인 자아로부터만 끌어내질 수 있는 반면에—후설이 타인에 대한 경험에 대해서 제시하는 설명 그 자체에서 발견될 것이다.

타자는 나의 고유한 영역에 나타나는 신체로서, 즉 (구성된) 자아에 의해 존재하는 신체, 유기체와 같은 의미를 가지고 그 영역 안에서 지각되는 신체로서 나의 경험 안으로 들어온다. 이 고유한 나의 영역 안에서 나의 신체만이 하나의 유기체로서 본래적인 방식으로 구성될 수 있으며, 타자의 신체는 다만 자아에 의해서, 나의 고유한 신체로부터 발본된 통각적 전이의 결과에 의해서만 유기체로서 주어질 수 있다. 다시 말해 나의 고유한 신체는 나의 고유한 신체의 유기체성의 의미를 그 자체 지각된 타자의 신체로 전이한다. 이 고유한 영역 안에서 타자의 신체를 나의 것과 연결하는 닮음은 유비에 의해 타자의 신체를 다른 유기체로, 즉 타자의 신체로 생각하는 것을 허락한다.

여기서 처음으로 후설의 분석이 움직이는 순환, 다시 말해 그 분석이 설명하고자 하는 것을 그 분석이 전제하는 순환이 드러난다. 왜냐하면 닮음과 유비에 의해서 타자에게 나의 것과 같은 하나의 유기체성의 의미를 부여하는 통각적 전이의 필연성이 연역되는 것은 타자의 신체가 다만 유기체로서 지각되기 때문이며—내가 왜 타자의 신체 안에 거주하지 않는지 그 이유를 모른 채—다만 심리적 신체로서 타자에 대한 지각이 전제되기 때문이다.

유비적 통각이라고 불리는 이 전이의 기능을 계속 관찰해보자. 우리는 새로이 이 설명이 감추고 있는 실패와 만난다. 후설에 의하면 타인에 대한 경험은 우리가 생각하는 것처럼 수수께끼와 같은 것도 이해 불가능한 것도 아니다. 그 반대로 거기서 일어나는 것은 어디서나 일어나는 것이다. 예를 들어 이 유사 통각, 즉 매 대상에 대한 지각이 이 대상의 의미를 지향하는 지향성을 함축하고 유비적 의미의 대상이 처음으로 구성되는 "최초의 창조Urstiftung"로 보내지는 한에서, 유사 통각은 가장 일반적인, 가장 습관적인 우리의 세계 내의 대상에 대한 지각 안에서 일어난다. 의미의 전이는 타인에 대한 경험에서 아주 중요한 역할을 수행하는 짝짓기 안에서 재발견된다. 그런데 이것은 전혀 짝짓기에 한정되지 않는다. 짝짓기는 대상 경험의 일반적인 법칙이며, 후설이 말하듯 "초월론적인 영역의 보편적인 현상이며 (그리고 지향적인 심리적 영역의 보편적인 현상과 평행해서)"(51절) 존재하기 때문이다. 여기서 문제가 되는 것은 연합의 수동적인 종합의 최초의 형식들 중의 하나이다. 여기서 단일한 의식 안에 주어진 두 내용은 마치 짝처럼 나타난다. 다시 말해 하나의 객관적인 의미의 부여 덕분에 서로 관계한다. 이 짝짓기의 연합의 작업은 따라서 짝지은 전체 안에 같은 의미를 이식하는 것이며, "그 구성원의 하나를 다른 구성원의 의미에 일치해서 파악하는 것"이다.

짝짓기의 도식이 타인에 대한 경험의 문제에 적용될 때, 그것을 설명하는 한 방식으로 그 경험을 말하자면 일상화하고 타인에게서 그의 수수께끼 같은 성격을 떼어낸다. 왜냐하면 이 도식은 지각의 세계에서 빌려 온, 즉 근본적으로 비고유한impropres 지각의 범주들에서 빌려 온 존재론의 무게를 가지고 말 그대로 이 경험 위에 비처럼 부어지기 때문이다. 이렇게 도식은 그 경험을 파열시키고 왜곡하고 전적으로 비자연화한다. 만일 짝짓기가 연합이라면, 두 대상 사이의 닮음의 통일성은 그들의 의미를 교환한다. 타인에 대한 경험에서 짝짓기가 기능하기 위해서는 경험의 원리와 같은 것으로서 무엇이 필요한가? 우선 타자는 대상이어야 하고, 두 번째로 나-자신 또한 대상이어야 한다. 혹은 나는 대상이 되어야 한다.

짝짓기의 일반적인 이론을 타자의 문제에 적용하는 51절에서 후설은 "우리가 특히 관심을 가지는 이 경우에 (…) 짝짓기는 타자가 나의 지각의 장으로 들어오는 한에서만 산출된다"고 선언한다. 즉 타자는 나의 지각의 대상으로 제시된다. 내가, 나의 자아가 문제가 되는 경우, 자아 역시 두 항 중의 하나로서, 즉 구성된 심리-물리적인 자아로서, 나에게 고유하게 속한 영역 안에서만 기능한다. 따라서 자아도 역시 대상이다. 이어지는 텍스트에서 "나—이 심리-물리적인 원초적인 자아—는 나의 지각의 원초적인 장 내에서 지속적으로 '구별된다' (…) 특히 나의 신체는 항상 여기에 있으며, 나의 감성에 뚜렷이 현전한다^{sinnlich abgehoben}. 그런데 이 나의 신체는 원초적이고 본래적인 방식으로 유기체라는 특별한 의미에 의해 촉발된다."

이제 여기서 우리가 지금까지 행한 본래적인 자아로부터 나의 고유한 영역의 세계 안에서 객관적인 형식으로 나타나는 심리-물리적인 자아의 항으로의 실추에 대한 논평은 그 의미를 획득한다. 이제 이 나의 원초적인 고유한 영역 안에 세계 내적인 자아가 타인에 대한 경험 안에서 대상 그 자체인 타자의 신체와 맺는 짝짓기의 연합에서—이 짝짓기 안에서, 그것에 의해서 타자의 신체가 하나의 유기체가 되는 그런 연합에서—돌쩌귀로서 기능하는 한에서,

우리는 어떻게 이 초월론적인 자아의 심리-물리적인 자아로의 실추가 타인에 대한 경험의 조건인지를 잘 보기 때문이다.

자아의 본래적인 존재의 실추는 신체의 실추와 상관적으로 연결되는 듯이 보인다. 신체는 더 이상 근본적으로 주관적이고, 근본적으로 나의 존재에 내재하는 나의 자아와 동일한 '나는 할 수 있다'가 아니다. 또한 이 신체는, 자아를 본래적인 자아로 만드는 자기성처럼 그 신체의 순수한 신체성 안에서 신체를 본래적인 신체로 만드는 것도 아니다. 반대로 이 신체는 구성된 신체이며, 나의 고유한 영역에 속한 것으로 **그 자신 안에서가 아니라 그 영역 안에서 드러나는 것이다.** '나의 신체는 항상 거기에 있으며, 나의 감성에 대해 직접적으로 현재'하는 것인 반면 본래적인 신체는 이 감성 그 자체이며, 그 안에서 구성된 신체와 나의 고유한 영역으로부터 환원된 세계가 현전한다. 나의 신체와 나에게 고유한 것을 결정하는 요소에 나의 감성과 그것에 의해서 구성된 신체를 주는 것, 다시 말해 항상 감성과 관계하며, 감성을 가정하며, 궁극적인 소여를 보증하는 본래적인 신체를 가정하는 것, 이것은 모든 신체 이론의 습관적인 평행론이며, 이것은 신체 이론을 순진한 것으로 만드는 것이기도 하다.[136]

타인에 대한 경험 안에서 그 경험을 가능하게 하는 것으로서 기능하는 자아와 신체가 구성된 신체이며 구성된 자아인 한에서 이런 경험은 전적으로 왜곡된 것이다. 왜냐하면 타인에 대한 구체적

---

136 Henry, *Philosophie et phénoménologie du corps*(신체의 철학과 현상학), Paris: PUF, 1988 참조.

이고 실재적인 경험은 후설 그 자신이 성찰의 초반에서 말한 것처럼 나의 고유한 현상학적인 영역에 속한 초월론적인 사실이기 때문이다. 이 타인에 대한 경험을 만드는 것, 그것은 초월론적인 자아이며, '나는 할 수 있다'로서 나의 고유한 신체이다. 반면에 후설은 그것들을 세계 안에서, 나의 원초적인 고유한 영역의 세계 안에서 짝짓기 하는 두 신체의 표상으로 대체한다. 이 고유한 영역은 원초적이 아니며, 자기-객관화이다. 만일 타인에 대한 경험을 형성하는 것이 나의 본래적인 신체라면—나의 감성에 대해 있는 나의 신체가 아니라 나의 감성 그 자체라면, 또 표상 밖에 존재하는 신체, 그런 이유로 거기서 표상이 비로소 열릴 수 있는 그런 신체라면—그런 신체는 정확히 표상되고 지각된 타자의 신체와 짝지어지는 표상된 신체일 수 없다. 두 신체가 마치 에로틱한 어떤 국면에 이를 수 있는 것처럼 표상적인 짝짓기 안에서 이해될 때, 이와 같은 상황은 타인에 대한 경험을 토대 짓거나 본래적으로 규정하는 것이 아니라, 반대로 이 경험을 가정한다. 타자와 결합하고자 하는 기획이 그것이 갈 수 있는 길들을 따른다면, 그것은 이미 거기에 욕망과 타자가 있기 때문이다.

타자 경험에 대한 후설의 분석은 지각의 세계에서 빌려 온 연합적 짝짓기의 도식의 단순한 적용에 있지 않다. 이 적용과 더불어 이런 경험을 본래적으로 특징짓는 데 세 가지 문제가 발생한다. 이 경험 안에서 그리고 지각에서 일어나는 것과 반대로, 1) 지각에 의해 본래적으로 창출된 의미의 운반자로서 기능하는 대상, 즉 유기체의 의미—이 의미는 두 번째 대상으로, 즉 타자의 신체로 전이된다. 전이된 의미의 지지로서 대상은 항상 거기에 있다. 나의 신체는 나의 감성에 지속적으로 현전한다. 2) 의미가 전이되는 대상은 거기에 절대로 존재하지 않으며, 그 자체로 주어지지 않는다. 그것은 현전하지 않으며 다만 표-상되고re-présenté 간접 제시apprésenté된다. 그것이 타자이다. 바로 여기에 지각 경험과 타자 경험 사이에 존재하는 차이가 있다. 지각 경험에서 대상의 이면은 항상 정면이 될 수 있다. 타자 경험에서 나의 고유한 영역 안에 대상처럼 나타나거나, 신체-유기체의 실재적인 주체성의 대상으로서 나타나는 타자의 신체의 이면은 지각 경험과 달리 정면이 아닐 수도 있다. 3) 이것은 후설에 의해서 파악되고, 그가 직면한 어려움의 동기이다. "타자의 신체가 나의 원초적인 영역의 본래적인 장 안에서 절대로 그 자체로 자신을 드러내지 않는 한에서, 어떻게 (…) 전이된 의미가 마치 실존적 가치를 가진 것처럼, 타자의 신체의 심리-물리적인 규정의 합처럼 받아들여질 수 있는가(…)?"(52절) 여기에 후설의 대답이 있다. 비록 타자가 나에게 그 자체로 주어지지 않는다고 할지라도, 나의 고유한 영역에 대상으로서 현재하는 그의 신체에서 그의 정신적 삶을 파악할 수 있다. 함께 주어지는co-donné 것으로서, 또 표-상되는 것으로서 이 간접 제시apprésentation는 지각이 나에게 이 신체를 주는 것과 동시에 그의 정신의 삶을 나에게 준다. 다시 말하면, 타아는 "항상 변하는 제시présentation와의 결합에서 그것들의 실존적 가치를 빌려 오고 그것들을 항상 동반하는"(52절) 일련의 간접 제시들 안에서 나에게 주어진다.

타자에 대한 특수한 경험을 일반적인 지각 경험과 분리하는 이 세 지점을 반성해보자. 첫 번째로, 나의 고유한 영역 안에서 나의 감성에 지속적으로 나타난다고 말해지는 나의 신체의 현전은, 우리가 지금까지 충분히 밝힌 것처럼, 이차적으로 파생된, 구성된 현상이지, 신체가 자신의 순수한 신체성 안에서 자기 자신으로 현전하는 것도, 세계와 구성 밖에서 자기 자신에서 초월론적인 그런 자아도 아니다. 근본적으로 내재적인 현전만이 진정한 지속성, 모든 파악의 행위와 독립적인, 이 행위가 일어나는 환경과 독립적인 초월론적인 삶의 지속성을 규정한다. 나의 고유한 영역 안에서 나의 감성에 나타나는 나의 신체의 현전이 전혀 이런 자신의 지속을 요구하거나 함축하지 않는 한에서 후설의 주장은 스스로 해체된다.

두 번째는 가장 중요하다. 이것은 타자가 자신에 대해서 느끼는 경험은―그 안에서 그의 자아는 그에게 주어지며, 그의 신체는 그의 감성에 주어지기 때문에―나의 직접적인 지각을 회피한다는 것이다. 모든 후설의 분석―제시와 간접 제시의 대립―은 반박 불가능한 것처럼 보이는 이 결정적인 사실 주변에서 조직된다. 그리고 이것은 후설의 성찰 전체에 신뢰를 부여한다. 그런데 이 반박 불가능하고 결정적인 사실은 가장 애매하다. 그는 명백하게 분리해야 하는 전적으로 다른 두 의미를 애매성으로 가린다. 후설이 지지하는 불가능성의 의미는 다음과 같다. 즉 타자의 주체성에 직접적으로 도달할 수 없다는 불가능성은 그가 타자이며, 그에게 고유한 경험은 그에게만 주어진다는 것에서 유지된다. 따라서 나의 고유한 영역 안에서 나는 지향적으로 타자의 신체-대상만을 지각할 뿐이다. 다시 말해 자신의 주체성에 의해 내적으로 거주하고, 그것에 의해서 느껴지고 성숙하는 타자의 신체는 다만 간접 제시될 뿐이다.

타자를 그 자체로 지향적으로 지각할 수 없다는 근본적인 이 불가능성의 두 번째 의미는 후설에 의해서 사유되지 못한 것이다. 이런 불가능성은 우선 타자의 타자성에서 유래하는 것이 아니라 자아임의 성질, 즉 절대적인 주체성으로부터 유래한다. 왜냐하면 이런 불가능성은 본래적인 방식으로 이해된 모든 주체성이, 그것이 타자의 것이든 나의 것이든 간에, 원리상 그것이 주제적이든 아니든, 능동적이든 수동적이든 모든 종류의 지향성을 회피하며, 결국 모든 종류의 지각적인 제시를 회피하기 때문이다. 달리 말하면, 내가 타아를 그 자체로 지각할 수 없는 것은 타아가 타자이기 때문이 아니고 그가 자아이기 때문이다. 보다 자세히 말하면, 간격 안에서만 움직이는 모든 지향성이 원리상 이 삶에의 접근을 제공하는 능력을 자신 안에 가지지 못하는 것은, 살아있는 것으로서 초월론적인 삶은 자신 안에 조금의 간격도 허락하지 않기 때문이다. 우리가 이 글의 처음에서부터 본래의 자아—절대로 지향적으로 자신에 도달하지 않으며, 다만 인상적으로 도달하는 본래적 자아—를 자기-구성과 자기-명시화의 산물인 현상으로, 특히 고유한 것이 구성된 것으로 사라지는 나의 고유한 영역으로 대체하는 후설의 전개 과정에 반대한 것은, 이런 상황은 나의 자아뿐 아니라 타자에게도 동일하게 관계하기 때문이다.

후설 분석의 세 번째 지점에서 우리는 분석의 역설적인 상황을 발견한다. 타아는 절대 그 자체로 지각되지 않으며 다만 나의 고유한 영역 안에서 지각된 그의 신체로 간접 제시될 뿐이기 때문에, 이 간접 제시의 실존적 가치는 후설에 의하면 지각된 신체의 제시와의 지속적인 연결로부터만 올 수 있다. 역설은 타인에 대한 실재적 존재의 경험에 실패한 지각이 즉각적으로 이번에는 장애를 제거할 수 있는 유일한 수단으로서 다시 이 같은 지각에로, 즉 타인에 대한 신체-지각에로 우리를 인도할 때 일어날 뿐 아니라 더 나아가 타인에 대한 인식, 즉 그의 주체성에 대한 인식이 문제가 되는 경우에 이 주체성을 사물에 적합한 접근 방식, 즉 대-상에 대한 외적인 지각으로 대체할 때 일어난다. 따라서 내가 타자와 함께 존재하는 살아있는 정념적인 상호 주체성, 즉 일인칭에서 상호 주체성은 사물에 대한 경험에, 즉 타자의 '심리적' 성질이 다만 사물과 같은 존재와 연결된 비실재적 의미만을 가지는 죽은 사물에 대한 경험에 자리를 양보한다.

이 경험의 스타일은 지각의 스타일이며, 지각된 대상처럼 타아는 존재론적으로 나의 고유한 영역에 노출된 신체로 환원되며, 이런 타자는 직관적으로 끝없이 충족시켜야 하는 새로운 지향적 지평들로 보내지는 시간적 지각 경험에서, 다시 말해 새로운 지각들의 경험에서 대상적 신체로서만 주어진다. 타자는 나에 대해서 존재하는 것으로 표상 밖에서는 존재하지 않으며, 자신의 존재를 표상에 전가하며, 이 표상으로부터 긍정되고 검증되고, 혹은 반대로 수정되고 교정되고 경우에 따라서는 지워지기를 기다린다. "타자에 대한 경험에서 그 경험에 대한 점진적인 검토와 실현은 일치하는 종합적인 일련의 간접 제시에서만 지속될 수 있다."(52절) 그런데 이런 일련의 일치하는 종합적인 간접 제시는 종합적으로 일치하는 제시와 연결될 때에만, 그것에 의존할 때에만 존재할 수 있다. 결국 구체적인 정념적인 상호 주체성을 지배하는 것은 지각적인 제시의 법칙이지 삶의 토대에 내적으로 공존하는 이 주체성들의 정념의 법칙이 아니다. 그것은 욕망과 성취, 고통과 향유, 감정과 후회, 사랑과 증오가 아니라, 다시 한 번 말하면 그것은 지각의 법칙이다. 지각은 후설에게 우리의 고유한 자아 혹은 타자의 자아와의 관계가 문제가 되는 경우 우리가 그 존재에 접근하는 것을 허락하는 원리이다. 지각 현상학을 타자에 적용하는 것, 그것은 지각 현상학에 고유한 것이다. 나는 이것은 지각 현상학의 괴물 같은 면이라고 말할 것이다.

그럼 실제로 이때 지각이 어떤 역할도 하지 않는 타인에 대한 경험에 대해서 말하는 것은 무엇인가? 칸딘스키를 애호하는 사람들의 구체적인 공동체를 예로 들어보자. 그리고 이 공동체의 구성원들은 한 번도 만난 적도 없으며, 서로 모른다고 가정해보자. 또 이런 경험이 가능한 것이 그 구성원이 작은 수로 이뤄지기 때문이거나 혹은 여기서 문제가 되는 본질적인 분석이 전개되는 자유로운 공상fiction의 원리적인 가능성 때문이라고 가정해보자. 이때 사람들은 이들이 비록 서로에 대해 지각적인 대상이었던 적이 한 번도 없음에도 이 자아들은 함께 존재한다고 말할 것이다. 이것은 대상적인 어떤 것이, 즉 그들이 애호하는 작품이 이들을 함께 통합하기 때문이다. 다만 칸딘스키에게 예술 작품의 자리는 전혀 대상적이 아니다. 그림의 세계는, 색의 존재가 실제로 우리 안의 인상일 뿐인한에서, 외적 형상의 존재가 그것을 그리는 어떤 비가시적인 힘, 다시 말해 본래적인 신체에 근본적으로 내재적이며, 근본적으로 주체적인 '나는 할 수 있다'인 한에서, 가시적인 세계가 아니다. 따라서 주체는 이 순수한 인상과 이 순수한 힘의 절대적인 주체성 안에서 유지되며, 또한, 이 자아와 동일한 것으로서, 타자와 함께하는 자신의 존재가 유지된다. 왜냐하면 표상과 시간 밖의 공동체를 가능하게 하는 표상과 시간 밖의 공통된 것은 작품의 정념, 더 정확히 말하면 창조한 칸딘스키의 것이면서 동시에 그것을 애호하는 사람들의 것, 다시 말해 이 정념이 된 사람들의 정념이기 때문이다.

보다 광대하고 보다 중요한 다른 공동체를 생각해보자. 죽은 자들과의 공동체. 이 공동체는 기억으로서 지워진 지각의 지반의 흔적들을 간직한다. 이것은 다만 우리가 알았던 죽은 이들하고만 관계하며—우리 안의 인류인 모든 죽은 이들과 관계하지 않는다. 그런데 우리가 아는 죽음들과 관계하는 한에서, 만약 지각이 그들과 함께하는 우리 존재의 결정적인 요소를 구성한다면, 그들과 함께하는 존재는 지각과 더불어 사라지지 않는다면, 그것은 우리의 사유 작용들과 이것들을 비밀스럽게 결정하는 것에서 빠져나온 우리 안의 정념으로서가 아니라 다만 표-상, 기억의 대상의 이름으로만 존속할 것이다.

그런데 우리를 더더욱 당황하게 하는 것이 있다. 만일 우리가 이것을 보다 깊이 반성해보면, 우리의 삶 안의 죽음들은 이 세계를 실질적으로 떠난 자들과 절대적으로 동일화되지 않는다. 우리가 다시 보고 새로이 지각할 수 있는 많은 이가 우리 주변에 산다. 이런 방식으로 그들을 매일 다시 보는 것은 우리 안의 그들의 죽음에 어떤 변화도 가져오지 않는다. 반대로 더더욱 그 죽음에 민감하게 만든다. 따라서 타자의 삶과 죽음, 공통의 존재 혹은 단절은 절대로 지각에서, 그것의 사실적인 가능성 혹은 불가능성에서 유지되지 않는다. 키르케고르는 그리스도와 공통된 존재, 그가 동시대성이라고 부른 것은 그리스도를 한 번도 보지 않은 우리보다 그를 추방한 자들에게 더 어렵다는 것을 긍정하는 데까지 가지 않았는가! 이것은 그가 "정신 세계의 이상한 울림"이라고 부른 것의 특징이며,

공통된 존재의 법칙들은 사물들과 지각의 법칙들이 아니라는 것을 말한다. 내가 그와 함께 존재하는 나의 본래적으로 정념적인 상호 주체성 안에서의 타자와의 관계에서 여기Hic와 저기illic는 후설이 『다섯 번째 데카르트적 성찰』에서 말하는 여기와 저기, 즉 나의 고유한 영역에서 지각된 신체들의 여기와 저기가 아니다.

그런데 타자와 우리의 구체적인 관계를 규정하는 것은 바로 지각의 법칙에 도전하는 이 정신적인 울림이다. 예를 들어 카프카의 모든 작품이, 또 가까이에서 가장 멀리 존재하는 알코올 중독에 빠진 여자들에 대한 릴케의 단순한 관찰이 의존하는 것은 바로 이 정신적인 울림이다. 근대 세계가 죽은 자들과의 모든 형태의 공동체를 가능한 한 모두 제거하고자 한다면—이 공동체는 과거 사회에서 아주 큰 역할을 했다—또 근대 세계가, 나데즈다 만델스탐Nadejda Mandelstam[137]이 말하듯, 그들에 대한 단순한 기억마저 제거함으로써 그들의 생각마저도 증오한다면, 만일 근대 세계가 매 순간 거기 앞에 존재하는 것에 자신을 던진다면, 그것은 근대가 과학과 기술과 미디어의 세계처럼 객관주의를 광기에까지 밀어붙이기 때문이 아닌가?—아니면 반대로 죽은 자들과 함께하는 공통의 존재가 바로 우리 자신인 내재적이고 비우주적이고 정념적인 이 주관성 안에 거주하기 때문이 아닌가?

망자들과 혹은 신과 함께하는 모호하고 문제시되는 공통의 존재만이 있는 것이 아니라 모든 존재가 함께하는 공통의 존재도 가

---

[137] Nadejda I. Mandelstam(1899-1980), 러시아의 작가이며 교육가. 시베리아 굴락에서 죽은 시인 오시프 만델스탐의 부인이기도 하다._옮긴이 주

능하다. 그것은 다만 우리 안에서 절대적인 주체성의 직접적인 변형의 형식 아래에서, 항상 그리고 우선 **실재적이고 구체적인 공통의 존재**로서 완성될 때에만 가능하다. 아이와 엄마가 함께하는 공통의 존재, 최면술사와 최면에 걸린 자가 함께하는 공통의 존재, 분석자 analysant와 분석가analyste가 함께하는 공통의 존재 등등. 타자를 타자로서 파악하기 이전에 타자의 신체의 지각 전에, 지각과 독립적으로 타인과 함께하는 한 실재적 존재un être réel의 의미에서 타인에 대한 경험은 우리 안에서 정감의 형식 아래에서 일어난다. 타자에의 접근을 설립하는 것은 인식 대상적 제시도, 인식 작용적 제시의 양식도 아니며, 그것은 초월론적인 정감성 안에서, 즉 삶 그 자체 안에서 일어나는 증여이다. 절대로 지향성이나 구성 안에서가 아니라 이 삶의 고유한 본질 안에, 타자 경험의 본래적인 양태들에서 드러나는 타자 경험의 보편적인 선험성이 자리한다. 지각이 이 경험 안에 개입할 때조차, 지각이 지도적인 역할을 수행하는 듯이 보일 때에도, 단지 우리가 누군가를 보고자 할 때, 예를 들어 사랑하는 두 사람이 서로를 바라볼 때, 서로를 벗기고 서로 만질 때, 이 경우에 중요한 것은 지각이 우리에게 타자를 주는지 그렇지 않은지를 아는 것이다. 이때 지각이 욕망에 대답을 할 수 없는 무능 때문에 그것이 다시 욕망으로 보내지고, 다시 말해 순수한 주체성의 정념의 역사로 그것의 고유한 운명으로 보내진다면, 욕망으로서 공통의 존재는 실제로 이 지각을 앞설 것이다.

지향성의 기본적인 불가능성 특히 타자의 실재적 존재에 도달할 수 없는 지각의 불가능성은 『다섯 번째 데카르트적 성찰』의 밝혀지지 않은 중심적인 주장일 뿐 아니라 그것은 이 지각에 요구된 유사 대답들의 중심을 타격한다. 결론을 내리기 전에 타인의 인식 대상적인 모든 제시가 부딪치는 실패의 본성을 정확히 하자.

이 실패는 이중적이다. 그것은 우선 내 안의 타자의 실재적인 존재를 내 밖의 인식 대상적인 제시로, 타아를 나에 의해서 지각된 사물이 입는 단순한 의미로 환원하는 것이다. 타아는 더 이상 내 안의 나의 상처가 아니며, 나의 초월론적인 삶의 실재적인 변형의 취기가 아니라 그것은 비실재일 뿐이며, 지향적 의도의 상관자일 뿐이다. 후설은 타인에 대한 경험을 최소화하고자 하면서 그것을 비실재로 환원한 사실을 인정했다. 만일 어떤 심연이 모나드들 간의 실재적 경험을 분리한다면, 타아 존재의 의미를 원초적인 영역의 대상에 부여하면서 이 심연을 건너는 지향성의 공동체는 후설에게 아무것도 아닌 것이 아니다. "그런데 다른 한편, 이 본래의 공동체는 아무것도 아닌 것이 아니다. 만일 '실재적으로' 각각의 모나드들이 절대적으로 닫힌 단일체라면, 비실재적 개입, 즉 나의 고유한 영역에서 타인에 대한 지향적 개입은 꿈이나 환상의 의미에서 비실재적이 아니다. 존재는 다른 존재와 함께 지향적인 공동체 안에 존재한다."(56절)

이로부터 보다 심각한 두 번째의 후설의 문제 제기의 실패가 나온다. 만일 실재의 모나드들이 어떤 심연에 의해서 분리된다면, 이 심연을 극복해야 하는 지향적인 소통은 우선 이 실재적 모나드들을 나의 고유한 영역으로 대체하는 것이다. 왜냐하면 이 영역 안에서만, 이 최초의 밖^{Dehors}에서만 지향성은 작동하기 때문이다. 그런데 이 모나드들의 고유한 영역들은 당연히 모나드 그 자체와 마찬가지로 분리되어 있다. 더더욱 자신의 고유한 영역으로, 자신에게 고유한 것으로 환원된 각각의 모나드가 자신에게 가장 고유한 것으로부터, 자신의 고유한 정념으로부터, 또 그 안에서 욕망과 충동으로서 삶을 이미 타자에게 던지는 이 삶의 운동으로부터 파악되지 않는 한에서, 이 모나드들은 더더욱 분리된다.

후설의 텍스트에서 라이프니츠의 모나드의 개입은 지향성에 의한 본래적 자아에 대한 정의로부터 나온다. 결국 표상의 형이상학 안에서이다. 지향성은 자아의 내재적 삶이 세계로, 자아가 지향성에 의해 열리는 그 세계로 미끄러지는 것을 가능하게 한다. 고유성의 개념의 애매성을 결정하는 것은 바로 이 지향성이다. 고유성의 개념은, 후설의 텍스트에서 나를 이방인으로부터 구분하기 위해 52절에서, "직접적으로 현전할 수 있거나 정당화될 수 있는 것은 '나 자신'이거나 고유하게 '나에게 속한 것'이다"라고 말할 때 출현한다.

55절에서는 나의 고유한 영역의 근본적인 분리가 확연해진다. 주지주의를 가지고 사람들은 그것을 극복하고자 한다. 질문은 어떻게 나의 고유한 영역 안의 '저기'의 타자의 그 신체와, 결국 앞의 것과 동일한 신체인 타자의 고유한 영역 안에서 타자의 '여기'의 신체를 어떻게 이해할 것인가이다. 혹은 어떻게 이 두 영역이 이 신체의 동일화 안에서, 그것에 의해서 동일화될 수 있는가이다. "어쨌든, 수수께끼는 이 두 고유한 영역이 이미 구분될 때에만 일어날 수 있다"고 후설은 말한다. "그런데 이 구분은 타인에 대한 경험이 이미 그 작업을 완성했다는 것을 전제한다." 『다섯 번째 데카르트적 성찰』의 모든 분석은 이 두 고유한 영역을 전제할 뿐 아니라, 타인에 대한 경험은 실제로 그 작업을 완성했으며, 타자가, 즉 그에게 고유한 영역이 존재한다고 전제한다. 그리고 나의 고유한 영역의 '저기'의 신체는 타자의 고유한 영역의, 그리고 타자의 '여기'의 신체라는 것을 전제한다. 나의 고유한 영역 안에서 짝짓기, 연합, 유비를 가능하게 하는 이 구분은 다만 이것이 구분을 넘어서 타자를 전제할 때에만 이 모든 것을 이해 가능하게 한다. 그런데 지각은 아무 것도 설립하지 않으며, 다만 그 뿌리를 초월론적인 삶 안에서 취한다는 것을 가정한다. 그 안에서 사실 자아는 태어나며, 그것으로부터만 이해될 수 있으며, 자신의 고유한 토대로부터 이해될 수 있다.

사실 충동이 뿌리를 내리는 곳은 다름 아닌 삶, 다만 삶 안에서 이기 때문이다. 이 충동이 이 삶의 순수한 주체성과 본래적으로 다른 것이 아닌 한에서, 삶이 자신의 고유한 무게를 견딜 수 없는 순간까지 견디고 짊어지면서 자기를 느끼고 견디는 한에서 말이다. 너무 무거운 이 삶의 짐을 내려놓는 것, 자신의 불안과 자신의 고통으로부터 벗어나고자 하는 것, 이 모든 운동은 삶의 고유한 본질로부터 삶 안에서 태어난다. 이것이 바로 충동이다. 그것은 삶이 자신과의 어떤 거리도 없이 자기로부터 도망침이 없이 끝없이 스스로 촉발되기 때문에, 삶이 스스로에 대해서 가장 큰 위험이기 때문에 삶은 충동이 되면서 이 충동에 연루되면서, 이런저런 방식으로 자신의 충동을 지배하고자 노력한다.

『다섯 번째 데카르트적 성찰』의 평행론은 타인의 신체에 대한 객관적인 지각으로부터 그에 대한 경험을 기술하고 이 경험을 지향적인 구성으로 설명하는 데에 있다. 반면에 이 구성은 그것의 궁극적인 동기에서, 그것의 가능성 그 자체를 설명하고 파악하는 것이 문제이다. 우리는 현상학이 이 후자의 설명을 불신하고, 우선 기술의 문제에 집착한다고 말한다. 그런데 '사물 그 자체'의 본질을 회피하는 것을 허락하는 이 기술은, 특히 모든 구체적인 상호 주체성의 정념이 문제가 되는 경우 정당화될 수 없으며, 그것이 가능하다면 그것은 사실성의 지평에서일 것이다.

사람들은 또 상호 주체성에 대한 후설의 다른 텍스트들이 존재한다고 말할 것이다. 특히 이 문제에 바쳐진 후설의 세 권의 유고들을 예로 들 것이다. 디디에 프랑크[138]와 더불어 사람들은 그 텍스트들 중에서 충동과 성욕을 타인과의 관계의 근본적인 형식으로 승진시키는 텍스트들을 골라냈다. 그리고 여기서 충동적인 공동체의 개념화가 제안된다. 그런데 모든 이론적인 맥락 밖에서 충동의 개입과 더 나아가 지향성으로서 충동의 본질이 즉각적인 해석 이상으로, 그 자체 명백한 것으로서 주어지고, 이로부터 삶의 내적인 운동과 탈자적 던짐의 혼동은—그 안에서 고유한 자신의 자리로부터 떨어져 나오는 탈자적 운동은 단순히 제거된다—진정으로 새로운 토대 위에서 상호 주체성의 문제를 제기하기보다는, 오히려 주체/대상의 예전의 방식 안에, 직관과 그것의 충족 안에, 인식 작용적-인식 대상적 분석 안에 현상들을 재기입할 뿐이다. 그런데 현상들 자체의 결정적인 의미와 철학적으로 질문하는 힘은 정확히 그런 분석으로부터 떠날 것을 우리에게 명령한다.

여기서 기술된 『다섯 번째 데카르트적 성찰』에 대한 비판은 어떤 경우에도 현상학 그 자체에 대한 비판이 아니다. 반대로 우리가

---

138 Didier Franck, *Chair et corps, sur la phénoménologie de Husserl*(살과 신체, 후설 현상학에 대하여), Paris: Ed, de Minuit, 1981, p. 152 이하.

후설의 텍스트에 제기하는 모든 질문은 현상학적인 질문이다. 그 질문들은 하나로 요약된다. 어떻게 사물들이 우리에게 주어지는가? 이때 현상학의 대상은 이 '어떻게' 그 자체이다. 어떻게 타자가 지향성의 테제에 의해 우리에게 주어지는가를 알고자 하면서, 그로부터 타자와 상호 주체성에 대해, 보편적 선험성으로 해석된 지향적 현상학의 일반적인 전제를 반복적으로 적용하면서,『다섯 번째 데카르트적 성찰』이 불러일으킨 난점은 후설 혼자만의 것이 아니라 우리의 것으로, 그 이후로 그로부터 전개된 모든 현상학의 전제로 우리를 다시 이끈다. 이 전제는 현상학 그 자체를 그것의 궁극적인 현상학적 토대 안에서 다시 생각하도록 우리를 초대한다.

2. 공동체의 현상학을 위해

공동체의 이념은 공동체의 공통된 어떤 이념을 전제한다. 다른 한편, 그것은 공동체의 구성원들이 공통으로 가지는 이념을 전제한다. 따라서 공동체의 이념은 우리를 4개의 질문 앞에 놓는다.

1) 공통된 이 실재는 무엇인가?

2) 그런데 이런 실재를 공통으로 가지는 자들은 누구인가?

3) 이 공동체의 구성원들은 어떻게 그들에게 공통된 것에 참여하는가? 다시 말해 어떤 양태에 일치해서 그리고 어떤 양태에 의해 그들은 이 공통된 실재 안으로 들어가는가? 혹은,

4) 공통된 실재는 어떻게 그들에게, 그들 각각에게 주어지는가?

이 질문의 마지막 두 개는 우리의 연구인 현상학적인 특성을 가

진다. 왜냐하면 우리가 알듯이 현상학은 사물들이 아니라 그것들의 증여와 관계하기 때문이다. 다시 말해 사물들이 우리에게 주어지는 양태와—대상이 아니라 후설이 말하듯 "어떻게 안에서 대상들"과—관계하기 때문이다.

우리는 여기서 이 공동체의 수수께끼 같은 성격을 밝히고자 한다. 그런데 우리의 최초의 분석은 이 연구의 난점들만을 가중시켰고, 그것들은 결국 하나로 수렴되는 4개의 질문을 솟아나게 했다. 이 4개의 질문이 결국 하나인 한에서, 다시 말해 공통의 실재에 대한 질문인 한에서, 공동체의 구성원들의 실재, 그들이 공통된 본질에 접근하는 '어떻게'의 실재, 그들에게 주어지는 이 본질의 '어떻게'의 실재는 공동체와 그 구성원들에게 동시에 하나이며 동일한 실재이며 하나이며 동일한 본질일 뿐이다.

우리가 공동체와 이 구성원들의 유일하고 본질적인 이 실재에 이름을 주고자 한다면, 그것은 삶이라고 불릴 것이다. 우리는 이제 공동체의 본질은 삶이며, 모든 공동체는 살아있는 자들의 공동체라고 말할 수 있다.

만일 현상학이 사물들과 관계하는 것이 아니고 그것들이 주는 '어떻게'와, 즉 그 자체로서 순수한 현시와 관계한다면, 우리가 여기서 말하고자 하는 삶은 사물 혹은 운동 소화 배설 등등의 속성과 기능을 가진 존재자가 아니다. 삶은 '어떻게', 즉 계시의 양태 그리고 계시 그 자체이다. 따라서 우리가 앞서 제기한 네 질문의 질서는 전복되어야 하며 이제 그것들의 동일성은 밝혀진다.

어떻게 공통된 것이 그 구성원들에게 주어지는가? 네 번째 질문이면서 첫 번째 것인 이 질문은 공동체의 구성원들은 공통된 것을 가지며 그것은 이런저런 어떤 것, 예를 들어 이런저런 직업이 아니라 이 사물들이 그들에게 주어지는 방식이다. 사물들은 어떻게 그들에게 주어지는가? 삶 안에서 삶에 의해서 주어진다. 그런데 우리는 즉각적으로 어떻게 사물들은 삶 안에서 삶에 의해서 주어지는가라고 반복적으로 질문한다. 어떻게 삶은 주는가?

삶은 자신에게 고유한 방식으로, 아주 개별적인 방식으로 준다. 비록 삶의 단독적인 증여의 방식이 보편적이라고 할지라도 말이다. 삶은 삶이 주는 것을 자기 자신에게 주는 방식으로 준다. 삶이 자기 자신에게 주어지는 것은, 그것이 무엇이든지 간에 일어나기만 하면 삶과 분리되지 않으며, 그래서 삶이 자기에게 주는 것은 삶 그 자체이다. 삶은 근본적이고 엄격한 의미에서, 주는 것이 삶이고 주어지는 것이 삶이라는 의미에서 자기-증여이다. 왜냐하면 주는 것은 삶이고, 삶 안에서만 우리는 이 선물^{don}에 참여하기 때문이다. 왜냐하면 거기서 주는 것은 삶이고 우리가 삶에 접근하는 것은 다만 삶 안에서이기 때문이다. 삶이 아니고는 아무것도 삶에 이르는 길이 없다. 이것은 삶은 살아있는 것이 존재하기를 멈추게 하는 것을 허락하지 않는다는 것을 의미한다. 삶은 삶이 스스로 자기를 느끼고 견디는 한에서 절대적인 주체성이며, 즉각적으로, 거리 없이 자기를 느끼고 견디는 것 이외에 다른 것이 아니다. 바로 이것이 가능한 모든 공동체의 본질을 구성하는 것이며, 공동체에 공통된 것이다. 다시 한 번 이것은 어떤 것이 아니라 자기-증여로서 본래적인 증여, 즉 자기를 살아있는 것으로 만드는 내적인 느낌이며, 그리고 이 자기-증여는 자기에 의해 단지 자기에 의해서만 행해지는 이 느낌 안에서 살아있는 것이다.

그런데 공동체 안에는 삶만이 있는 것이 아니라 또한 구성원들이 있다. 그들은 누구인가? 그들은 어디에서 오는가? 그들은 여기서 무엇을 하는가? 삶 안에 이런 살아있는 것의 증식은 무엇을 의미하는가? 우리는 이런 종류의 질문들에 대한 하나의 대답에 의심을 가질 수 있는가? 그런데 우리는 삶으로부터가 아니면 삶에 이를 수 없다는 것을 안다. 공동체의 구성원은 자신의 본질, 본질적인 어떤 것과의 관계에서 단순한 합이 아니며, 그의 본질에 낯선 혹은 경험적인 상황의 결과도 아니다. 구성원들의 경험적인 요소들이 우연히 함께 놓여서 하나의 공동체를 형성하는 것도 아니다. 살아있는 자들만이―절대적인 주체성들만이―삶의 공동체인 공동체 안으로 들어간다. 그들은 그들의 삶으로부터만 삶의 공동체 안으로 들어갈 수 있다. 만일 살아있는 것들의 단순한 실존으로부터 우리가 이해할 수 있는 것을 우리가 이해하고자 한다면 다시 한 번 삶으로부터 출발해야 한다.

삶은 자기-느낌이다. 그런데 이 느낌은, 그것이 실질적인 한에서, 근본적인 의미에서 단독적이며, 필연적으로 이 경험이며 다른 것으로 환원 불가능한 이 느낌이다. 예를 들어, 이 불안이 아닌 불안은 없으며, 자신의 자기-촉발의 직접성 안에서 자신의 존재의 매 지점을 만지며, 모든 것을 채우지 않는 불안은 없다―우리가 비유적 방식으로 말하듯, 전 세계를 채우지 않는 불안은 없다. 반면에 불안이 어떤 세계 안에 존재하지 않는 한에서, 어떤 지평도 그것을 넘어서지 않는 한에서, 자기를 해체할 수 있는 면허와 같은, 자기와 다른 것일 수 있는 어떤 탈출의 공간도 없는 한에서 불안은 그와 같은 것이고 존재의 모든 것이다.

삶의 내적 구조에 대해—이 구조에 의해 삶은 매번 살아있는 것인데—카프카는 '네가 발 딛고 있는 바닥이 그것을 덮고 있는 두 발보다 더 넓을 수 없는 행운'이라고 표현한다. 여기서 문제가 되는 것은 이 '행운chance', 혹은 자기에 전적으로 몰린 삶의 견딜 수 없는 짐fardeau이다. 모든 경우에 삶이 자기 자신과 매 지점에서 맞아떨어지는 내면성, 이 삶의 근본적인 내면성이 삶 그 자체인 이 느낌으로써 삶을 구성한다. 삶의 이런 동일성은 우리가 사물에 대해서 말하듯 그 사물의 외적 동일성이 아니라 삶이 자기와 매 지점에 일치하는 이 느낌으로 존재하는 것이며, 이런 방식으로 자기를 느끼고 견디는 것이다. 다시 말해 즉각적으로 자기 자신을 느끼고 견디는 순수한 사실로서 절대적인 주체성의 본질은 자기성의 본질과 동일하다.

자기성의 본질은 이념적인 본질이 아니며, 본질적인 직관의 상관자가 아니다. 이념적 본질은 우리의 표상 안에서만, 비실재 안에서만 본질일 수 있다. 반대로 실재의 본질로서, 실재적이고 살아있는 삶인 한에서 본질은 매번 실재적인 자기이며, 자기-촉발 안에서 촉발하는 것과 촉발되는 것의 동일성으로서 근본적인 개체화이다. 그리고 이 동일성은 삶 안에서 자기 촉발되는 모든 것 위에 개체화의 도장을 찍는다. 주체성은 개체화의 원리principium individuationis이다. 주체성 안에서 필연적으로 탄생이 그리고 매번 자아, 초월론적인 의미에서 한 개체, 한 개인un Individu이 태어난다. 삶의 주체성이 공동체의 본질을 구성하는 한에서, 공동체는 정확히 삶으로서뿐 아니라 살아있는 것들의 잠재적인 전체로서 공동체이다.

공동체는 이 살아있는 개인들 전체와 다른 것이 아니다. 우리가 여기서 밝히는 개인의 개념은 아주 본질적이어서 개인과 함께하는 공동체만이 존재한다. 개인과 공동체를 서로 대립시키고 그들 사이의 계층적인 관계를 설립하고자 하는 모든 시도는 아주 단순히 무의미하며, 그런 시도는 결국 삶의 본질을 그것에 의해 필연적으로 함축되는 것에 대립시키는 데에 이른다. 이런저런 정치적 체계를 세우는 것, 그것은 개인의 제거가 아니라면, 개인보다 더 본질적인 구조 혹은 전체성에, 즉 개인보다 더 상위의 공동체에 개인을 종속시키는 것이다. 이런 공동체는 공동체가 아니다. 이 전체성은 추상이다. 예를 들어, 자신의 이름으로 말하고 행동한다고 가장하면서 삶의 자리를 대신하는 관료주의이다. 왜냐하면 삶 안에 개인은 그 이상도, 어딘가에 종속된 것도 아닌, 이 삶의 현상학적인 현실태의 고유한 양태일 뿐이기 때문이다. 그런데 개인의 멸시가 산출되는 상황은 우발적이고 정치적인 것만이 아니라 또한 이론적이며, 더 나아가 보편적이라고 말해진다. 그런 상황은 이런저런 방식으로 근대 기술의 세계 어디에서나 일어나며, 객관성은 모든 생각 가능한 진리가 일어나는 장소로서 주어진다. 그리고 삶과 개인은 이것에 공실체적인 것으로 제거된다. 근대 세계가 이 사실을 알든 모르든, 그것을 경계하든 안 하든, 이론적인 객관주의를 명령하는 명령어는 정치적 기획에서 보다 명백하게 다음과 같이 공식화된다. 즉 "죽음 만세!"

개인의 운명과 공동체의 운명이 연결되어있다면, 그것이 같은 운명이라면, 이때, 개인의 지위는 모든 오해를 제거하는 방식으로 명시화된다. 이런 지위가 우리에게서 발견되는 말을 생각해보자. 만일 내가 발 딛고 있는 이 바닥이 절대로 그것을 덮고 있는 두 발보다 크지 않다면, 그것들의 접촉, 즉 절대적인 주체성은 절대적인 여기, 내가 나를 유지하는 여기, 내가 존재하는 여기이다. 여기는 주체성의 자기성이다. 이 '여기^{Hic}'를 특징짓는 것은 다음과 같다.

1) 여기는 절대로 보이지 않는다. 왜냐하면 주체성의 자기성에는—다시 말해 주체성에서—어떤 거리도, 시선이 미끄러져 들어갈 수 있는 어떤 간격도 없기 때문이다.

2) 여기는 절대로 보이지 않으며, 여기는 어떤 방식으로도 보이지 않으며, 여기는 '저기^{illic}'에서 보이지도 않으며, 여기는 저기로 변화될 수 있는 것이 아니다. 절대적인 여기는 격변화를 할 수 없으며, 절대로 자신의 자리를 다른 것과 바꾸지 않는다.

3) 여기는 절대로 보이지 않는다. 왜냐하면 그것은 절대로 세계 안에 있었던 적이 없기 때문이며, 그것은 존재의 탈자 안에서 절대로 드러나지 않기 때문이며, 그것은 현상학적인 의미에서, 그리스적 의미에서 현상이 아니기 때문이다. 이렇게 여기는 이 세계에 속하는 모든 범주를 회피하며, 그것에 의존하는 모든 범주—예를 들어 지향성—를 회피한다.

여기서 우리는 주의해야 한다. 왜냐하면 우리가 개인과 함께 공동체를 생각하고자 한다면, 우리가 일상적으로 이해하는 이 자아, 그의 여기, 그의 신체, 그의 여러 속성들로부터 나와야 하기 때문이다. 정확히 우리는 자아를 자아로서(처럼)^{comme} 이해하며, 우리는 그것을 우리가 그 자체로 이해하는 것에 따라서 자아로 취한다. 이것이 의미하는 것은 자아는 세계 안에서, 세계의 지평에서 도래하며, 그것은 이 자아로서 나타나며, 나의 것으로 혹은 그의 것으로 나타난다는 것을 의미한다. 후설의 현상학에서 모든 자아는 지향성에 의해 그것에 자아임, 보다 정확히 나의 자아임 혹은 그의 자아임이 구성된다. 이런 방식으로 지향성이 전개되는 본래적인 이 세계 안에서, 존재, 즉 이 자아의 자기성은 자아임의 의미로, 자아로서 드러남의 의미로 환원된다.

왜 지향성은 세계 안에서 자아로서 드러난 것을 지각하고, 그것에 자아임의 의미를 부여하는지 그것은 가장 큰 신비이다. 왜냐하면 의미를 부여하는 본래적인 힘은, 자기성이 이미 자신의 본질을 다른 곳에서 전개했을 때에만, 세계 안에서―그 안에는 가능한 자기성도 자아도 없다―나타나는 것에 그 자체로 자기성의 의미를 부여할 수 있기 때문이다. 지향성은 밤이 내려앉고 난 후에만 일어날 수 있다. 다시 말하면, 자아의 자기성이 문제인 경우, 지향성은 항상 한 발 늦게 온다.

서양철학은 사실 공동체의 구성원들에 대해서 거의 언급하지 않는다는 것을 강조하자. 왜냐하면 서양철학은 거의 맹목적으로 세계의 구조인 '…로서(처럼)'에서 공동체의 개념을 빌려 오기 때문이다. 이런 사실은 이 구조가 근대 형이상학의 진리의 개념에 영향을 미칠 때, 이 구조가 표상^{représentation}의 구조가 될 때 명백해진다. 표-상$^{re-présenter}$, 이것은 무엇을 …로서(처럼) 제시하는$^{présenter\ comme}$ 것이다. 표상 안에서 나, 자기성은 "나는 나를 표-상한다$^{je\ me\ re-présente}$"고 표현한다. 나는 어떤 것을 나로서(처럼), 나의 나로서(처럼) 혹은 그의 그로서(처럼) 제시한다. 왜 이 앞에 정립된 것이 나이고 너인가? 우리는 그것에 대해 아무것도 모른다. 그리고 나이고 너인 것은 무엇인가? 표상 안에서 우리는 이것에 대해서 아무것도 알 수 없다.

표상 안에서 자아는 이상한 방식으로 이중화된다. 자아는 다만 이 표상의 대상일 뿐 아니라 이 표상의 주체이기도 하다. 다시 말해.

다만 제시된 것일 뿐 아니라 제시하는 것이며, 자기에게 제시하는 것이고 두 번째 의미에서 자기를 표-상하는 것이다. 또한 이 자아, 진정한 자아, 초월론적인 자아는 모든 표상에 동반되는 것이어야 하고, 모든 표상은 자아에 제시되며, 이 표상에 따라서 이것에 일치하는 것으로, 그리고 이 표상의 최후의 변종인 세계와 동일한 것으로 생각된다. "내가 나를 표상한다"라는 진술은 이 표상의 구조를 진술한다. 표상의 구조에 대한 이 진술에서, 자아는 제시된 것이 관계하는 동일한 축으로 나타나며, 이 축은 자기성으로 간주된다는 사실은 단순한 전제라기보다, 칸트가 반복하듯이 이 나는 '단순한 진술'일 '뿐'이라는 것이 사실이라면, 그것은 언어의 실수일 뿐이다. 그리고 사실 이 자아에 대해서 그것 이외의 것을 말하고자 하는 모든 시도, 자아에 어떤 존재를 부여하고자 하는 모든 시도가 거짓 추론일 뿐이라면, 우리는 그와 같은 자아에 대한 진술을 촉진하는 것이 무엇인지 모른다. 현대 철학은 주체와 자아-주체에 대한 근본적인 비판을 이끌었다고 말해진다. 그런데 현대 철학은 이 비판, 이 전적인 자기-파괴를 산출한 것이 바로 이 주체의 철학 그 자체라는 사실을, 그리고 우리 시대의 비판은 이 현대 철학의 무의식적 반복일 뿐이라는 것을 잊었을 뿐이다. 이제 자아-주체와 그것에 함축적인 자기성이 표상 안에서, 보다 일반적으로 세계의 빛 안에서 완전히 사라질 정도로까지 해체되는 이유는, 자기성의 본질이 근본적으로 이 빛에 환원 불가능하며, 그 안에서 절대로 빛나지 않으며, 그리스적 현상이 아니기 때문이 아니라면 무엇인가?

이제 우리는 어쩌면 너무 빨리 명백한 것으로 획득된 우리의 고유한 테제에 주의를 기울여야 할 때이다. 우리는 공동체의 본질은 삶이라고, 모든 공동체는 살아있는 것의 공동체라고 말했다. 삶이 어떤 차이도 없이 표상과 세계 밖에서 즉각적으로 자기-촉발되는 한에서, 자기성이 이 반우주적인 느낌 안에서 태어나는 한에서, 이 느낌이 실질적인 것으로 단독적으로 규정된 것이라면, 이때 공동체와 그 구성원들과 그들의 관계를 특징짓는 모든 것은 처음부터 사람들이 함께 있는 것처럼 보이는 이 세계 밖으로 보내진다. 우리는 이때 이런 외양에도 모든 공동체는 비가시적이라고 말해야 하는가? 이 위험을 무릅쓰자.

공동체의 존재를 명시화하기 위해서 우리는 현상학과 그것의 전제들을 요청했다. 현상학에서는 "나타나는 만큼 존재가 있다autant d'apparence, autant d'être."[139] 그런데 현상학에서 존재를 설립하는 나타남 apparence, 그것은 그리스적 현상이다. 빛 안에서 드러나고 빛나는 것이다. 공동체의 문제를 도입하기 위해서 우리가 현상학의 이런 전제들을 근본적으로 비판했다. 그런데 역사적이고 이미 고전적인 현상학은 반대로 지금까지 해결되지 않은 이 문제를 처음으로 이 빛에 의해서만 해결될 문제로서 이 공동체의 문제를 해결하기 위

---

139 후설이 마르부르크 학파에서 빌려 온 현상학의 제 1의 원리인 이 표현(더 정확히 요한 프리드리히 헤르바르트의 공식, "Soviel schein, soviel sein"에서 빌려 온 것)은 후설의 『데카르트적 성찰』 46절에서 발견할 수 있다. 이 원리는 존재론을 나타남에 종속시키는 것으로, 존재에 대한 나타남의 우선성을 지시한다. 그런데 이 원리의 'apparence'가 한편으로 '나타나는 것(ce qui apparaît)'과 '나타남의 사실(le fait d' apparaître)' 그 자체를 동시에 지시하는 애매성을 처음부터 가지는 까닭에 앙리는 "autant d'apparaître autant d'être"로 수정해서 쓸 것을 제안한다. 이와 관련해서는 여러 논문들이 있으나, 1991년에 발표된 "quatre principe de la phénoménologie(현상학의 4 원리)"(in *Phénoménologie de la vie*, Tome 1, Paris: PUF, 2003), 그리고 *Incarnation, une philosophie de la chair*(육화, 살의 철학) 2절(Paris: Seuil, 2000)을 참조할 수 있다._옮긴이 주

해 다시 이 전제들에 의존한다. 이 문제는 타인에 대한 경험의 문제로 제시된다. 공동체가 자신의 고유한 본질로, 또 그 구성원들로 환원되지 않지만, 그럼에도 구성원들이 여전히 서로 직접적으로 어떤 지속적인 관계를 함축하는 한에서 이 문제는 발생한다. 코기토와 더불어 내재성은 한순간 서양철학의 전개 위에 자신의 그림자를 드리웠다. 내재성이 그렇게 한 것처럼, 우리의 고유한 분석에서 그것을 잘 알아차려야 한다. 타자와의 관계를 설립하기 위해서는 바로 이 그림자를 거둬내는 것으로 충분했을 것이다. 인간이 더 이상 탈출할 수 없는 상자 같은 유사-내면성 안에서 자기-자신에 갇혀있지 않자마자, 인간이 세계-내-존재로, 사물들 곁에 머무는 존재로, 타자들 옆에 머무는 자로 이해되자마자 타자의 문제는 해결된 듯이 보인다. 아니 차라리, 사변적인 뒤틀린 구성에서가 아니라면, 그것은 전혀 문제이었던 적이 없는 듯이 나타난다. 다-자인은 그 자체로 공-존재$^{Mit-sein}$이다.

거기^{là}에 존재하고 세계 안에 존재하는 현상학에, 이 반박할 수 없는 공-존재에 근본적이고 체계적이고 거대하고 정감적인 전개를 처음 제공한 사람은 바로 막스 셸러이다. 그것이 정감적인 이유는 이런 종류의 명증성은 그것에서 항상 작동하는 난제를 제거하지 못하고 그것에 의해 손상을 입기 때문이다. 셸러의 테제는 후설의 『다섯 번째 데카르트적 성찰』의 주제이기도 하다. 셸러의 이 테제를 가지고 사람들은 후설과의 거의 보이지 않는 차이와 아주 미세한 뉘앙스를 가지고 그리고 어떤 약간의 변형을 가해서 이미 길을 잃은 것을 결정적인 승리로 가져오고자 시도한다. 후설과 셸러(나는 여기서 시간상 결과만을 고려한다)는 다음과 같이 말할 것이다.

즉 나는 나의 지향성 안에서 타자의 심리-물리적인 존재, 그의 신체를 다른 사물들과의 유비적인 사물로서가 아니라 살아있는 신체로서, 다시 말해 정신의 삶 안에 거주하는 것으로서, 보고 잡고 느끼고 고통을 겪고 쾌락을 느끼는 신체로서 직접적으로 지각하고 거기에 이른다. 살아있는 신체 혹은 심리-물리적인 존재는 전체성으로서 심리적 측면 없이 신체적 측면만을 고려하는 것이 불가능하듯이, 혹은 반대로 신체적 측면 없이 심리적 측면만을 고려하는 것이 불가능한 그런 방식으로 분리할 수 없이 두 측면이 결합된 통일체이다.

그런데 이 두 측면—심리적 측면과 신체적 측면—은 어떤가? 짝짓기와 절대로 분리될 수 없을 정도로 두 측면을 결합하는 무한히 강한 연합은 이것들 각각에 대해서 존재론적이고 현상학적으로 중요한 질문을 제기하는 것을 방해하지 않는다. 사람들은 다음과 같이 물을 수 있다. 즉 이 두 항은 같은 실재, 같은 소재로 이뤄진 동질적인 것인가?—그것들을 주는 증여의 힘은 같은 것이며, 같은 지향성인가, 아니면 두 지향성인가? 혹은 한 지향성의 두 경우인가? 아주 빨리, 아주 잘못된 이런 질문들이 제기되고 그 대답은 부정적으로 드러난다. 타자의 정신적 삶, 그의 영혼은 의심의 여지 없이 그의 신체-사물과 근본적으로 다르며, 특히 이 정신적 삶의 증여의 양식은 후자와 근본적으로 다르다.

후설의 분석에서 이 차이는 가능한 감춰지고 왜곡되기 위해서만 인정될 뿐이다. 타자의 신체가 나에게 제시되는 한에서, 다시 말해 실재적으로 나의 지각에 주어지는 한에서, 그의 정신적 삶은 간접 제시될 뿐이며, 그의 정신의 삶은 내가 지각하는 그의 신체와 짝짓기 하는 동안 주어진다. 그런데 그것 자체는 그 자체로 주어지지 도 지각되지도 않는다. 그것은 직접 제시되지 않으며 다만 간접 제 시될 뿐이다. 타자의 신체의 지각과 그의 영혼의 지각의 차이는 고 유한 의미에서의 지각, 즉 몸소 주는 행위와 사물 그 자체와의 차 이가 아니라 표상을 주는 행위와의 차이이다. 이것은 두 종류의 지 향성 간의 차이이다. 이것은 지향적 현상학에 내재적이며 그런 현 상학에 의해 설명된다. 타자 경험 안에서, 지향적인 현상학은 한 존 재의 본질 혹은 실존에 대해서 내가 가질 수 있는 의미는 지향적인 삶 안에 근원한다는 현상학의 궁극적인 전제를 유지할 뿐 아니라 그것을 검증한다.

타자 경험, 즉 공동체와 연관된 모든 것은 따라서 감각적 의미sens 로 환원되고 감각적 의미에 의해서 표현된다. 여기 있는 것으로 나 를 지각하는 나는 타자를 나의 고유한 영역 안에서 다른 신체로, 살 아있는 신체로, 타자의 신체로서, 타아로서 지각한다―누군가 저 기에 있고 그의 저기에서 존재하며, 나에게 저기는 그에게 여기이 고, 그는 나에게 여기인 것을 저기 있는 나로서 지각한다. 같은 저 기는 나에게 여기이며, 그에게 저기이다. 마찬가지 방식으로 모든 대상은 하나이며 같은 대상들의 체계를 형성하며, 이 대상들은 하 나이며 유일한 객관적인 세계의 체계로부터 이해 가능하고 설명 가능한 나타남apparences의 두 체계를 따라서 나에 의해서 보이고 이 어서 그에 의해 보인 동일한 것들이다. 공동체는 하나이며 동일한 객관적인 세계를 지각하는 사람들의 공동체이며, 사람들은 여기 서 지각의 체계들이며, 하나이며 같은 실재, 하나이며 같은 세계의 가능한 만큼의 다양한 나타남이다. 바로 여기서 사람들은 공통된 것으로 객관적인 세계의 이념적인 실재를 가지게 되며, 그것들은 바로 이 객관적인 세계에 대한 조화로운 표상들의 체계들이 된다. 여기서 우리는 지각 현상학, 즉 의미^{sens}의 현상학은 비의미$^{non-sens}$의 현상학이라고, 즉 어처구니없는 현상학이라고 말할 수 있을 것이다.

그럼에도 하나의 질문을 제기하자. 왜 타자의 심리적 신체의 지각에서 신체만이 정확히 지각되고 그의 영혼은 간접 제시되는가? 다시 말해 왜 지각되지 않는가? 후설이 덧붙이듯이 절대로 지각되지 않는가? 아마도 심리적 신체는 타자이기 때문에, 혹은 그것이 타자의 것이든 나의 것이든 자아의 존재를 일반적으로 형성하는 가장 궁극적인 어떤 이유 때문일지도 모른다. 다시 말해 삶의 주체성의 자기성과 여기성^{hiccéité}은 어떤 바깥도 지니지 않으며, 밖에서 지각되지 않으며, 원리상 생각 가능한 모든 지향성을 회피하기 때문일 것이다.

셸러는 지향적 현상학의 행보 아래 파인 이 심연과 삶의 자기성의 지각되어질 수 없음, 그리고 자기 자신을 절대로 보지 못하는 사유의 시선 앞에 세워진 이 궁극적인 장애를, 나는 타자의 신체를 지각할 뿐 아니라 그의 정신적 삶을 지각한다는 놀라운 주장 덕분에 제거했다고 믿었다. 이것은 분명 후설의 분석에서 가져온 뉘앙스이다. 나는 그의 이마 위의 붉음을 지각할 뿐 아니라 그의 수치를 즉각적으로 지울 수 없이 지각한다. 심리-물리적인 통일성은 원초적인 통일성이고 다만 나중에 두 현상들 사이에 분리가 개입된다. 그런데 이 두 계열의 현상들은 현상들이라는 같은 이름으로 불리고, 빛 안에서 빛나는 사물들이다. 지향적 시선은 이 빛 안에서 사물들을 만난다.

셸러는 엄격한 의미에서 심리적 실재에 대한 지각의 조건을 인식하면서 심리적인 것은 초월적인 실재이며 지향성의 가능적 상관자이기에, 세계는 다만 물리적인 것도 물질적인 것도 아니라고 말한다. 그것은 가치론적이고 정감적인 술어들로 구성된 세계이며, 조용한 혹은 위협적이고 해로운 혹은 이로운 세계와 같이 충돌, 원한, 권태, 피곤 등등의 열기들로 가득 찬 심리적 세계이며, 나를 바라보는 혹은 나를 회피하는 혹은 단순히 나를 무시하는 시선들로 가득 찬 세계이다. 이 익명적인 심리적 흐름 안에서, 셸러에 의하면, 소용돌이 같은 것이 형성되며, 이 소용돌이는 다양한 심리적 실재들이 우연히 무차별적으로 놓이지 않고, 반대로 작은 어떤 체계들의 다양성에 따라서 정돈되도록 한다. 이 다양한 실재들은 결국 체험들로 자아의 중심으로 모이고, 자아는 이것들과 관계한다고 말한다.[140]

따라서 셸러에게 왜 심리적 흐름 안에서 자아들이 발견되는 소용돌이가 형성되는지, 또 왜 심리-물리적인 존재의 통일성은 물리적인 것과 구분되는지, 다시 말해 무엇을 전혀 느끼지도 못하고 자기 자신도 느끼지 못하는 것과 심리적인 것, 다시 말해 느껴지고 자기를 체험하는 것이 구별되는지 물어야 한다. 또 자기의 본질과 삶의 본질이 무엇인지 물어야 한다. 따라서 우리는 다시 우리의 본래의 문제로 돌아온다.

삶에서 살아 있는 자들 사이의 관계는 삶의 본질과 그들의 것인

---

140 Max Scheler, *Nature et formes de la sympatie*(공감의 본질과 형식), trad. franç. M. Lefebvre, Paris: Petite Bibliothèque, 1971, p. 335.

삶의 본질로부터만, 다시 말해 세계가 가지는 '으로서comme'의 구조 밖에서, 지향성 밖에서, 의미 밖에서만 이해될 수 있다. 우리는 이 삶의 본질을 자기-촉발로 이해한다. 이것은 우리가 보여준 것처럼 이 삶cette vie을 매번 하나의 살아있는 것un vivant으로 만드는 것이다— 이것은, 만일 우리가 불가피하게 이것을 표상적 자아, 존재자로서 세계의 지평 위에 던져지고 그 위에서 나타나는 것으로 이해한다면, 사람들이 보통 '자아'라고 부르는 것이다. 만일 이 초월적 자아—그것이 초월하든, 초월되든 간에—가 삶 안에서 살아있는 자들 사이의 관계에 부재한다면, 이런 관계는 고전적인 사유와 또 이어서 현상학이 타인에 대한 경험이라는 제목 아래에서 기술하는 것과 아무런 관계가 없다. 그들의 기술에 의하면, 이런 경험 안에서 그리고 이 경험이 타인에 대한 경험이기 위해서는 타자는 타자로서 나와 다른 것으로, 나의 자아의 타자로서 지각되어야 하며—자아, 나는 따라서 자아로서 이 경험 안에 연루되며 어떤 방식으로 자아로서 이 경험 안에서 공-지각된다.

그런데 이것은 우리가 타자들에 대해서 가지는 본래적인 경험 안에서 우리가 실재적으로 그들과 함께 있는 한에서는 절대로 산출되지 않는 것이다. 왜냐하면 지향성의 상관자이며 인식 대상적 의미에서 자아—타자의 것과 나의 것인 자아—는, 그것이 비실재인 한에서, 어떤 경우에도 자신 안에 자기-촉발의 실질성effectivité 안에서 삶의 실재를 지니지 않기 때문이다. 우리가 아이와 엄마의 관계를 고려한다면, 이 관계는 세계 밖에서, 표상 밖에서 일어나기 때문에, 나로서의 나, 타자로서의 타자의 출현을 함축하지 않는다. 아이는 자신을 아이로서 지각하지 않으며, 엄마를 엄마로서 지각하지 않는다. 이것은 아직 아이가 엄마의 아이로 자신을 지각하는 지평이 일어나지 않았기 때문이다. 따라서 아이와 엄마의 관계를 일종의 자발적인 의식으로 아이가 엄마를 사랑하는 것으로 이해되는 모든 종류의 기술은 주체성 안에서 상처 입은 이 순수한 느낌 위에 표상적 구조를 던지는 순진한 기술이다. 이 주체성 안에는 어떤 세계도, 그 세계를 구성하는 어떤 관계도 없다. 우리가 보통 세계적 언어로 '아이'로서 지시되는 이 순수한 시련이 문제가 될 때, 우리는 이 시련을 우리가 말하는 주체성으로서만 생각할 수 있다. 즉 자기에 전적으로 몰린, 이 주체성의 양태들로 보내진 이 양태들을 절대로 해체할 수 없는, 다시 말해 모든 자유와 그것들을 해체할 수 있는 가능성에 저항하는, 다시 말해 세계의 탈자에 저항하는 원초적 시련 안에서 고통을 겪는 양태들로만 생각할 수 있다.

사람들은 우리의 사례가, 그것이 오늘날 그 가치를 잃어버렸든 아니든 간에, 한정된 사례라고 말한다. 공동체란 세계 안의, 그리고 이 세계에 직면한 인간들의 공동체가 아닌 것처럼, 구체적인 공동체들이 보통 가지는 다양한 특성인 대면의 양태들, 예를 들어 노동에서 자연과 맺는 관계의 양태, 즉 자연과 함께하는 노동, 이 회피할 수 없는 상황을 무시하고, 세계 밖에서 인간들의 공동체를 구성해보고자 하는 것은 우리를 추상 안에 던지는 것이 아닌가라고 묻는다. 또 인간 공동체의 형성의 국면, 다시 말해 세계적인 국면만이 발생론적인 의미를 가진다고 사람들은 말할 것이다. 그런데 발생은 방금 지나서 도달한 한 국면을 한정하는 역사적 산물일 뿐이지 않은가? 발생은 차라리 기원Arché으로의 돌아감, 항상 현재하는 것, 항상 작동하는 기원으로 돌아가는 것이 아닌가? 니체의 동물과 마찬가지로, 프로이트의 아이는 더 이상 한 과정 안의 한 단계를 지시하지 않는다. 그것은 본질, 삶의 본질의 감춰진 이름이다. 따라서 아이의 특징들은 실제로 삶의 모든 규정 안에서 나이와 상관없이 우리 안에서 재발견된다.

다른 예, 최면을 고려해보자. 이 이상한 현상을 둘러싸고 있는 불확실성이 무엇이든지 간에, 우리가 그것에 대해서 형식화할 수 있는 유일한 테제는 최면을 거는 자든 최면에 걸리는 자든 모두 세계 안에 나타나지 않으며, 그리스적 의미에서 현상들이 아니라는 것이다. 혹은 최면에 걸리는 자는 타자도 그 자신도 표상하지 않는다. 왜냐하면 그는 아무것도 표상하지 않기 때문이며, 그가 있는 여기, 삶 안에는 어떤 표상도 없기 때문이다.

이런 상황은 동물의 최면에서 발견될 수 있다. 한 다람쥐가 자기를 삼키려는 뱀에게 현혹된다면, 다람쥐는 소가 풀을 좋은 먹이로 지각하듯이 뱀을 위협하는 자로 지각하지 않는다. 또한 다람쥐는 자신이 위험에 처해있는 것으로 지각하지도 않는다. 이런 차별화가 지속되는 한, 현혹 혹은 최면은 실패할 것이다. 최면은 동물이 자신 안의 움직임과 알 수 없는 어떤 힘을 일치시킬 때에만 일어날 것이다. 이렇게 최면은 이 힘 이외에 다른 것이 없고 그것에 의해서 전적으로 실려 가는 방식으로 일어난다.

사람들은 최면의 상황, 더욱이 아이의 경우는 아주 특수한 상황이라고 반대할 것이다. 또 이 모델에서 성인들로 구성된 인간의 공동체를 생각하는 것은 역설적이라고 반대할 것이다. 적어도 가장 진보한 공동체, 가장 큰 지성을 가진 공동체를 포함해서 생각 가능한 모든 공동체가 최면의 질서가 아닌 한에서 말이다. 그렇다면 다른 예, 분석가와 분석자에 의해 형성되는 정신분석의 공동체를 예로 들어보자. 특히 그중 분석자를 예로 들어보자. 왜냐하면 여기서 분석가는 분석자에 대해 존재하지 않으며, 어쨌든 그의 표상 안에 존재하지 않기 때문이다. 분석자는 분석가의 시선에서 빠져나오며, 마치 분석가가 거기에 없는 듯이 행한다.

정신분석은 치료이며, 이것은 적어도 원리적으로 우선 신경증 환자의 전이를 대상으로 한다. 그런데 이 치료는 사실 전이 안에, 보다 정확히 말하면 정신분석이 치료를 위해 취하는 전이의 반복 안에 놓인다. 따라서 정신분석은, 그것이 우리를 전이의 현전과 그것의 본질 안에 두 번 놓는 한에서, 이중적으로 존재한다. 즉 전이는 한 번은 환자의 삶 안에서 일어나며, 두 번째는 분석가의 소파 위에서 반복된다. 사실 우리가 두 번이라고 말하는 것은 잘못 말하는 것이다. 환자의 삶에서 전이가 일어나는 것은 한 번이 아니다. 그것은 끝없이 반복된다. 그것은 반복이다. 분석 안에서 시도되는 반복은 아주 특이한 반복으로, 이 반복은 마지막이기를 바라는 반복이다. 그런데 어떻게 가능한가?

이 질문에 답하기 위해서 삶에서 전이가 반복인지 먼저 알아야 하지 않는가? 전이는 삶 안에 있었기 때문에, 삶은 반복이기 때문에, 그것은 반복이다. 이 반복은 우리가 세계 안에서 여러 번 같은 사건이 반복되는 것과는 다른 것이다. 삶은 그것이 세계 안에 도달하지 않는 한에서, 모든 거리의 부재 안에서, 삶과 삶 사이에 어떤 거리를 설립하는 것의 불가능성에서 반복이다. 삶은 영원히 존재하는 것이다. 그래서 삶은 삶이 행하는 것을 행하고, 그것을 행하기를 그치지 않는다. 모든 행위의 가능성의 조건과 본질은 따라서 삶의 절대적인 주체성의 근본적인 내재성 안에, 다시 말해 자기와 차별지어지지 않음 안에 존재한다. 행위는 자기의 원리적인 내재성 안에서 힘force의 실현 이외에 다른 것이 아니며, 이 힘에 의해서만 가능해진다. 따라서 왜 분석의 전이는 삶 안에서 힘의 방식으로 반복되는지를 알 수 있다. 그리고 왜 전이는 자기 안에 전적으로 빠진, 자기에 의해 전적으로 덮인 강박적 행위Agieren[141]인지, 왜 그것이 하는 것과 다른 것을 하지 않는지 알 수 있다. 그것은 몽유병자의 행위처럼 맹목적이고 무차별적인 행위이며, 최면의 상태에서 일어나는 것, 즉 '무의식적'으로 일어나는 것이다.

아주 의식적인 '무의식'은 세계 안에서 표상되는 것, 세계의 빛에서 드러나는 것을 말한다. 이 빛 밖에서 자신을 유지하는 모든 것, 그리고 이 빛에 의해 밝혀질 수 없는 모든 것은 단번에 경험 밖에서 존재하며, 따라서 아무것도 아니다―혹은 적어도 자기 안에서 전혀 드러나지 않는 어떤 것이거나, 그것의 실존은 드러나는 어떤 것으로부터, 예를 들어 분석자의 연상과 같은 것을 실마리로 해서 추론될 뿐이다.

그런데 전이 안에서 반복되는 것은 무엇이고, 그 안에서 힘의 방식으로 작동하는 것은 무엇인가? 우리가 아는 것은 아무것도 없으며 아무것도 의식적이지 않은가? 그것이 아니라면, 반대로 자기 의식, 다시 말해 모든 표상된 것과의 차이에서 현전하기를 그치지 않

---

141 프로이트가 사용한 정신분석 용어로, 주체가 충동, 환상, 혹은 욕망에 의해 작동되는 구조를 지시하는 것으로 주체가 치료의 과정 밖에서 혹은 치료(면담) 중에 자신의 억압된 기억을 말하는 것을 피하기 위해서 동시에 전이를 회피하기 위해 무의식적으로 행위로 옮겨 가는 것을 지시한다. 영어로 'acting out', 불어로 'passage à l'acte'라고 옮긴다._옮긴이 주

는 것이다. 그것은 프로이트가 전혀 무의식적이 아니라고 말하는 정감affect이다. 여기서, 분석적 전이 안에서 무의식은 벌거벗은 상태로 드러나며 그 자체로 존재한다는 미켈 보슈-야곱슨Mikkel Borche-Jacobsen의 탁월한 언급을 이해해야 한다[142]. 따라서 정신분석은 전이의 반복을 조직한다. 왜냐하면 결국, 정신분석이 이 사태를 언어와 분석자의 발화에 전적으로 내맡길 때조차도, 정신분석은 거기에 원시적 힘과 같은 순수한 정감으로서 존재하는 무의식을 발견해야 한다.

왜 힘은 정감인가? 왜 정감은 하나의 힘인가? 어떤 점에서 원초적인 힘/정감의 짝에 대한 질문이 우리 자신의 질문이며 공동체에 대한 질문인가? 만일 이 힘이 우선 자기의 소유가 아니라면, 힘이 스스로 모든 거리를 배제하는 직접성 안에서, 삶 안에서 느껴지지 않으면 어떤 힘도 가능하지 않으며 어떤 작동도 일어나지 않을 것이기 때문이다. 이 느낌의 현상학적인 실질성, 비그리스적인 이 현상학의 실질성, 그것은 반박 불가능하고 환원 불가능하게 절대적으로 존재하는 것 안의 정감성이다. 그리고 이 현상성은 사람들이 그것 모두를 가릴 때에도 절대로 가려지지 않고 지속하는 것이다. 왜냐하면 데카르트의 결정적인 직관에 의하면, 우리가 세계 전체를 단지 꿈일 뿐이라고 가정하면서 이 세계 전체를 괄호 안에 넣을 때, 이 꿈 속에서 느낀 두려움은 절대적으로 사실보다 덜한 것이 아니기 때문이다. 이런 의미에서 삶은 그것이 정감인 한에서 절대이다.

---

142 "l'hypnose dans la psychanalyse(정신분석에서의 최면)" in Léon Chertok, Mikkel Borche-Jacobsen et coll., *Hypnose et psychanalyse*(최면과 정신분석), Paris: Dunod, 1987, p. 51.

모든 힘이 정감이라면, 모든 정감은 힘인가? 정감은 어떤 특별한 정감이 아니라 그의 세계에로 환원 불가능한 현상학적인 실체 안에서 삶 그 자체이다. 그것은 자기-촉발, 자기-인상, 자기에로 몰린, 자기에서 으깨진, 자기의 고유한 무게 아래에서 짓눌린 원초적인 시련이다―삶은 세계가 거리를 가지고, 시간적 간격과 공백을 가지고 삶을 촉발하는 방식으로서가 아니라 그래서 움직이면서 시선을 여기저기 돌리면서 삶에서 도망칠 수 있는 그런 방식으로서가 아니라 스스로 촉발되는 것이다. 정감은 이 내적 본질의, 이 내적인 지속적인 촉발을 따라서 촉발되는 삶이다. 그리고 어떤 방식으로도 우리가 이로부터 도망치는 것이 불가능한 그런 것이다. 이 느낌에서, 삶이 스스로 자기를 더는 견딜 수 없는 삶의 시련이 될 때, 이 삶으로부터 도망치고자 하는, 거의 불가능한 것처럼 보이는 것 속에서 이 삶을 변화시키고자 하는 운동이 태어난다. 이런 삶은 필요이고 충동이다. 프로이트가 말하듯 "자아는 충동적인 흥분에 저항 없이 머문다." 자기에 대한 삶의 저항의 부재 그 자체가 만드는 것, 그것은 충동 자체이다. 따라서 정감은 그 자체 안에서 힘이며, 정감은 자신 안에서 그것이 있는 바의 것으로부터 힘을 촉발하기를 그치지 않는 것이다.

도식적으로 좀 전에 우리는 살아있는 것과 그로부터 살아있는 것들이 그들 사이에서 가지는 공동체의 관계의 본성에 대해서 말했다. 그들 사이의 관계의 본성이 그들의 고유한 본성과 일치하는 한에서, 이것은 우선 표상의 법칙들과 의식의 법칙들이 작동하는 세계 안에, 세계의 표상 안에 자리하는 관계가 아니며, 삶의 법칙과 그것의 본성이 작동하는, 즉 정감과 그것이 산출하는 힘이 작동하는 삶 안에 자리하는 관계들이다. 따라서 우리는 모든 공동체는 본질적으로 정감적이며, 동시에 충동적이라고 말할 수 있다―그리고 이것은 근본적으로 사회, 부부, 가족의 공동체와 관계할 뿐 아니라 관심과 그들의 명시적인 동기가 무엇이든지 간에, 모든 공동체 일반과 관계한다.

이런 공동체의 개념화는 결국 환원적이지 않은가? 이 공동체는 여전히 다시 한 번 세계 안에, 모든 구체적인 사회가 세워지는 세계의 기능 안에 존재하지 않는가? 만일 우리가 프로이트가 말하는 젊은 여자, 외출하기로, 길로 나아가기를 결심하는 여자, 혹은 파베세Pavèse[143]의 『아름다운 여름』의 초반부에 나오는 젊은 여자처럼 자신 앞에 열린 공간을 가로지르는 이 여자를 상상해보면, 우리는 반대로 그녀들이 향하는 공동체는 이미 그녀들 안에 존재하지 않는지 물을 수 있다. 이것은 그녀들이 하는 것을 하도록 촉발하는 불안의 힘에 의해서, 즉 힘의 정감에 의해서가 아니면 무엇인가? 공동체는 선험적인 것이다.

그런데 그녀들이 자신을 완성하는 것은 세계 안에서가 아닌가? 만남이 일어나고 짝짓기를 하는 것은 결국 세계 안에서가 아닌가? 어떻게 여기서 표상의 힘을 배제할 수 있는가? 연인들은 세계의 빛 아래에서 일종의 상호적인 노출을 찾지 않는가? 그들은 서로 보기를 원하고 만지기를 원하지 않는가? 그들이 만지기를 원하는 것은 무엇인가? 타자의 감각, 그의 삶이 아니면 무엇인가? 그리고 이것은 절대로 도달하지 않는 것이다. 왜냐하면 만일 내가 타자가 쾌락

---

143 Casare Pavèse(1908-1950), 이탈리아 작가._옮긴이 주

을 느끼듯이 타자의 쾌락을 느낀다면, 다시 말해 실제로 그와 같은 것은 쾌락이 스스로 자기를 느끼는 것이며, 이 경우 나는 타자일 것이고 혹은 그는 나일 것이다. 따라서 충동이 욕망이, 타자의 욕망이, 그 말의 근본적인 의미에서 욕망이 될 때, 욕망은 대상 없이 존재한다. 다시 말해 욕망을 위한 대상은 없다. 그래서 욕망은 세계 안에서 유령처럼 방황하다가 이미지들과 결합한다.

그렇다면 실제로 성관계에서 무슨 일이 일어나는가? 애무는 타자의 쾌락의 흔적을 좇는다. 애무는 타자의 쾌락을 불러낸다. 그런데 애무가 만지는 것은 타자의 신체-대상이지, 그의 본래적인 신체, 즉 근본적으로 주체적이고 근본적인 내재적인 신체가 아니며, 세계 밖에, 가능한 모든 세계 밖에 존재하는 그 자체로서의 그의 쾌락이 아니다. 그래서 이 내밀한 결합의 순간, 이 사랑의 결합의 순간은 역설적이게도 연인들이 어떤 징후들을 기다리고, 실마리를 찾고, 어떤 신호들을 전달하는 순간이 된다. 여기서 성관계 그 자체는 쾌락의 단순한 본능적 도래에 쾌락의 도래라는 의식적 기투 project를 덧붙인다. 사실 쾌락은 자기 자신을 위한 것이면서 타자를 위한 것일 것이다. 그런데 이 기투 자체는 바로 이 사실 자체의 실패를 인증한다. 다시 말해 타자의 쾌락은 그 자체에서 현전되지 않고, 공-현전되거나 실재의 짝짓기의 완성을 흉내 내는 간접 제시가 된다. 그런데 연합적인 짝짓기가 보다 강하고 보다 통합적일수록 단순한 간접 제시는 더더욱 명백해진다. 다시 말해 이 간접 제시 안에서 타자성은 두 장소, 즉 쾌락이 쾌락인 장소와 쾌락이 단지 그와 같은 것으로 전제되는 두 장소를 영원히 분리하는 심연으로까지 벌린다. 이 심연 안에서, 그것에 의해서 타자는 타자일 뿐이다.

여기서 우리는 후설의 기술을 다시 발견하지 않는가? 우리는 다시 한 번 그 기술과 함께 표상의 형이상학인 지각 현상학 안에 존재하지 않는가?

따라서 공동체를 그것의 고유성에서, 즉 삶에서 생각하도록 최상의 노력을 기울여야 한다. 삶 안에서 산 자는 삶의 자기성에 의해 산 자이며, 다시 말해 자기-촉발에 의해 산 자이다. 정확히 해야 할 것은 바로 이 자기-촉발의 본성이다. 자기-촉발은 칸트의 개념이나 하이데거의 해석에서처럼 자신의 고유한 촉발의 기원을 의미하지 않는다. 다시 말해 내감, 즉 시간에 대립하는 정립을 따라서 그 정립 안에서 사유하는 내가 존재하는 나로 전향하는 존재 안에서 자기 정립을 의미하지 않는다. 독일 관념론의 전제는 결국 개인에 적용된다. 슈티르너Stirner[144]의 경우가 그러하다. 이 전제는 매 순간 자신을 창조하는 개인이라는 놀라운 개념에 이른다. 이것은 개인이 생각하는 한에서이고, 동시에 존재하는 것으로 자신을 발견한다.

우리는 그 반대로 말할 것이다. 우리는 삶 안에서, 자기-촉발 안에서 매 순간 산 자의 자기-시련에서 태어난다. 산 자는 삶 안에서만 살아있는 자이며, 삶에 의해 삶 안에 던져진다. 자기 자신 안으로 자신을 던지며, 삶은 삶 안에서 삶을 던진다. 우리는 이런 것의 지표로 키르케고르를 들 수 있을 것이다. "자아는 타자에 의해 정립된 한에서 자기와의 관계이다"—다만 자기와의 관계가 관계의 부재를 지시한다는 조건에서, 그리고 타자는 우선 타자로서 정립되거나 사유된 어떤 것이 아니며, 두 번째로 아무것도 타자 안에서

---

144 Max Stirner(1806-1856), 독일 철학자._옮긴이 주

태어난 것을 넘어설 수 없다는 조건에서 말이다. 내가 나를 지탱하는 이 바닥은 그것을 덮고 있는 내 두 발보다 크지 않다. 이것은 삶의 신비이다. 왜냐하면 산 자는 자신 안에서 삶의 전부^{Tout}와 공연장적이기 때문이며, 자기 안의 전부는 그 자신의 고유한 삶과 다르지 않기 때문이다. 살아있는 것은 스스로 자신에게 토대를 제공하지 않는다. 그는 삶이라는 토대를 가진다. 그런데 이 토대는 그와 다르지 않다. 그것은 자기-촉발이며, 그 안에서 그는 자기 자신을 촉발하며, 거기서 이런 방식으로 자신을 동일화한다.

우리는 이 진술을 사변적으로가 아니라 현상학적으로 파악해야 한다. 자기와의 관계는 자기에 의한 정립이 아니며, 그것은 자신의 정감성 안에서 정감이다. 다시 말해, 자신의 고유한 존재에 의해 넘치고 그것에 의해 잠기는 한에서, 자기에 대한 근본적인 수동성 안에 존재한다. 왜냐하면 모든 감정은 자기에 의해 그리고 우선 자기가 스스로를 느끼고 견딘다는 고유한 사실에 의해, 즉 삶에 의해 점령된 한에서 자기 자신을 느끼고 견디는 시련이기 때문이다. 이것이 바로 공동체의 구성원들이 공통으로 가지는 것이다. 삶의 자기에의 도래, 그 안에서 그들 각각은 자기^{Soi}로서 자기^{soi} 안에 도래한다. 이렇게 구성원들은 삶의 직접성인 한에서 동일자^{Même}이며, 동시에 이 삶의 시련이 매번 그들 안에서 환원 불가능하게 그들 가운데 유일한 것$^{l'un entre eux}$인 한에서 타자들^{autres}이다.

만일 여기서 타인에 대한 경험에 대해서 한마디 해야 한다면, 어떻게 구성원들 각각은 세계 안에 존재하기에 앞서서 삶 안에서 타자와 관계하는가? 모든 사유를 회피하기에 생각하기가 쉽지 않은 이 최초의 경험 안에서 살아있는 자는 타자와 마찬가지로 대자적으로 존재하지 않는다. 그는 주체도, 지평도, 의미도, 대상도 없이 순수한 시련^{épreuve}일 뿐이다. 그가 느끼고 견디는 것, 그것은 동일하게 그 자신이며, 삶의 토대이며, 또한 타자 역시 이 토대인 한에서 타자이다. 따라서 그는, 타자가 이 토대를 자신의 고유한 시련으로 만드는 한에서, 자신 안에서가 아니라 토대 안에서 타자를 느낀다. 이 시련은 바로 내가 내 안에 토대를 가지는 것처럼 자신 안에 이 토대를 가진 타자이다. 그런데 이것은 나에게도 타자에게도 표상되지 않는다. 따라서 그들은 둘 다 동일자 안에 잠긴다. 그래서 공동체는 일종의 지하의 정감적인 층을 가진다. 각자는 여기서 그들 자신인 이 원천에서, 이 우물에서 같은 물을 마신다. 앎이 없이, 자신을 타자로부터, 토대로부터 구분함이 없이 말이다.

'무의식적으로', 다시 말해 삶의 직접성 안에서 순수한 정감으로서 자신을 완성하는 대신에 세계의 매개에 의해 살아있는 자들이 각각 자아로서, 타아로서 보이고 표상되고 생각될 때, 경험의 새로운 차원이 태어나고 그 자신의 고유한 성격들에 따라서 기술된다. 그런데 이 차원은 삶 안에서 살아있는 자들의 관계의 변형, 더 정확히 그 관계의 상위 구조일 뿐이다. 따라서 그들의 관계는 그들을 결정하는 본질적인 특질들 안에서, 다시 말해 표상으로부터가 아니라 삶으로부터 이해되어야 한다. 예를 들어 시선은 그 자체 정감이다. 그래서 그것은 욕망이 될 수 있다. 사정이 어찌되었든 시선은 시선이 보는 것을 보며, 그가 보고자 하는 것을 부족함이 없이 본다. 봄 안에는 항상 봄이 아닌 것, 즉 보이지 않는 것이 있으며, 이것들이 봄을 전적으로 규정한다.

공동체의 본질은 그래서 존재하는 어떤 것^{quelque chose}이 아니라 쉬지 않고 삶의 자기 안으로, 즉 각각의 삶에 그 자체로 도래하기를 그치지 않는 이것^{Cela}— 무의식적인 '그것^{ça}'이 아니라—이다. 이 도래는 다원적 방식으로 완성되며, 항상 법칙들에 일치해서 완성된다. 예를 들어 도래는 우선 미래로부터 완성되지 않으며 다만 직접성으로부터, 충동들과 정감들의 운명으로서 완성된다.

공동체의 본질로서 정감성이 존재한다. 이것은 다만 인간에게만 제한되지 않으며, 그 자체 삶의 원초적인 시련^{le Souffrir primitif}에 의해서, 모든 가능한 고통에 의해 정의되는 모든 것을 포함한다. 우리는 고통을 겪는 모든 것과 함께 고통을 나눌 수 있으며, 이로부터 모든 생각 가능한 공동체의 가장 넓은 형식으로서 공-정념^{pathos-avec}이 존재한다.

이 정념적인 공동체는 그럼에도 세계를 배제하지 않는다. 다만 추상적인 세계, 다시 말해 존재하지 않는 세계, 그로부터 사람들이 주체성을 괄호 안에 넣는 그런 세계만을 배제한다. 그런데 실재의 세계를 포함한 공동체—우주—그것의 각각의 요소, 그것의 형태와 색깔은 이 세계가 스스로 자기 촉발되는 한에서만, 더 정확히 말해 정념적인 이 공동체 안에 그리고 그것에 의해서만 궁극적으로 존재한다. 칸딘스키는 "세계는 울림으로 가득 채워져 있으며, 이 세계는 정신적 행위를 실천하는 존재자들의 우주를 구성하며, 죽은 물질은 살아있는 정신이다"¹⁴⁵라고 말한다. 그래서 예를 들어 그림은, 외적 사물의 형상화가 아니라 그것들의 내적 실재, 그들의 정

---

145 Kandinsky, "Sur la question de la forme(형식에 대한 질문)" in *Regards sur le passé*(과거에 대한 시선), trad. J.-P. Bouillon, Paris: Hermann, 1974, p. 160.

조, 그들의 '내적 울림'의 표현, 즉 힘들과 정념들의 경험이라고 칸딘스키는 말한다. 결국 우리가 지금까지 한정 짓고자 한 이 장소 안에, 다시 말해 정념이라는 가장 원초적인 지성체의 토대 위에서 모든 것이 타자들에게 그리고 자기-자신에게 알려질 수 있는 그런 지성체의 유일한 영역 안에 자리한 유일한 공동체만이 존재한다.

공동체들은 다양하다. 만일 우리가 이 공동체들 하나하나를 공동체의 본질eidos의 한 변형으로 다루고자 한다면, 그것들 각각에 대한 연구는 필수불가결하다. 그런데 이 변형은 본질에서 아직 지각되지 않은 어떤 특성을 본질에 부여하는 영원한 변형이다. 이런 연구는 물론 이 한정된 대담 안에서는 불가능하다. 나는 다만 어떤 전제들로부터 출발해서, 이 거대한 영역 안에서 추구할 탐구들이 근본적인 질문들과 만날 수 있는가를 제시하고자 했을 뿐이다.

물질 현상학과 삶의 철학

-세계에는 삶을 위한 자리가 없다!

I

미셸 앙리, 프랑스의 현상학자들 중 가장 '근본적'이라고 말해지
는—그 근본성에 대해서 우리는 곧이어서 물을 것인데—아직은 우
리에게 이름이 낯선 그에게 한 발 다가가기 위해 그가 자신에 대해
서 말한 한 인터뷰로부터 시작하는 것도 나쁘지 않을 것이다. 1996
년 그에게 바쳐진 국제 콜로키엄이 열린 자리에서 있었던 한 인터
뷰에서, 그 자신의 현상학적인 '삶'의 개념의 기원에 대해 질문받은
철학자는 그의 삶의 한 경험으로 거슬러 올라간다.

레지스탕스와 빨치산의 경험은 나의 삶의 개념화에 지대한 영향을
미쳤다. 은밀성la clandestinité은 나에게 일상적으로 그리고 아주 첨예한
방식으로 자기 은닉incognito의 의미를 전달했다. 이 기간 내내 우리가

생각하고 우리가 행하는 모든 것을 감춰야만 했다. 이 지속적인 위선 덕분에, 진정한 삶의 본질이 나에게 드러났다. 다시 말해 그것은 보이지 않는다. 최악의 순간에도, 세계가 최악으로 잔인해지는 경우에도 나는 나 자신 안에서 보호해야 할 비밀처럼 삶을 체험했으며, 삶은 나를 보호했다. 세계의 현시보다 더 깊고 더 오래된 현시가 인간의 조건을 결정한다. 인간을 '정치적 동물'이라고 정의하는 것은 더 이상 불가능하다.[1]

앙리가 말하는 은밀성은 레비나스의 '이름 없음sans nom'을 상기시킨다. 전쟁 당시 유대인의 상황을 레비나스는 '이름 없음'이라고 부른다. 오늘날 국경을 넘어서 은밀히 들어온 사람들에게는 이름이 있되 이름이 없다. 우리는 그런 사람들을 밀입국자 혹은 불법 이민자clandestin라고 부른다. 그들에게는 세계의 진리 안으로 들어갈 수 있는 패스포트가 없다.

    이 앙리의 고백에서 우리는 그가 나중에 '나타남의 이중성'이라고 부를, 즉 자신의 고유한 삶의 한 사건 안에서 보이지 않으며 비밀스런 삶의 나타남과 세계의 나타남의 대립을 발견한다. 모든 시선을 회피하는 듯이 보이는 자기를 현시하는 이 힘, 그가 삶의 '정감성affectivité'이라고 부르는 이 초월론적인 힘은 그럼에도 불구하고 우리들 각자에게 언제나 이미 주어져있는 것이며, 자기에서 나타나기를 그치지 않는 것이다. 누가 이런 삶을 본 적이 있는가? 누가

---

1 「롤랑 바샬드(Roland Vachalde)와의 대담—철학자가 자신의 삶을 말한다」 in *Michel Henry, L'épreuve de la vie*(미셸 앙리, 삶의 체험), Acte du colloque de Cerisy 1996 sous la direction d'Alain David et de Jean Greische, Paris: la nuit surveillée, 2001, p. 491.

이런 삶을 지각한 적이 있는가? 누가 그것을 하나의 사물처럼 하나로 드러내 보여준 적이 있는가? 마치 산에 숨어 살던 빨치산들에게 삶이 밖으로 드러나지 않듯이, 그들에게 이름이 있되 이름이 없듯이, 세계 안에는 삶을 위한 자리가 없다.

이 자리, 세계 안에서는 발견되지 않는 이 감춰진, 비밀스런 이 삶의 자리를 밝히는 것, 다만 형식적이고 형이상학적인 익명적인 조건이 아니라, 그가 항상 강조하듯이 각자에게 실재적이고, 실질적이며, 구체적이라고 말하는 이 자리를 우리에게 돌려주는 것, 그리고 그것에 철학적인, 현상학적인 토대와 권리를 부여하는 것, 그것은 바로 미셸 앙리 철학의 여정과 다르지 않다.

그의 철학의 여정 안에서 그의 세계의 거부, 삶의 근본적인 내재성의 주장은 종종 그의 철학에 대한 비판을 불러일으킨다. 그런데 앙리 철학에서 가장 근본적인 질문, 즉 "무엇이 진정으로 실재적인가?", "무엇이 실질적으로 존재하는가?" 라는 질문은 우리가 실재라고, 진리라고 믿는 세계의 가시성을 비실재화, 탈신비화, 혹은 레비나스의 용어로 말하면 "탈주술화"하는 데 있다는 것을 이해한다면 줄어들 것이다.

처음으로 사람들이 마른 가죽들과 곡식과 소금이 담긴 자루들을 들고 천천히 다른 사람들에게로 나아갔을 때, 그들은 눈을 껌뻑여야 했다. 왜냐하면 그들은 우리가 절대로 볼 수 없는 것을 봐야 할 필요가 있었기 때문이다. 다시 말해, 상품들 안에 포함된 노동, 즉 살아있는 노동, 이 눈에 보이지 않는 실천, 노력, 각자의 고통을 볼 수 없었기에 그들은 시선 앞에 그들이 이 고통, 이 노력의 등가라고 상상하는 것, 즉 그들의 표-상을 놓았다. 즉 노동 시간, 노동의 난이도, 노동의 질적 등급 등등 우리가 나중에 **노동의 인식 대상적 본질**이라고 부르는 것, 즉 초월적 본질로서의 cogitatio의 특수한 본질과 같은 것을 놓았다. 경제적인 실재 전체는 우리가 항상 그것들을 평가할 수 있어야 하고 셀 수 있어야 하는 한에서 객관적이고 이념적인 비실재의 등가물들의 합일 뿐이며, 이것이 그들의 삶을 대체했다.[2](189쪽)

가장 "단순"하고 가장 "기본적"인, 가장 "근원적"인 가장 "구체적"인 사실성으로서 생생한 이 "삶의 망각"이라고—"존재의 망각"이 아니라—앙리가 말하는 이러한 상황에 대한 비판—칸트적 의미의 비판—은, 그의 전 저작—철학 특히 현상학에 대한, 문화 · 사회 · 정치 · 예술에 대한, 종교에 대한 비판—에서 발견할 수 있는 것이다. 그 한 예로, 마르크스의 1857~1858년『수고들Grundrisse』에서 나타나는 "살아있는 노동"으로부터 삶의 문제에 접근하는 앙리의 대작『마르크스』(1976)는 우리가 믿고 우리가 실재라고 생각하는 정치-경제학의 대상들에 대한 탈실재화의 과정으로, 마르크스가 진정으로 생각한 것은—지금까지 그에 대해서 말해진 것이 아니라—앙리에 의하면, 정치-경제학의 이 대상들에 "앞선 것", 즉 "그것들의 초월론적인 발생"[3]을 생각한 것이다. 그 가능성은 다만

---

2 Michel Henry, *Phénoménologie matérielle*(물질 현상학), Paris: PUF, 1990, pp. 134~135.
3 Henry, *Auto-donation, Entretiens et conférences*(자기-증여, 대담과 강연들), Paris: Prétentaine, 2002(Beauchesne, 2004), p. 24.

형식적인 선험적 조건들이 아니라, 실재적이고, 개인적이고, 주체적이며, 눈에 보이지 않은 "살아있는 노동"으로부터 교환의 문제를 해결하고자 한 것이다. 이것은 앙리가 "나타남의 이중성의 토대적 관계"라고 부르는 것으로 우리가 믿는 모든 것들, 역사, 세계, 사회, 자본, 언어, 계급, 노동 등등의 개념들의 탈주술화의 과정을 통해서 이 개념들의 구체적이고 살아있는 토대를 제공한 것이다. 이것은 "존재의 진리보다 더 본래적인 인간의 진리"[4]로 구체적이며, 살아있는 개인으로부터, 그 개인의 측정할 수 없는 삶으로부터 오랜 철학의 대상인 진리를 밝히는 것이다. 더 이상 진리는 "지적인 것과 사물과의 일치"에서 생각될 수 없고, 그것의 앞선 것, 앙리가 "정감적 실재"라고 부르는 삶으로부터 밝혀진다. 이로써 세계는 비로소 실질적으로 진정한 의미를 획득하게 되고, 세계는 이 토대 위에서 그 자신의 본래의 색깔을 되찾을 것이다. 그래서 그의 세계의 거부는 세계의 버림이 아니라, 세계를 우리에게 정당한 방식으로 돌려주었다고 말해야 할 것이다. 이런 의미에서 그의 삶의 철학, 물질 현상학은 처음부터 모든 학에 앞선 것으로서, 정치에 앞선 것으로서 세계 안에서 살아있는 주체의 잊어버린 "초월론적인 탄생"[5]을 소생시키는revivre "윤리적 염려"를 전제한다.

그래서 이러한 세계의 나타남의 탈실재화는 현상학의 포기가 아니라 현상학의 그 본래적인 의미의 전개이다. 왜냐하면 후설적

---

4 Henry, *L'Essence de la manifestation*(현시의 본질), Paris: PUF, 1963(2권으로 출간), p. 53.

5 Henry, *Phénoménologie de la vie*(삶의 현상학), *Tome IV: Ethique et religion*(4권: 윤리와 종교), Paris: PUF, 2004, p. 109.

인 탁월한 의미에서 현상학은 사물들에 대해 그것이 "무엇인지"를 질문하는 것이 아니라, 그것들이 "어떻게" 우리에게 현시하는지를 묻는 질문의 방식의 전향에서 그 학문의 진정한 의미를 찾을 수 있기 때문이다. 그런데 후설이 그 "어떻게"를 의식의 지향성에서 찾았을 때, 후설은 그 현상학의 본래적 의미를 상실한다고 앙리는 말한다. 『물질 현상학』은 바로 후설의 시간 분석(1장)과 방법론(2장), 그리고 그것들의 결과로부터 자연스럽게 따라 나오는 타자와의 관계(3장과 4장)에 대한 분석 비판을 통해 그의 이 잃어버린 삶의 기원을 밝히는 데 바쳐진다. 이로부터 후설 현상학의 유산과 그 지반의 확산, 교정이 아니라, 그렇다고 해서 현상학을 포기하는 것이 아니라, 현상학의 질문 자체의 갱신을 통한 현상학의 근본화, 현상학의 전복의 요구가 드러난다.

현상학의 갱신은 오늘날 하나의 조건에서만, 현상학을 궁극적으로 결정하는 질문, 그 철학의 존재 이유이기도 한 질문 자체가 갱신된다는 조건에서만 가능하다. 여기서 갱신은 확장, 교정, 더 나아가 다른 것을 위해 현상학을 포기하는 것이 아니라, 모든 것이 의존하는 것을 전복해서 모든 것이 변화하는 방식으로 현상학을 근본화하는 것이다.[6](8쪽)

현상학을 과학의 사후 작용으로서 반성 활동에 제한하는 것이 아니라, "모든 학의 기본 원리"가 되도록 하는 것, 이것은 바로 현상

---

6 Henry, *Phénoménologie matérielle*, p. 6.

학의 질문 자체이다. 그 질문의 대상은 우리가 잘 알듯이 더 이상 현상이 아니라 현상이 우리에게 주어지는 방식, "어떻게 안에서의 대상들Gegenstände im Wie"[7], 다시 말해 나타나는 것이 아니라 나타남 그 자체, 즉 현상의 현상성과 관계한다. 그런데 이 현상의 현상성이 "세계의 나타남"으로, 그리고 보는 의식이 자기를 스스로 볼 수 없는 무능 때문에 초월성, 차이, 무와 같은 탈자적 형식으로 나타났을 때, 물질 현상학의 요구가 나타난다.

현상학의 질문을 근본화하는 것은 다만 순수한 현상성을 지향하는 것을 의미하지 않는다. 그것은 현상성이 자신을 본래적으로 현상화하는 방식과 그것이 일어나는 바탕인 실체, 소재, 현상학적인 물질, 즉 순수한 현상학적인 물질성을 질문하는 것이다. 이것들이 바로 물질 현상학의 과제들이다.[8](9쪽)

'근본적'이라는 것은 그 말 자체가 지시하듯이 사물들을 그것의 뿌리에서 파악하는 것이다. 그리고 인간의 뿌리는, 마르크스가 말하듯 사회도 역사도 구조도 무의식도 아닌 "인간 그 자체이다." 다만 그 인간 "자체"는 매번 자기가 자기를 느끼는 내재적인 삶의 고유한 자기 체험이다.

물질 현상학은 이 비가시적인 현상학의 실체를 지시할 수 있다. 이

---

7 후설, 『시간의식』, 보충 VIII에서 발견할 수 있는 표현이다.
8 Henry, 같은 책, 같은 곳.

실체는 아무것도 아닌 것이 아니라, 어떤 정감un affect, 더 잘 말하면 모든 정감을 가능하게 하는 것, 궁극적으로 모든 촉발과 모든 것을 가능하게 하는 것이다. 물질 현상학의 관점에서 현상학적인 실체는 삶이 자기를 느끼는 정념적인pathétique 직접성이다. 이런 삶은 정념적인 밀착 이외에 다른 것이 아니며, 이런 방식으로 삶은 본래적인 현상화의 '어떻게'에 의한 현상성 그 자체 이외에 다른 것이 아니다.[9] (10쪽)

이러한 물질 현상학의 요구는 후설의 "질료 현상학의 불충분성과 그것의 실패에 대한 반성에서" 태어난 것이 아니라, 1963년 『현시의 본질』이 획득한 것과 이 이후의 연구들의 성과로, 그것은 "차라리 이 불충분성에 대한 명확한 통찰의 조건이다."[10] (85쪽) 여기서 앙리가 말하는 "삶"은 따라서 생물학의 대상과 같은 어떤 것이 아니라, 모든 것의 구체적인 형이상학적인 원리로 앙리가 반복해서 말하듯 "나타나는 것과 나타남 그 자체", "현상과 현상성 그 자체", "촉발하는 것과 촉발되는 것"이 일치하는 모든 것의 원리로 "스스로 자기를 느끼고 견디는s'éprouver soi-même" 자아의 존재로서 자기le Soi의 자기성ipséité, 정감성으로서의 현상학적인 삶, 절대적인 주체성이다. 우리들 각자 안에 끊임없이 지나가면서 머무는 이 자리는 절대적이기에 아무것에도 의존하지 않는 독립적인 것이며, 주체적이기에 절대로 익명적이 아닌 나의 것으로 그 말의 가장 일반적인 의미

---

9 Henry, 같은 책, pp. 6-7.
10 Henry, 같은 책, p. 58.

에서 자기-경험, 자기-체험, 더 정확히 "자기-감정le sentiment de soi"[11]
이다. 지금까지 모든 철학적 현상학적 전제들을 뒤집는 이 공식—
자기를 느끼고 견딤—은 그의 철학의 출발이자 그의 철학의 끝이
기도 하다. 앞에서부터 여러 번 이미 반복한 앙리가 정감성이라고
부르는 스스로 자기를 느끼고 견딤은 어떤 것quelque chose이 아니라,
자기가 자기를 느끼는 "원초적인 사실"[12]로, 그로부터 다른 모든 촉
발이 가능해지는 그런 것이며, 현상학적인 실행의 실행성 안에서,
어떤 매개도 없이—그것이 내감이든, 외감이든, 지각에 의한 의미
의 본질 직관이든—지평 없이 일어나는 것으로 모든 "촉발의 원초
적인 형식"[13]이다. 다시 말해 정감성은 그것이 외적인 세계에 의한
촉발이든 그것이 내감에 의한 시간적 촉발이든, 촉발이 아니다. 그
래서 다른 것이 아닌 자기 자신을 느끼고 자기 자신에 의해서만 촉
발되는 이 힘, 즉 "촉발하는 것과 촉발되는 것이 일치하는"[14]—위의
공식과 함께 자주 반복되는 공식—"자기-촉발", "자기-감정"은 우
리가 오랫동안 혼동해왔던 무엇인가를 느끼고 그것을 받아들이고
그것에 의해 촉발되는 힘, 우리가 감성sensibilité이라고 부르는 것과
구분된다. 더 나아가 후설의 '느끼는 행위l'acte de sentiment'와도, 하이데
거의 '기분' 혹은 '처해있음'과도, 셀러의 '감정'과도 구분된다. 이에
대해서 사람들은 나타나지 않는 어떤 것에 대해서 나는 무엇을 알
수 있는가? 또 삶이 존재의 중심에서 본래적인 현상화이며, 존재를

---

11 Henry, *L'Essence de la manifestation*, p. 578.
12 Henry, *Phénoménologie de la vie, Tome II: De la subjectivité*(2권: 주체성), Paris: PUF, 2003, p. 52.
13 Henry, 같은 책, 같은 곳.
14 Henry, *L'Essence de la manifestation*, p. 581.

존재하게 하는 것이라면, 그럼에도 불구하고 삶 그 자체가 "존재해야" 한다면 삶은 다만 존재의 한 영역, 즉 영역적인 존재론에 한정되지 않는가?라고 반박할 수 있을 것이다. 그런데 세계와 사유의 법칙을 따르는 이런 전통적인 위계질서는 앙리가 제안하는 다른 삶의 질서, "삶의 법칙들"[15](86쪽)을 따라서 이제 전복되어야 한다.

사람들이 삶을 종속시켰던 존재는 그리스적 존재, 즉 세계적 존재자의 존재로, 그로부터 사유되고 잉태된 존재이다. 따라서 존재의 순수한 현상성이 전개되는 탈-자가 이미 삶의 정념의 직접성 안에서 촉발되지 않는다면 이런 존재는 다만 죽은 존재 혹은 비-존재와 같을 것이다. 그래서 삶은 항상 우리가 "존재"라고 부르는 것에 근거를 제공한다. 절대로 그 반대가 아니다.[16](11쪽)

앙리가 제시하는 삶의 법칙, 내적 구조는 그가 즐겨 인용하는 카프카의 말처럼 "네가 서 있는 바닥이 그것을 덮고 있는 두 발보다 더 크지 않을 행운"일 것이다. 그런데 이 "행운chance"은 동시에 "짐fardeau"이기도 하다. 여기서 앙리는 이 삶의 내적 구조에서 문제가 되는 것은 "이 행운, 혹은 자기에 전적으로 몰린 삶의 견딜 수 없는 짐"[17](227쪽)이라고 말한다. 모든 경우에 삶이 자기 자신과 매 지점에서 맞아떨어지는 이 삶의 근본적인 내재성, 사물의 외적 동일성이 아니라, 삶이 자기와 매 지점에 일치하는 방식으로 자기를 느끼

---

15 Henry, *Phénoménologie de la vie*, p. 59.
16 Henry, 같은 책, p. 7.
17 Henry, 같은 책, p. 162.

고 견디는 것, 이것은 즉각적으로 자기 자신을 느끼는 순수한 사실로서 절대적인 주체성의 본질이며, 자기성의 본질과 다른 것이 아니다. 이렇게 "삶의 본질이 자기에 대해 어떤 균열도 거리도 없이 정념적인 자기-촉발의 방식으로 자기-자신을 스스로 느끼고 견디는 순수한 사실인 한에서, 삶은 자기 자신에 대한 근본적인 수동성을 표시하며, 삶은 어떤 자유보다도 더 강한 자기-시련se souffrir, 자기-감내se subir"[18]를 의미한다. 이런 삶의 구조를 앙리는 "삶의 지식"이라고 부른다.

봄이 자신을 자신에게 드러내는 계시의 힘le pouvoir de la révélation은 삶의 지식, 삶이다. 봄이 자신의 보는 것, 즉 대상을 발견하는 그러한 계시의 힘은 인식의 지식이다. 여기에 이어서 과학과 인식 일반이 자신을 근거 짓는다. 여기서 두 힘은 후자가 대상과의 관계 안에서, 그리고 이 관계를 궁극적으로 근거 짓는 것—최초의 간격의 출현, 지평과 거리 두기, 탈-자—안에서 자신을 고갈한다는 점에서 근본적으로 다르다. 이 힘을 정초하는 현상성은 초월론적인 외재성의 현상성이다. 모든 종류의 외재성과 객관성, 그리고 물론 과학적 세계의 객관성이 형식을 취하는 것은 모두 이 안에서이다. 반대로 삶을 계시하는 힘 안에는 간격도 차이도 없다. 삶은 거리 없이 자기를 스스로 느끼는 것이다. 이 체험의 현상성은 정감성이다.[19]

---

18 Henry, *Auto-donation, Entretiens et conférences*, p. 39.
19 Henry, *La Barbarie*(야만), Paris: Grasset, 1987, p. 28(1988년 문고판 biblio essais로 출간, 2001년 새로운 서문을 달고 Paris: quadridge PUF에서 재판 출간).

후설에게 현상에 의미를 부여하는 것은 의식이다. 그런 의미에서 현상학의 "물질"은 현상성의 타자이다. 이제 앙리에게 현상, 물질은 현상성의 본질 그 자체가 된다. 다시 말해 물질, 현상은 스스로 자기에게 의미를 부여한다. "현상은 더 이상 현상학의 '어떻게 안에서 파악하는 대상'이 아니다. 현상은 새로운 땅에서 더 이상 세계의 법칙들이 아닌, 사유의 법칙들이 아닌, 삶의 법칙들에 의해 존재한다."[20] 이로써 현상은 새로운 의미를 가지고 다시 태어난다.

II

앙리의 전 철학적 노력은 보이지 않는 것을 보이는 것에 의존함이 없이, 눈과 시선에 의존함이 없이 보이는 것으로 이끄는 데 있다. 첫눈에 이 기획은, 마치 "하양 위에 하양"을 그리는 것처럼 불가능한 것처럼 보인다. 앙리도 이 주장이 말처럼 쉽지 않다는 것을 안다. "만일 탈자의 방식과 전적으로 다른 삶이 원리적으로 모든 가시화를 회피한다면, 우리는 어떻게 이것을 이론으로, 다시 말해 어떤 시각에서 드러내고, 그것에 대해서 최소한 말을 할 수 있는가? 보이지 않는 것의 현상학이란 말은 그 자체 모순이 아닌가?"[21] (12쪽) 현상학의 현상성이 열 수 있는 가능성, 그 가능성을 극단까지, 그 한계까지 확장하고자 하는 프랑스의 일단의 현상학자들은 "현

---

20 Henry, *Phénoménologie matérielle*, pp. 58-59.
21 Henry, 같은 책, p. 8.

상학의 제한된 엄격한 한계"를 주장하는 현상학적 최소주의자들의 비판의 대상이 되기도 한다.[22]

현상의 현상성의 탐구는 현상학의 내적 역사 안에서 이미 보이지 않는 것의 현상학의 가능성을 연다. 왜냐하면 한 현상의 나타남은 한 사물의 이면처럼 항상 아직 드러나지 않은 것을 전제하기 때문이다. 그래서 항상 드러나는 것은 충족되어야 할 공허를 전제한다. 그렇다면 현상을 정의하는 데 있어서 보이는 것과 보이지 않는 것의 관계는 무엇인가? 전통적으로 그 둘을 연결하는 형이상학적인 방법은 보이지 않는 것에서 그것의 결과로서 보이는 것으로 이행하거나, 반대로 보이는 것에서 그것의 근거로서 보이지 않는 것으로 거슬러 내려가는 것이다. 그 방향이 어떠하든 간에 두 경우 모두 두 양태 사이의 변형의 연속성, 다시 말해 한 목소리를 가정한다. 이 한 목소리는 앙리가 『현시의 본질』에서 "존재론적 일원론"이라고 부르는 것이다. 보이는 것과 보이지 않는 것의 이러한 동질성은 일단의 현상학 안에서 반복된다. 하나가 다른 하나로 이행하기 위해서는 보이는 것과 보이지 않는 것은 같은 세계에 속해야 한다. 다시 말해 세계 그 자체에 속해야 한다. 앙리의 전 철학적 노력은 이 존재의 한 목소리, 전체성을 반박하는 데에 있다. 결론부터 말하자면, 그에게 보이는 것은 세계에서만 주어지며, 세계에로만 열린다. 반면에 보이지 않는 것은 세계로 열리지 않으며, 세계와 더

---

22 그 대표적인 인물은 도미니크 자니코일 것이다. 그의 팸플릿 *Le tournant théologique dans la phénoménologie française*(프랑스 현상학의 신학적 전향)(1992)은 프랑스의 현재의 현상학자들, 특히 레비나스, 앙리, 마리옹, 리쾨르 등등의 현상학을 현상학의 신학적 전향이라고 비판한다.

불어 세계를 형성하지도 않는다는 것을 보여주는 것이다.

보이지 않는 것을 보이게 하는 것은 하나에서 다른 하나로의 이동을 전제하며, 이 두 항은 같은 하나의 동질적 현상성 안에 머문다. 메를로-퐁티가 "60년 5월"이라는 날짜가 붙은 노트에서 "보이지 않는 것은 현재 보이지 않는 것으로, 가시적이 될 수 있는 것"이라고 했을 때, 더 나아가 보이지 않는 것은 "보이는 것에 상관적이라고 할지라도 사물처럼 보일 수 없는 것"이라고 했을 때, 그는 이러한 전통에 자신을 기입한다. "현재 보이지 않는 것이라는 것은 사물의 감춰진 혹은 비-현실태적인, 즉 잠재적인 사물의 측면으로—저기^{ailleurs}에 감춰져 있는—여기와 저기의 측면들이다." 이것은 감각 경험^{quale} 그 자체를 객관적인 현전에서 잠재적인 것^{latence}으로, 다시 말해 명백하면서 어두운 감각의 이념으로 이해하면서만 가능하다. 두 번째 진술은 감각적인 것의 "가시성"이라는 선험성에 의존한다. 이 모든 경우에 보이지 않는 것에서 보이는 것으로의 이동은 "상관적인 부정성$^{négation-référence}$, 즉 무엇의 제로$^{zéro\ de...}$로, 보이지 않는 것은 보편적인 존재의 영역"이라는 유일한 영역에 전적으로 속한다. "보이지 않는 것은 그 안에 포함되어 있으며, 같은 초월성의 양태일 뿐이다."[23]

이러한 전통은 후설로부터 시작해서 하이데거, 메를로-퐁티까지 이어지는 현상학적 전통 안에서 굳건히 유지된다. 보이는 것 이면에 보이지 않는 것, 비-현실태적인 것, 즉 잠재적인 것의 영역은 현대의 무의식의 개념과 조우하면서 이념의 역사 안에서 "괴물 같

---

23 모리스 메를로-퐁티, 『보이는 것과 보이지 않는 것』, tel Gallimard, pp. 310-311.

은 혹은 위대한 발견"이라고 레비나스는 말한다. 여기서 절대적인 깨어 있음, 지적인 명증성과 일치하는 현실태의 개념은 익명적이며 모호하고 어두운 삶에, 잊혀진 풍경에 의존하는 것으로 나타나며, 이 후자는 의식에 의해 대상으로 회복되어져야 하는 것으로 드러난다. 이로부터 새로운 심리학이 아닌, 새로운 존재론이 시작된다고 레비나스는 말한다. "존재는 사유의 상관자로서 자신을 정립할 뿐만 아니라, 존재를 구성하는 사유 그 자체를 근거 짓는 것으로 발견된다."²⁴ 이 존재의 구성하고 구성되는, 근거 짓고-근거 지어지는fondant-fondé 이 역설적인 구조는 하이데거와 메를로-퐁티의 전 작품에서 드러나는 구조이다. 메를로-퐁티를 중심으로 전개되는 현상학의 한 가족과 대립해서 앙리와 레비나스, 더 나아가 데리다 그리고 블랑쇼로 이뤄진 다른 한 현상학적 가족은 이런 전통과 단절한다.

후설의 지향성의 함축적인 것, 잠재성의 지평은 주체의 상황, 즉 상황 안의 주체로 하이데거에 의해 세계-안의-주체로 즉각적으로 이해되며, 지향성이 표현하는 사물들 곁에서 의식의 현전은 하이데거에서 처음부터 세계 안의 역사를 지닌 초월성으로 해석된다. 이렇게 함축된 지평의 개념은 마치 구성된 존재가 자신의 고유한 구성을 조건 짓는 것처럼 드러난다. 존재자로 향하는 모든 사유는 이미 존재자의 존재 안에, 다시 말해 모든 자리를 결정하는 지평, 풍경을 밝히는 빛 안에서 유지되며, 이 빛은 이미 주체의 모든 자발

---

24 에마뉘엘 레비나스, 『후설과 하이데거와 더불어 실존을 발견하면서』, Paris: Vrin, pp.130-131.

성과 동기를 인도한다. 하이데거의 철학적인 노력은 바로 이 영역, 전통적인 철학의 객관주의 입장에서 보면 주관적인 이 영역, "모든 객관적인 것보다 더 객관적인 이 주관적인 것"[25]의 영역을 탐색하는 것이다. 여기에 하이데거는 우리에게 잘 알려진 존재^{Sein}라는 이름을 준다.

레비나스, 앙리 그리고 데리다의 철학적인 노력은 후설의 위대한 발견—"지적인 명증성과 일치하는 현실태의 개념이 익명적이며 모호하고 어두운 삶에, 잊혀진 풍경에 의존한다는 사실"—을 그들의 유산으로 해서 그것이 열어 보일 수 있는 그 한계까지 생각하는 것이다. 열린 듯이 보이는 지향성의 구조가 제한된 경제 안으로 다시 닫힐 때, 그들이 주목하는 잠재태의 영역은 현실태로 혹은 존재로 환원되어지지 않는 그 자신의 독립성을 획득하게 된다. 낮으로 이어지는 밤이 아니라, 표상을 기다리는 전-술어적인 영역이 아니라, 구성하는 지향성으로 환원되는 영역이 아니라, "또 다른 밤"으로 열리는 어떤 영역, 현재로 환원되지 않는, 한번도 현재해 본 적이 없는 과거로, 밤으로, 심연으로 열리는 밤을 생각한다.

III

프랑스 현상학의 풍요로움 안에서 세계와 그 세계가 함축하는 죽음 밖에서 "인간"을 상상하고 생각할 수 있는 "물질 현상학"의 가

---

25 레비나스, 같은 책, p. 133.

능성은 후설과 하이데거로 이어지는 독일의 "본질 현상학"과 또 그
것의 변형인 "근본적인 존재론"과는 다른 길을 연다. 자기 밖에서,
세계 안에서 사유하는 사르트르와 메를로-퐁티와 구분되는, 레비
나스, 블랑쇼, 데리다, 앙리로 이어지는 한 현상학의 흐름이 그것이
다―물론 이 흐름에 고유명을 부여한 사람은 바로 앙리이다. 이러
한 흐름은 그렇다고 그들 서로 간의 차이를 부정하는 것이 아니다.
반대로 그 차이는 풍요로움을 낳을 뿐이다.

　사물이 자신을 우리에게 준다고 했을 때, 이 사물이 주어지는 방
식은 언제나 대립의 양태로 주어진다. 다시 말해, 빛의 현상이 우리
에게 무엇인가를 보여줄 때, 빛은 그 빛을 드러내는 어둠을 전제한
다. 실재가 드러나기 위해 그림자를 전제하는 것처럼, 검은 네모가
드러나기 위해서는 흰 바탕을 전제하는 것처럼 말이다. 흰 바탕에
검은 네모의 대립은 현상학의 모든 개념들―지향성, 지평, 초월성
등등―을 대신한다. 본질 현상학에 대립하는 의미로서의 물질 현상
학은 그래서 말레비치의 "하양 위에 하양"처럼―앙리는 칸딘스키의
이름을 불러내기를 선호하지만―마치 불가능한 것처럼 그려진다.

　모든 지평의 배제, 모든 기투의 배제가 함축하는 것은 세계 안의
가능성으로 존재함이 없이 자기로 존재함을 의미한다. 다시 말해
주체임은 세계 없이 존재함을 말한다. 특히 죽음과의 관계에서 드
러나는 모든 주제에 종속되지 않음을 의미하며, 특히 하이데거의
죽음, 무와의 연관 속에서 드러나는 모든 존재론적 의미의 함축의
거부를 의미한다. 하이데거에게 죽음은 "세계-내-존재"의 조건이
며, 존재의 전이성의 조건이기 때문이다.

　죽음과 세계, 이 둘은 떨어져 있는 것이 아니라 항상 짝을 이룬

다. 레비나스와 앙리 그리고 데리다와 블랑쇼가 현상학적 세계 개념에 반대하는 것은 바로 이 세계 개념에 필연적으로 연루되는 이 죽음에 대한, 특히 헤겔과 하이데거의 죽음에 대한 이해와 깊은 연관을 가진다. 하이데거에서 주체는 죽음에 의해서, 다시 말해 "불가능성의 가능성"을 통해 "세계-내-존재"가 된다. 세계라는 개념은 단지 사물들의 총합이 아니라, 무엇을 무엇으로 드러나게 하는 빛과 같은 것이다. 따라서 물질 현상학자들의 세계의 거부는 몽상가의 꿈이 아닌, 사물들이 드러나는 지평으로서, 사물 뒤에 영사막으로서의 빛의 거부이다. 빛은 이미 그리스 이래로 그것이 자연적인 빛이든 보이지 않는 지성의 빛이든 사물을 밝히는 것으로 존재론적인 빛을 의미한다. 그로부터 빛을 받고 밖으로부터 온 사물은 결국 우리로부터 온 것이 된다. 사물을 우리에게 드러나도록 허락하는 이 지성의 빛은 이미 오래전부터 "형상"이라는 이름으로 불리던 것이다. 형상은 현상학에서 지향성의 모습으로 드러난다. 사물이 드러나는 양태, 다시 말해 자기 밖에 사물을 정립하는 의식의 드러냄의 양태, 후설이 "어떻게 안에서 드러나는 대상"이라고 부른 것, 현상의 현상성, 이 "어떻게"는 현상학의 역사 안에서, 더 거슬러 올라가 서양철학사 안에서 의식의 초월성의 양태로, 탈-존$^{Ex-siste}$의 양태로 드러난다. 이러한 드러남의 양태는 레비나스에게 그리고 앙리에게 하나의 망각을 의미한다. 이 초월성을 가능하게 하는 내재성의 망각, 존재의 망각이 아닌 "삶의 망각", 세계의 거부로서의 물질 현상학은 결국 형상의 이면, 그런데 레비나스가 말하듯 이면에 짝하는 "정면이 없는 이면", 앙리가 자기-현시, 자기-촉발, 혹은 자기-증여라고 부를 때, 세계로의 "열림"이 아닌, 자기^{auto}로의 열림을 말한다. 형상의 이면 혹은 자기의 내재성이 말하고 싶은 것은 무엇인가? 물질 현상학의 내기는 무엇인가? 세계를 초월성이 아닌 내재성의 근거 지우는 것, 다시 말해 초월성의 가능성을 내재성의 근거 짓는 것, 그것은 세계의 현실을 전적으로 "세계-내-존재"가 아닌 자기의 내재성과 관계시키는 것이며, 세계를 초월론적인 가상과 관계시키는 것이다.[26] 앙리가 말하는 자기-정감성의 실질성effectivité은 내적인 것과 외적인 것, 내재성과 외재성의 변증적인 종합으로서의 헤겔의 현실성Wirklichkeit이 아니다. 후자의 사유는 죽음을 삶의 궁극적인 의미로 기입하기 때문이다. 이에 대해서는 프랑스의 헤겔주의자들에게 심대한 영향을 미친 변증적인 인간에 대한 코제브의 헤겔에 대한 글을 읽는 것으로 족할 것이다.

헤겔의 학은 전체적이고 변증적인 한 존재자로서 이해되는 인간에 대한 기술에서 그 절정에 이른다. 여기서 헤겔이 인간을 변증적이라고 말하는 것은 인간은 자기 자신에 대한 유한한 자mortel로 "나타난다apparaître"는 것을 의미한다(현상학적 기획). 혹은 같은 말로 인간은 필연적으로 자연적 세계 안에 존재한다는 것을 말한다. 다시 말해 너머가 존재하지 않는, 즉 신을 위한 자리가 없는 세계 내에 존재한다는 것을 의미한다(형이상학적 기획). 혹은 같은 말로 인간은 자신의 존재 그 자체 안에서 본질적으로 시간적이라는 것을 말한다. 따라서 인간은 진리 안에서 행위일 수 있다(존재론적 기획).[27]

26 Henry, *C'est moi la vérité, Pour une philosophie du christianisme*(내가 진리다, 기독철학을 위해), Paris: Seuil, 1996, p. 177.
27 코제브, 『헤겔 강독 서문』, tel Gallimard, p. 527.

죽음, 세계 그리고 세계의 시간성은 유한한 인간에 대한 이해로부터 자연스럽게 따라 나오는 것이다. 코제브가 '유한주의finitisme'라고 부르는 것, 무신론적이고 존재론적인 '유한주의'는 칸트의 인식의 유한성finitude과는 구분해야 한다. 칸트의 유한성은, 마치 데카르트에서 유한한 자아 안에 무한의 이념이 열리듯이 무한으로 열린다. 이 무한은 세계의 체계를 닫는 것이 아니라, 닫힌 세계의 체계를 여는 것이다. 바타이유가 헤겔을 코제브와 달리 읽으면서 "절대"를 생각하는 것, 그가 새로운 신학이라고 말하는 것, 무한으로의 열림(무한 경제)은 절대적인 내재성 안에서만 가능하다. 레비나스가, 앙리가, 그리고 더 나아가 데리다와 블랑쇼가 열어 보이는 "절대"로서의 내재성의 정치적인 함축은 인간의 인간주의를 세계와 죽음과 세계의 시간화 밖에 기입하고자 하는 것이다.[28] 세계의 시간성 밖에 인간을 기입한다는 것은 "새로움", 한번도 존재했던 적이 없는 새로움이 도래하도록 하는 것이다. 이것은 예측할 수 있는 미래로부터 오는 그런 새로움이 아니라, 기억할 수 없는 과거로부터 삶 안에서 삶으로 도래하는 것이다. 형상의 이면에 속하는 인간, 즉 인간의 물질성을 생각하는 것은 어떤 인종에도, 어떤 계급에도 속하지 않는, 다만 한 개별적인, 단독적인 인간을 생각하는 것이다. 이것은 인간의 본질이 인간을 처음부터 "정치적 동물"로 만드는 것이 아니라는 것을 보여주는 것이며, 무엇보다도 우선적으로 인간은 "살아 있는 개인"이라는 것을, 자기 자신과 관계하는, 자기 자신에 대한

---

28 레비나스의 초월성이 세계로의 탈자적 초월성이 아니라 내재성 안에서 더 그 아래로 내려가는 "하향 초월"로서의 초월성이라는 것을 이해한다면 앙리와 레비나스의 용어의 차이는 그들 사이의 차이에도 불구하고 "말하는 방식"의 차이일 것이다.

고유한 수동성 안에서 드러나는 개별적인 주체라는 것을 말하는 것이다. 왜냐하면 "이 사회의 법칙들은 다만 살아있는 주체의 법칙들일 수 있기 때문이다. 주체들의 욕망과 충동들의, 그들의 성공한, 혹은 놓친, 혹은 결핍된 만족의 규정되지 않은 반복의 법칙, 즉 주체성의 원리 안에서 촉발된 역사의 법칙들일 뿐이기 때문이다."[29] 여기서 앙리가 말하는 역사l'historial는 레비나스의 통시적 시간성dia-chronie과 혼동되는 것으로 삶의 정감성의 운동으로 변화 가운데 머무는 것이다.

> 머무는 것은 따라서 보편적인 흐름 가운데에서 변화하지 않는 실체나, 강바닥의 바위와 같은 것이 아니다. 그것은 절대의 역사 l'historial du l'absolu, 삶의 영원한 자기에의 도래이다. 이 도래가 도래하기를 그치지 않기 때문에, 머무는 것은 변화이다. 매 순간 자기 밖으로의 틈의 열림, 즉 도망이 아니라, 자기-시련 안에서 그리고 이 시련의 내적 폭발로서 자기에 이르는 것이며, 자기에 의해 점령되는 것이며, 그 안에서 자신의 고유한 존재의 성장이 있다. 그래서 머무는 것은 성장이다. 성장은 삶의 본질과 삶의 주체성에 의해 그리고 그것 안에서 완성되는 삶의 운동이다.[30](81쪽)

삶, 그것은 머무는 것으로, 지나가면서 지나가지 않는다. 근원, 마르지 않는 샘처럼 모든 것이 생성되는, 세계의 근원인 삶의 내적 본

---

29 Henry, *Du communisme au capitalisme. Théorie d'une catastrophe*(공산주의에서 자본주의로: 재난의 이론), Paris: Odile Jacob, 1990, pp. 57-58.

30 Henry, *Phénoménologie matérielle*, p. 54.

질 안에는 "더 이상 탈자ᴸ'ᵉᵏ⁻ˢᵗᵃᵉ, 즉 과거도 미래도 없다"고 앙리는 말한다. "이 말들은 이해하기 쉽지 않지만, 에크하르트ᴱᶜᵏʰᵃʳᵗ가 '어제 일어난 일은 나에게 만오천 년 전에 일어난 것과 마찬가지로 멀다'라고 말했을 때, 이러한 삶에 대한 직관을 가지고 있었다"[31]라고 말한다. 혹은 앙리가 죽은 자들과의 공동체를 말하면서—죽음의 공동체, 즉 "세계-내-존재"가 아니라—키르케고르가 "그리스도와 공통된 존재, 그가 동시대성이라고 부른 것은 그를 한번도 보지 않은 우리보다 그를 추방한 자들에게 더 어렵다"[32](216쪽)라고 말했을 때 이 "정신 세계의 이상한 울림"[33](217쪽)은 예감된 것이기도 하다.

"세계-내-존재", 즉 죽음의 공동체가 아니라 "죽은 자들과의 공동체" 즉 삶의 정감성에 기초한 "정신 세계의 이상한 울림" 안에서 퍼지는 주체성의 철학은 레비나스의 "타자", 데리다의 "유령", 앙리의 "삶"과 함께—그들의 차이에도 불구하고—사유하는 것을 가능하게 한다. 그들의 철학은 모두 "현상학의 갱신"이라는 이름하에 "세계와 존재의 현상학을 삶의 현상학으로 대체"[34]하고자 하는 노력 이외에 다른 것이 아니기 때문이다.

세계와 죽음에서 벗어나서 형상의 이면에서 인간을 상상하고 생각해볼 수 있는 가능성들—"다른 인간의 인간주의"—을 상상해

---

31 Henry, 1996년 대담, *Phénoménologie de la vie, Tome III: De Part et du pólitique*(3권: 예술과 정치), Paris: PUF, 2003, p. 308.
32 Henry, *Phénoménologie matérielle*, p. 154.
33 Henry, 같은 책, 같은 곳.
34 Henry, *Incarnation. Une philosophie de la chair*(육화, 살의 철학), Paris: Seuil, 2000, p. 31.

볼 수 있는 가능성은 바로 물질 현상학이 지닌 실천성이다. 물질 현상학이 말하는 형상의 이면은 그래서 익명적인 "있음(il y a)"의 나열[35](183쪽)도 무관심한 차이도 아니다. 이러한 속성은 반대로 소위 "차이" 안에서 드러난다고 말해지는 "세계의 나타남"이 가지는 것들이다.

하이데거에서, 차이 안에서 세계의 나타남은 나타나는 모든 것을 다만 차이 나게 하는 것이 아니라 전적으로 무관심한[indifférent] 원리 안에서 그렇게 한다. 나타남은 나타나는 것을 사랑하지도, 욕망하지도, 어떤 방식으로도 그것을 보호하지도 않는다. 왜냐하면 나타남은 나타나는 것과, 그것이 무엇이든지 간에, 어떤 친밀성도 가지지 않기 때문이다. (…) 성경에서 말하는 빛이 부정의한 자들과 마찬가지로 정의로운 자들을 똑같이 비추는 것처럼, 세계의 나타남은 그것이 비추는 것을, 그것이 사물이든 사람이든 그것을 받아들임이 없이 끔찍한 중성성 안에서 비춘다. 희생자들이 있고[il y a], 가해자가 있고, 자선의 행위가 있고, 학살이 있고, 규칙이 있고, 예외들이 있고, 정확함이 있고, 바람, 물, 대지가 있다. 이 모든 것은 우리 앞에 같은 방식으로, 우리가 "이것이 존재한다[Cela est]", "있다[Il y a]"라고 말하면서 표현하는 존재의 궁극적인 방식으로 있다.[36]

"세계의 나타남의 이 무관심성은 그것이 탈은폐하는 것에 무관심

---

35 Henry, *Phénoménologie matérielle*, p. 130.
36 Henry, *Auto-donation, Entretiens et conférences*, pp. 30-31.

할 뿐만 아니라, 그것은 탈은폐하는 것에 실존을 부여할 수조차 없
는"[37] 무능으로 인해, 하이데거가 모르지 않았던 이런 무능으로 인
해 탈은폐, 즉 진리는 "탈은폐하고 발견하고 '열지만' 그것은 아
무것도 창조하지 않는다"고, 더욱이 우리에게 "세계의 무"를 탈은
폐하는 하이데거의 근본적인 정감인 불안은 우리를 시간의 지평
안에서—미래 안에서—죽음으로 내던질 뿐만 아니라, 그 안에서
"모든 것은 무차별적이 된다"[38]고 앙리는 말한다. 이런 불안은 조용
히 머물 수 없는in-quiétude, 그로 인해 그로부터 깨어나는 그런 삶의 운
동을 촉진하는 그런 불안도, 레비나스가 1942년 『노트』[39]에서 "우
울한, 끝나지 않는, 어두운 나의 꿈은 망각의 강(레테)이 아닌 어떤
짓누르는 강물에 붙잡혀있다"라고 적으면서 불러내는 라신의 『페
드르』의 하늘을 덮고 있는 조상의 무게도, 1852년 『루이 보나파르
트의 브뤼메르에서의 18일』에서 마르크스의 뇌를 짓누르던 악몽[40]
도 아니다. 그런 불안은 산 자도 죽은 자도 불러내지 않으며, 죽은
자 안에서 다시 태어나지도 않으며, 산 자에게도 죽은 자에게도 말
을 건네지 않는다.

　앙리가 『물질 현상학』의 마지막 장에서 어떤 감각적 지각에도,
어떤 지평에도, 어떤 표상에도 의존하지 않으면서 일어나는 타인
에 대한 경험의 가능성을 검토하면서 제시하는 여러 구체적인 사
례들 중에 "원초적인 시련" 안에서 산 자가 죽은 자들과 함께하는

---

37 Henry, 같은 책, p. 31.
38 Henry, 같은 책, 같은 곳.
39 레비나스, 『전집 I―포로 상태에서의 노트들과 비간행 수고들』, Imec Grasset, p. 61.
40 자크 데리다, 『마르크스의 유령들』, Paris: Galilée, 1993, p. 176.

공동체는 이러한 불안 없이 일어나지 않을 것이다. 앙리가 마르크스의 『자본』을 읽으면서 마르크스의 입을 빌려 하나하나 불러내는 "개인들", "이름들"—살아있는 혹은 죽은 이들의 이름들—도 이 불안 없이는 절대로 불리어질 수 없을 것이다.

윌리암 우드, 아홉 살, 그는 일곱 살 열 달 때부터 일을 시작했다. 그의 일은 건조기로 항아리를 나르는 것이었다. …그는 매일 아침 6시에 공장에 와서 저녁 9시까지 일을 했다. 뮤레, 열두 살 아동, 그는 자신의 일에 대해서 "나는 틀을 나르고 기계를 돌린다. 나는 아침 6시, 때로는 4시에 집에 돌아온다. 밤을 새우고 아침 8시까지 일하기도 한다. 나는 며칠째 잠을 자지 못했다"라고 진술한다. …페니우, 열 살 아동, …압슨, …튜너, …에드워드 테일러, …윌리암 스미스, …헬리 마튜만, 열일곱 살….[41]

마르크스가 불러내는 이 고유명들은 하늘을 덮고 있는 『페드르』의 조상들처럼 피할 수 없이 그의 뇌를 짓누르던 악몽이며, 그의 유령들이다. 그것은 앙리의 것이면서, 데리다의 것이면서, 레비나스의 것이면서, 우리들 자신의 것이기도 하다. 앙리는 이 고유명들이 단지 자본주의의 잉여 창출의 논리, 일반적인 법칙을 밝히기 위한 사례들일 뿐이라고 생각한다면, 우리는 전적으로 잘못된 길로 들어설 것이라고 말한다. 마르크스가 열거하는, 끝나지 않는 이 이름들, 사례들, 이야기들은 과학의 실재가 아닌, 형이상학적인 원리로서

---

41 Henry, *Marx*, Paris: tel Gallimard, 2009(1976), pp. 916-917.

"삶의 실재"이다. 바로 여기서, 마르크스의『자본』의 전 체계와 이론 안에서 마치 "부록"처럼 들어가 있는 이곳에서, 앙리는 "마르크스의 사유가 서양 철학사 안에서 차지하는 고유한 자리"[42]를 발견한다. 마르크스의 "헤겔에 반한 논쟁은 이념성의 지배에 균열을 만들고, 지식의 벽에 열린 이 균열을 통해서, 살아있는 자들 그리고 죽은 자들의 영혼이 무리로 되돌아온다"[43]고 앙리는 말한다.

이 돌아오는 영혼들은 세계 안을 떠돌면서 "세계 안"에 존재하지 않는 "우리 집의 불법 이민자들"[44]이다. 그들에게는 세계로 들어갈 수 있는 패스포드가 없다. 그들을 어떻게 대우할 것인가? 이것은 우리가 이 글을 시작하면서 불러냈던 앙리의 "은밀성"의 삶의 철학이 우리에게 던지는 "그 끝을 알 수 없는 질문"[45]이다. 이 질문 안에서 우리는 산 자들과 이미 우리 곁을 떠난 철학자와의 정감적 공동체를 형성한다. 그래서 우리는 절대로 죽은 자를 땅에 묻지 않는다. 그는 우리 안에 그 끝을 알 수 없는 무한으로, 기억으로 와서 우리 안에, 유한 안에 질문으로 자리한다.

---

42 Henry, 같은 책, p. 918

43 Henry, 같은 책, 같은 곳.

44 데리다,『마르크스의 유령들』, p. 277.

45 앙리의 저작『마르크스』는 "마르크스의 사유는 '삶은 무엇인가?'라는 그 끝을 알수 없는 질문 앞에 우리를 놓는다"로 끝난다.

미셸 앙리 저서 목록

• 철학 저서

- *L'Essence de la manifestation*(현시의 본질), Paris: PUF, 1963, 2권으로 출간(1990년 1권으로 출간)
- *Philosophie et phénoménologie du corps. Essai sur l'ontologie biranienne*(신체의 철학과 현상학: 멘느 드 비랑의 존재론에 대한 시론), Paris: PUF, 1965(1997년 재판 출간)
- *Marx. Tome I: Une Philosophie de la réalité; Tome II: Une Philosophie de l'économie*(마르크스 1권: 실재의 철학 ; 마르크스 2권: 경제의 철학), Paris: Gallimard, 1976(1991년 tel Gallimard로 재판, 2009년 *Marx*라는 제목으로 tel Gallimard에서 한 권으로 출간)
- *Généalogie de la psychanalyse. Le Commencement perdu*(정신분석의 계보학: 잃어버린 시작), Paris; PUF, 1985
- *La Barbarie*(야만), Paris: Grasset, 1987(1988년 문고판 biblio essais로 출간, 2001년 새로운 서문을 달고 Paris: quadridge PUF에서 재판 출간)
- *Voir l'invisible. Sur Kandinsky*(보이지 않는 것을 보기), Paris: François Bourin, 1988 (2005년, 2010년 quadridge PUF에서 재판 출간)
- *Phénoménologie matérielle*(물질 현상학), Paris: PUF, 1990
- *Du communisme au capitalisme. Théorie d'une catastrophe*(공산주의에서 자본주의로: 재난의 이론), Paris: Odile Jacob, 1990
- *C'est moi la vérité. Pour une philosophie du christianisme*(내가 진리다: 기독철학을 위해), Paris: Seuil, 1996
- *Incarnation. Une philosophie de la chair*(육화: 살의 철학), Paris: Seuil, 2000
- *Paroles du Christ*(그리스도의 말), Paris: Seuil, 2002

• 사후 출간 저서

- *Auto-donation. Entretiens et conférences*(자기-증여: 대담과 강연),
Paris: Prétentaine, 2002(Beauchesne, 2004)
- *Le Bonheur de Spinoza*(스피노자의 행복), Paris: PUF, 2003
- *Phénoménologie de la vie*(삶의 현상학) :
  Tome I: De la phénoménologie(1권: 현상학), Paris: PUF, 2003
  Tome II: De la subjectivité(2권: 주체성), Paris: PUF, 2003
  Tome III: De l'art et du politique(3권: 예술과 정치), Paris: PUF, 2003
  Tome IV: Ethique et religion(4권: 윤리와 종교), Paris: PUF, 2004
- *Entretiens*(대담), Cabris: Sulliver, 2005
- *Le socialisme selon Marx*(마르크스에 의한 사회주의), Cabris:
Sulliver, 2008
- *Pour une phénoménologie de la vie : entretien avec Olivier Salazar-Ferrer*(삶의 철학을 위해: 올리비에 살라자-페레와의 대담), Clichy:
Corlevour, 2010

• 문학 작품

- *Le Jeune Officier*(젊은 장교), Paris: Gallimard, 1954
- *L'Amour les yeux fermés*(사랑, 감은 눈), Prix Renaudot, Paris:
Gallimard, 1976 (Folio, 1982)
- *Le Fils du roi*(왕의 아들), Paris: Gallimard, 1981
- *Le Cadavre indiscret*(널부러진 시체), Paris: Albin Michel, 1996

저자 : 미셸 앙리(Michel Henry, 1922~2002)

베트남 하이퐁에서 해군인 아버지와 피아니스트인 어머니 사이에서
태어났다. 프랑스의 현상학자 중 가장 근본적이라고 불리는 그의 현
상학은 '물질 현상학' 혹은 '삶의 현상학'이라 불린다. 그의 현상학은
프랑스 내 현상학의 흐름 안에서 사르트르와 특히 메를로-퐁티의
'세계의 현상학'과 근본적으로 대립하면서 레비나스, 데리다와 함께
'세계 밖의 현상학'으로 구분된다. 그는 또한 3권의 소설을 발표한 소
설가이기도 하다.

주요 저서로는 『현시의 본질』(1963), 『신체의 철학과 현상학』(1965),
『마르크스』(1976), 『정신분석의 계보학 : 읽어버린 기원』(1985), 『야
만』(1987), 『보이지 않는 것을 보기 : 칸딘스키에 대하여』(1988), 『물
질 현상학』(1990), 『공산주의에서 자본주의로 : 재난의 이론』(1990),
『내가 진리다 : 기독 철학을 위하여』(1996), 『육화, 살의 철학』(2000),
『그리스도의 말』(2002) 등이 있으며, 유고집으로는 4권으로 된 『삶
의 철학』(2003-2004)이 있고, 대담들과 강연들을 모은 『자기-증여,
대담과 강연들』(2004), 『대담들』(2005)이 있다. 대표적인 소설로는
『사랑, 감은 눈』(1976)이 있으며, 이 소설은 그해 르노도(Renaudot)
문학상을 받았다.

역자 : 박영옥

연세대학교 철학과 학사, 석사(1992), 박사(1995) 과정을 졸업하고 프랑스 부르고뉴대학에서 철학박사(2007) 학위를 취득했다.

발표 논문으로 "L'instant chez Lévinas et Bachelard" in *Les chemains de l'immaginaire–Hommage à Maryvonne Perrot*, 2008, Centre Georges Chevrier(Centre Gaston Bachelard), 「에마뉘엘 레비나스–분리와 회귀로서의 현상학적 방법에 대하여」(『철학과 현상학 연구』 39집, 2008년 겨울호), 「사르트르–우리에게 낯설지 않았던 언어」(『비평고원』, 2010, 닉네임 aurore), 「레비나스에서 코기토의 진실과 주체의 자리」(『비평고원』, 2010), 「No man's land–차연과 애무」(『비평고원』, 2011)가 있다.

프랑스에 거주하면서 개인 블로그 〈모네의 정원–하양 위에 하양〉에서 프랑스 현상학자 레비나스, 데리다, 미셸 앙리, 블랑쇼를 중심으로 프랑스 '물질 현상학'에 대한 연구와 번역에 전념하고 있다.

물질 현상학

© 미셸 앙리, 1990

초판 1쇄 인쇄 2012년 4월 27일
초판 1쇄 발행 2012년 5월 7일

지은이   미셸 앙리
옮긴이   박영옥
펴낸이   강병철
주간   정은영
편집   김유정
교정   박영숙
디자인   신경숙 김희숙
저작권   김찬영 노유리
제작   고성은
마케팅   조광진 장성준 김상윤 이도은 박제연 전소연
웹홍보   정의범 조미숙 이혜미

펴낸곳   자음과모음
출판등록   2001년 5월 8일 제20-222호
주소   121-840 서울시 마포구 서교동 396-33번지
전화   편집부 02) 324-2347 경영지원부 02) 325-6047
팩스   편집부 02) 324-2348 경영지원부 02) 2648-1311
이메일   inmun@jamobook.com
홈페이지   www.jamo21.net

ISBN 978-89-5707-654-5 (03160)